- 本书为福建省哲学社会科学规划项目成果（项目批准号 FJ2021X010）；
- 本书为福建省重点出版项目；
- 本书受三明学院学术著作出版基金资助出版

Songdai Minben Tushu Chuanbo Yanjiu

宋代闽本图书传播研究

金雷磊 著

图书在版编目(CIP)数据

宋代闽本图书传播研究/金雷磊著. —厦门：厦门大学出版社，2021.12
ISBN 978-7-5615-8348-7

Ⅰ.①宋… Ⅱ.①金… Ⅲ.①图书—文化传播—研究—福建—宋代 Ⅳ.①G239.2

中国版本图书馆CIP数据核字(2021)第162273号

出 版 人	郑文礼
策划编辑	眭　蔚
责任编辑	王鹭鹏　李峰伟
美术编辑	李嘉彬
技术编辑	朱　楷

出版发行　*厦门大学出版社*

社　　址　厦门市软件园二期望海路39号
邮政编码　361008
总　　机　0592-2181111　0592-2181406(传真)
营销中心　0592-2184458　0592-2181365
网　　址　http://www.xmupress.com
邮　　箱　xmup@xmupress.com
印　　刷　厦门兴立通印刷设计有限公司

开本　720 mm×1 000 mm　1/16
印张　17
插页　2
字数　306千字
版次　2021年12月第1版
印次　2021年12月第1次印刷
定价　80.00元

本书如有印装质量问题请直接寄承印厂调换

厦门大学出版社
微信二维码

厦门大学出版社
微博二维码

序

金雷磊是我在华中师范大学招收的文化传播学专业的第二届博士生，二〇一七年五月毕业至今，已经快五年了，他的博士论文经过修订后即将正式出版，这是我期待已久的事。

金雷磊出生于湖北当阳农村，我对当阳人有一种天然的好感，这与张翼德、赵子龙当年在当阳长坂坡大战曹军的古战场倒是无关，而是因为我的好友、同事马良怀教授、胡亚敏教授都是当阳人。金雷磊小时候在农村吃过一些苦头，大学就读于湖北民族学院（现为湖北民族大学）中文系。毕业后，到山东鄄城实验中学教高中语文，在鄄城待了两年。鄄城人热情好客，民风淳朴，他在那里学会了大碗喝酒，大块吃肉。二〇〇七年，他考取华师新闻学硕士，跟随刘九洲老师学习新闻学。刘老师长期担任华师新闻系系主任，在武汉地区新闻界有广泛的人脉，据我所知，江城所有报社都会给刘老师送报纸，刘老师家报纸堆积如山，他就让金雷磊等同学定期抱一些报纸回宿舍研读。金雷磊跟刘老师学习新闻学，"近水楼台先得月"，对报纸、电视等传统媒体比较熟悉，具有一定的理论素养和实践经验。硕士毕业后，金雷磊去了福建三明学院任教，当了大学老师。二〇一四年，他考取华师文化传播学专业博士生，在我门下读博。记得博士生入学考试面试时，我问了一下福建地名"麻沙"在哪里？当场把他给问懵了。大家知道，"麻沙"是福建建阳下面的一个镇，宋代时这里是全国坊刻书的一个中心，麻沙所出版的书籍，被称为"麻沙本"。这里出版的书大都粗制滥造，名声不好。因此，"麻沙本"几乎成了劣本的代称。金雷磊作为新闻学的硕士并且在福建工作多年（三明距建阳不太远），居然不知道"麻沙"这个地名以及相关的历史文化意蕴，可见我们的新闻学硕士的知识结构还是有一些欠缺的。金雷磊后来的研究方向为宋代闽本图书出版传播史，包括麻沙本在内的闽本图书出版传播成了他的博士论文研究对象，这恐怕是他始料未及的。

读博三年，金雷磊的朴实、勤奋、认真给我留下良好的印象，其中有一个行为举止表现特别突出。我指导的研究生有个读书会，每月一次，每次由同门轮流讲读、讨论一本事先精选的古今中外的经典著作。金雷磊博二上学期就回三明学院做博士论文，但每月一次的读书会，他都准时提前一天坐火车来华师参加，开完读书会后再坐火车回三明，没有一次请假、缺席。张门中间能够做到这一点的没有几个人。对此，我要大大地点个赞！这种行为举止高度契合我倡导的"守时守信"的人生理念。

在选择博士论文研究方向和题目时，我考虑到自己在古典文献学方面的学术专长以及金雷磊在福建地方院校工作的实际，认为研究福建地方的出版传播史，有利于他将来的科研工作的便利性和连续性，因此，我们就商定以"宋代闽本图书出版传播研究"为题，金雷磊欣然接受。学科指导小组的范军、周晓明、江作苏、彭涛、喻发胜、孟君、李炜诸位教授也都很支持，尤其是范军教授在图书出版传播史方面造诣很深，给予了很多建设性意见，后来答辩时又得到武汉大学新闻传播学院王翰东教授的指点。在此，我要对这几位友好的同仁表示由衷的感谢。

平心而论，金雷磊在古典文献学和出版传播史方面的基础一般，但他悟性很好，且完全接受导师的指导，做研究十分努力。我告诉他，要完成这个选题，有一个大部头的基础文献你必须全部通读，分类摘抄相关文献，这个大部头书就是三百六十册的《全宋文》。金雷磊在其博士论文开题报告通过后，就一头扎进《全宋文》，硬是花了一年多的时间通读了《全宋文》，找到与他的论文密切相关的文献资料，再加上其他文献的搜集，使得他能顺利完成论文的写作。

为了便于读者对金雷磊的著作有一个整体上的了解，我乐于将其书要点简述如下。

福建在宋代是三大刻书中心之一，其各地刻书业发达，官刻、家刻、坊刻俱全，特别是建阳刻书业，位居福建刻书业之首。分析研究宋代福建刻书业繁荣的原因，总结刻书业的经验，很显然具有"以古鉴今"的现实意义。宋代福建刻书是福建古代文化的重要组成部分，也是当今福建地域文化研究不可或缺的宝贵资源,从事宋代福建图书传播研究,一定能为地域文化的研究、地域文化产业的发展提供新的思路和参照。

作者采用传播学媒介环境学派的理论视角,同时借鉴印刷史、出版史、编辑史、文化史、社会史、新闻史等多门学科的观点,以福建地区为个案,结合地方志、族谱、碑文、笔记、小说等多种文献资料和多年来社会调查的资料积累,从传播环境、传播机构、传播人物、传播方式、传播策略、传播控制等多个方面展示福建书籍出版与传播格局,不再把眼光放在传统版本目录学对珍本、善本的兴趣上面,而是重点关注书籍对社会、文化的影响。通过这种理论与方法,对许多过去熟悉的现象重新加以审视,看到新问题,采用新方法,挖掘新材料。

作者比较了宋代闽本、浙本和蜀本的刊刻质量及当时读者对这三地图书版本的评价。一般研究者都认为,浙本、蜀本质量较闽本要好,对其评价也较高。闽本一直以来就被"污名化",在读者心目当中的形象很差,是"低劣"的代名词。金雷磊通过比较发现,宋人对浙本、蜀本的质量问题也多有诟病,而闽本也有内容、形式各个方面俱佳的本子。因此,对于宋代闽、浙、蜀三地图书版本质量的评价,应该持更加客观和平衡的态度。

金雷磊通过对宋人自己论述媒介材料的分析,比较了宋人对当时的传统媒介(即手抄媒介)和新兴媒介(即印刷媒介)的认识与看法,从而进一步加深了对宋人媒介观和传播观的理解。

全书共分五章。第一章分析了宋代闽本书所处的独特的传播环境,其主要表现为:其一,独特的政治和经济环境。宋代福建虽然局部有些农民战争,但相比全国而言,总体上还是比较稳定。造纸业、印刷业等手工业得到飞速发展,农村、城市商业活动十分繁荣。其二,独特的地理和交通环境。宋代福建三面环山,一面靠海的地理特点,形成了具有福建特色的山海经济。福建所出版图书,主要是通过陆路、水路和海路三种方式运送和传播。其三,宋代福建大型编书活动及公私藏书的兴盛,促进了福建文化的繁盛。其四,科举制度和访书制度进一步刺激了福建图书的传播。

接下来的一章，主要从传播人物和传播机构两个方面来论述宋代闽本书的传播主体。闽本书的传播者可以分为生前作者自己编集传播和身后子孙、门人、官员等帮助编集传播两种类型，生前编集传播主要是求精，身后编集传播主要是求全。闽本书的传播机构则有官方传播机构、民间传播机构和商业传播机构。宋代福建版图书以北宋福州寺观刊刻和南宋建阳书坊刊刻尤具特色。

第三章总结闽本书的传播方式。宋代福建印刷业发达，书籍媒介主要通过印刷传播，印刷传播是当时新兴传播方式。宋代福建印刷了大量书籍，特别是雕印了大型类书和宗教类图书，这在全国不多见。所印书籍品种繁多，种类齐全，传播远，影响大。福建海外交通完善，海外贸易活跃，中外交流频繁，大量书籍通过海船运到国外，促进了国外印刷业、出版业的发展。因此，跨文化传播也是宋代福建书籍传播的主要方式之一。此外，还有书籍的手抄传播、进呈式传播、赐予式传播、买卖式传播等多种多样的传播方式。

早在秦朝建立时期，图书的传播就受到朝廷或官方的严格控制，秦始皇"焚书坑儒"就是这种控制的极端形式。宋代的文字狱相对于某些朝代（如清朝）要相对宽松一些，但控制依然存在。第四章就是论述闽本书的传播控制问题。闽地出版图书的繁荣惊动朝廷，引起朝廷关注，朝廷经常采取措施对其书籍传播活动加以控制。这种控制一般是通过政府相关机构，比如两制、编修所、检院等，对图书传播内容进行审查和把关，以及对传播类型、传播地域、传播机构直接进行限制来实现。

最后一章，作者研究了闽本书的传播策略，这种传播策略集中体现在序跋的撰写上面。闽本图书的序跋内容，一般直接表明书籍编纂的目的就是为了传播，传播的功能远远超过书籍自身的知识、文化和教育功能。序跋撰写者在序跋中采用谦虚的话语叙述策略，高度赞美作者及作品的独特言说方式，以及交代与作者的交往过程等，来促进序跋的传播，进而推动书籍的传播。

相信有兴趣的读者看了这些要点后，会产生进一步阅读本书的动力。

当然，由于时间的关系，这本书也有一些还没来得及改善之处。

例如，作者注意到宋代私家藏书业的兴盛促进目录学的发展以及目录书的传播，提到代表作有晁公武的《郡斋读书志》、陈振孙的《直斋书录解题》、尤袤的《遂初堂书目》、高似孙的《子略》、郑樵的《通志·艺文略》和《夹漈书目》、郑樵族孙郑寅的《郑氏书目》等。但是，作者对这几部目录书下的功夫还不够，比如南宋诗人、目录学家尤袤的《遂初堂书目》，是中国私家藏书目录中最早著录不同版本的目录，其胪列了杭本、旧监本、京本、高丽本、江西本、川本、严州本、吉州本、越州本、旧杭本、湖北本、越本，等等，南宋盛行的建本则一概不著录，可见其对闽本的轻视。为什么尤袤会采取这种态度？值得研究。《遂初堂书目》著录建本之外的各地版本信息，虽然很简略，也可以拿来与其他文献著录的闽本书对照分析。我希望金雷磊以后对此类文献资料还要做更深入地发掘，也希望学界同仁和有心读者对本书存在的问题不吝赐教。

这里，我要特别感谢三明学院的领导对金雷磊学术著作出版的大力支持；特别感谢厦门大学出版社原副总编、老朋友侯真平先生对本书出版的鼎力相助。

按照我们师生一起商定的学术研究规划，金雷磊在完成《宋代闽本图书出版传播研究》之后，可以继续从事《元代闽本图书出版传播研究》以及明、清两代的闽本图书出版传播研究，将来可以成为一个研究系列。而金雷磊也有这番雄心壮志，把这个系列研究坚持做下去。我们都愿意做时间的朋友，治学奉行长期主义。假以时日，我相信金雷磊会一步一个脚印地去沿着自己设定的宏伟目标走下去。作为导师，如果能看到金雷磊将来陆续出版三部系列著作，则幸莫大焉！

是为序。

张三夕

2021 年 3 月 11 日夜于武昌大华寓所

目 录

绪 论 ·· 1
  一、选题意义 ·· 1
  二、拟解决的问题 ·· 2
  三、国内外研究现状 ·· 2
    （一）宋代图书出版传播与文学传播研究 ······················· 3
    （二）宋代福建图书出版研究 ······································ 12
  四、研究方法及创新 ·· 16

第一章　宋代闽本图书传播环境 ·· 19
  第一节　宋代福建独特的政治、经济环境 ························· 19
    一、闽本书出版传播的政治环境 ····································· 19
    二、闽本书出版传播的经济环境 ····································· 23
      （一）福建造纸业的兴盛 ·· 23
      （二）福建印刷业的成熟 ·· 25
      （三）福建商贸业的活跃 ·· 29
  第二节　宋代福建独特的地理、交通环境 ························· 30
    一、闽本书出版的地理环境 ·· 30
    二、闽本书传播的交通路线 ·· 32
  第三节　宋代福建文化的繁荣 ·· 36
    一、福建编书活动对书籍传播的推动 ······························ 36
    二、福建公私藏书对书籍传播的贡献 ······························ 40
  第四节　宋代制度对福建图书出版传播的影响 ··················· 45
    一、科举制度的改革 ··· 46

二、访书制度的影响 53
　　　　（一）皇帝下诏访书 53
　　　　（二）大臣上奏访书 57

第二章　宋代闽本图书传播主体 61
第一节　福建人或寓居福建的官员 61
　　一、作　者 61
　　二、子　孙 65
　　三、门　人 73
　　四、官　员 79
第二节　机　构 87
　　一、官方传播机构 88
　　　　（一）各级官府 88
　　　　（二）各级学校 94
　　　　（三）各级郡斋 104
　　二、民间传播机构 108
　　　　（一）私家刊行书籍 108
　　　　（二）书院刊行书籍 123
　　　　（三）寺观刊行书籍 127
　　三、商业传播机构 129
　　　　（一）书坊出版概况 129
　　　　（二）书坊传播内容 131
　　　　（三）书坊图书特点 133

第三章　宋代闽本图书传播方式 135
第一节　手抄传播与印刷传播 135
　　一、手抄传播 136
　　二、印刷传播 142
　　　　（一）印刷传播特点 143
　　　　（二）印刷传播类型 149
第二节　上行传播与下行传播 173
　　一、书籍向上"投献" 174
　　二、书籍向下"赏赐" 178
第三节　买卖式传播 183
第四节　跨文化传播 187

第四章 宋代闽本图书传播控制 192
第一节 图书传播审查 192
一、两　制 195
二、编修所 197
三、检　院 198
第二节 图书传播限制 200
一、对传播类型的限制 200
（一）阴阳卜筮类 200
（二）元祐党人类 202
二、对传播机构的限制 203
（一）书　坊 203
（二）藏书机构 205
三、对传播地域的限制 206

第五章 宋代闽本图书序跋传播 211
第一节 图书序跋的传播价值 211
第二节 序跋作为一种副文本传播 212
第三节 图书序跋的传播策略 215
一、序跋中交代编集的目的 215
二、序跋中采用谦虚的话语 218
三、序跋中采用赞美的话语 220
四、序跋中交代交往的经过 222

余论 宋代闽本图书传播与杭本、蜀本传播之比较 226

参考文献 233

附录 宋代闽本图书传播大事年表 251

绪 论

一、选题意义

宋代闽本图书是极其珍贵的文化遗产，它记录和见证福建社会经济和历史文化的变迁，是联系过去和未来的媒介。闽本图书传播是宋代文化传播的重要组成部分，是了解和呈现宋代福建历史文化甚至整个宋代文化的"一面镜子"。研究宋代闽本图书的传播，能够让更多人了解福建丰富的特色文化，这正是本书研究的积极意义所在。

此项课题研究，有相关论文发表和著作出版，它们或是通论性的，或是专题性的，为福建图书传播研究铺下基石。开展此研究的意义在于：

第一，总体而言，目前宋代闽本图书传播研究仍停留在版本学、目录学上，把福建出版的图书作为传播媒介，考察其传播环境、传播主体、传播方式、传播策略、传播效果等，从传播学角度展开的研究，则少之又少。

第二，目前关于宋代图书的研究大多从整体上和宏观上着眼，比如研究宋代图书广告、宋代图书版权、宋代图书审查、宋代图书出版机构或人物等。若从局部和微观的地方文化传播角度切入，梳理和评价福建区域图书传播活动，就显得更有意义。

第三，该研究可以进一步促进福建特色文化传播。宋代福建出版图书甚多，既有闽籍人士雕印的，也有寓居福建官员刊刻的。这些图书不仅有福建地方文献，也有传统文化经典。从这个意义上来说，宋代福建确实是"文献之邦""海滨邹鲁"。研究宋代闽本传播，有助于展示福建书籍出版文化的实力和魅力，激发福建人民的文化自觉和文化自信，推动福建文化普及和传播。

第四，该研究有利于地方文献挖掘、保护和整理。福建出版与传播的图书虽多，但经过长期流传，各自分散，且有的图书已经散佚，不利于查找，也不利于研究，从事闽本图书传播研究，是一项地方文化抢救、保护和整理工程，具有特殊意义。

二、拟解决的问题

本研究主要解决宋代闽本图书的传播问题，从闽本图书传播所处的环境、闽本图书的传播主体、闽本图书的传播方式、闽本图书的传播控制和闽本图书的序跋传播五大方面来展开。

首先，宋代福建图书传播是在福建特有的政治（远离战争，政治稳定）、经济（造纸、雕版等手工业发达，城市、农村商业繁荣）、地理（依山傍海）、交通（陆路、水路、海路交通便利）、文化（编书、藏书兴盛）、制度（科举制度和访书制度推动）等环境之下发生的，福建独特的环境成就图书的编纂与传播。

其次，宋代福建图书传播主体，主要探讨谁或者什么机构在传播图书。宋代福建传播者主要是闽籍人士或寓居闽地的官员，而编纂刊刻传播图书的闽人和官员，又可以细分为本人、子孙、学生。传播机构则以福州寺观和建阳书坊最有特色。

复次，宋代福建图书传播方式主要是手抄传播与印刷传播，书籍的向上"进呈"和向下"恩赐"，书籍买卖和书籍的跨国流通等。

再次，建阳书坊出版的图书，数量多、传播广、影响大，朝廷经常会对其书籍雕印进行审查和把关，有时直接限制其书籍传播。

最后，图书序跋是书籍的重要组成部分，这一文体在书籍传播中越来越受到重视，序跋写作也逐渐走向规范化和模式化。序跋是重要的辅文，其广告功能远远超越自身思想价值。闽本图书在撰写序跋时，往往直言不讳图书传播之目的，流露出明显的传播观念。通过赞美或谦虚的表述方式及交代与作者的交往故事等手段来呈现传播艺术。

此外，该研究还搜集了杭本、蜀本和闽本传播比较方面的原始材料，研究发现，闽本不只收到差评，也有好评。同样，对于杭本和蜀本，一般公认为善本外，也有不少读者认为是劣本。因此，对三大出版中心刊刻与雕印的书籍评价，应该公正和平衡。本书也希望纠正闽本，特别是"麻沙本"，等于"劣本"的印象。

三、国内外研究现状

宋代闽本图书传播研究是综合交叉研究。目前国内外关于这一课题的研究主要体现在两个方面：一是宋代图书出版传播与文学传播研究，二是宋代福建图书出版研究。

（一）宋代图书出版传播与文学传播研究

宋代图书出版传播与文学传播研究现状，主要包括两个部分：一是宋代图书出版传播的研究现状；二是宋代文学传播的研究现状。

1. 宋代图书出版传播研究

国内宋代出版史研究代表人物和代表成果主要有：

周宝荣的《走向大众：宋代的出版转型》从崇儒礼士、扩大科举、兴学运动、访书与编书四个不同方面分析宋代出版的社会历史语境，重点探讨宋代出版转型的重要原因——雕版印刷术的普及。该书认为，以印刷术兴盛为标志的传播媒介革命的完成意味着宋代出版转型成功，此成功开辟了出版业走向大众的发展道路，"文化选择"与"文化锁定"则是宋代出版在走向大众之后的功能体现。同时，该书还从相国寺图书市场的繁荣、图书校勘呈现的新特点、版权保护制度的形成、小报的起源与发展四个方面探讨宋代出版转型问题。宋代出版的转型，推动了文化的普及。该研究对宋代出版进行理性思考和宏观把握，探讨了宋代出版的阶段性特征及发展轨迹，多角度、立体化地呈现宋代的出版图景，指出宋代出版在整个中国古代出版史上的重要地位。虽然研究触角延伸至多个领域，但主题十分清晰，在宋代出版史研究上具有开拓意义。周宝荣还有出版专著《宋代出版史研究》，论文《印本时代的到来与宋朝社会的读书风尚》《浅谈宋代的图书校勘》《论北宋时期的相国寺书肆》等。

杨玲的《宋代出版文化》分别从宋代出版的时代背景（包括文字基础与技术要素、国家文化政策、内在动因与助力）、文化概况、出版介质的变迁，出版中士人、书商、刻工诸阶层文化生态，出版物向海外的流布及其影响等方面，对宋代出版文化做出客观和符合历史事实的解读，并从文化哲学的高度俯瞰宋代出版文化史，揭示两宋的时代风貌和文化精神。全书展示出来的文化史信息丰富而生动。

台湾地区朱传誉的《宋代新闻史》广泛搜集新闻史料，无微不至，影响至大，"为专题研究中国新闻史足以示范之创举"[①]。该著从邸报（官报）、小报（民营报业）、边报、榜文、时文、出版事业与出版法、舆论等方面总结宋代的信息

---

① 朱传誉：《宋代新闻史》，台湾商务印书馆1967年版，第1页。

传播活动。此书虽然以新闻史为主,但第六章《出版事业与出版法》谈到宋代出版问题。在出版事业概况这一部分,作者分析了宋代官刻与私刻情况,宋代出版地区以及出版事业发达的原因。该书根据充分的材料,把宋代出版繁盛的原因归纳为四点:政府的提倡,私人的提倡,雕印技术的进步和造纸业的发展,社会的需求。在对出版法的探讨中,该书分别研究了禁印卖、禁藏书、审阅及罚则、版权、避讳等问题,其对宋代图书出版问题的探讨,虽只有一章,但却高屋建瓴、内涵丰富,为深入研究宋代出版提供了明确的方向。

河北大学新闻传播学院田建平教授是宋代出版史研究方面的专家,其博士论文为《宋代书籍出版史研究》。该论文运用历史唯物主义理论及社会学、经济学、文化学和传播学等学科理论,采用文献考证分析法、个案研究法、比较分析法、文本分析法、量化研究等方法,分析宋代书籍出版。从宋代书籍出版总论、宋代书籍出版体制及生产、宋代书籍发行与贸易、宋代书籍插图及美学价值、宋代书籍版权保护、宋代书籍出版的地域经济特征等方面展开研究。论文末尾附有宋版书籍书影选辑。首次将宋代书籍出版史划分为四个发展阶段并从总体上进行阶段性考察,从媒介史的学术视角对宋代书籍出版之媒介生态环境进行学术构建,从唐宋社会变革的学术视角和宋学之学术视角考察宋代书籍出版之文化意义。

近年来,他在该课题研究上用功颇深,成果甚丰。发表了《宋代出版业的发展与繁荣》《宋太祖与〈开宝藏〉》《宋代出版文明新论》《书价革命:宋代书籍价格新考》《宋代书籍设计、插图及美学特征》《试论宋代图书出版的版权保护》《宋代书籍出版业发展与繁荣原因探析》《论宋代书籍多元化的发行方式》等论文,出版著作《宋代出版史》。

华中师范大学范军教授的《两宋时期的书业广告》一文,在掌握大量出版史料的基础上,比较了唐宋书业广告,指出宋代书业广告是在唐代的基础之上发展起来的,受宋代经济文化环境的影响。范军教授总结了宋代书业广告呈现出来的新的特点:广告意识更加明显,广告内容更加丰富,广告载体更趋稳定,版权保护与广告宣传互为表里。该文是宋代书业广告研究领域中十分厚重、较有分量的论文。北京大学新闻与传播学院张积的《宋元刻本的牌记广告》一文,将书籍广告划分为书名广告、店铺广告和牌记式广告三种类型,重点从式样、位置、信息和语言四个方面展开对牌记式广告的论述。华南师范大学新闻传播系夏宝君《宋代书籍广告的形式与传播特色》一文,将宋代图书广告归纳为标记型广告、介绍型广告、故事型广告和牒文型广告四种类型,指出宋代书籍广告的内容既与当时的社会背景相关,又在相当程度上体现时代特色。论文总结了宋代书籍广告的三大特点:一是书商具备一定的广告意识和品牌意识,二是书商具备初步的版权意识,三是书籍广告策略多样。作者从宋代图书广告传播这样小的切入点入手,进行分析,颇为细致和周到。湖南师范大学新闻与传播学院王海刚的《宋元时期图书广告与促销术》一文,从牌记广告、题跋广告、封面广告、书目广告、征稿广告及版权保护中的广告等六个方面深入、系统地探讨与分析宋元时期书商的图书促销术,探索了图书广告与图书促销两者之间的关系。

邓子勉的《两宋词集的传播与接受史研究》一书,从藏书家、出版商、评注者三个方面分析两宋词集在宋代及其以后的传播与接受情况,系统阐述藏书家、出版商和评注者三方在两宋词集的传播与接受过程之中的相互联系,是对两宋词集传播与接受的群体性研究。该研究综合词学、文献学和编辑出版学等学科内容,研究宋代词集的传抄、收藏、校勘、注评、刻印等问题,具有交叉性。

巩本栋的《宋集传播考论》一书,分综论篇和域外篇两个部分,对宋集传播进行考证和论述。综论篇中,作者论述了宋人别集的编纂、刊刻与流传,明人整理宋人别集的成绩和清人整理宋人别集的贡献等内容。域外篇中,作者论述了"域外所存的宋代文学史料""朝鲜时代的宋人诗文选本""《王荆文公诗李壁注》从宋本到朝鲜活字本""宋人撰述流传高丽、朝鲜"等问题。作者点面结合,考论相兼,对宋集的传播进行全面论述,对于从事宋代图书传播研究,具有重要参考价值。

王岚《宋人文集编刻流传丛考》一书,对二十八种宋人文集在宋、元、明、清各代的编刻和流传情况进行梳理和考述,以北宋文学流派代表人物的文集为主。该研究开启了宋人文集历代传播的研究,是一项很有价值的工作。其研究理念和研究方法,为本研究提供了有益的参考。

李瑞良的《中国古代图书流通史》一书,把中国古代图书的流通史看作文化史的组成部分,放在中国文化史的总体中来考察。作者考察的图书流通,主要是宽泛意义上的,既包括图书市场上的商品性交易,又包括图书以各种方式进行的非商业性的传递交流。该书揭示我国图书生产和流通的发展脉络和演进轨迹,刻画历史发展的连续性和阶段性。第五章《宋元时期的图书流通》,重点探讨图书生产的重大变革、图书来源的开拓、图书流通的重大突破和图书流通的社会效果等问题，启发了宋代福建图书传播研究。

四川大学古籍研究所祝尚书的文章《论宋代的图书盗版与版权保护》，指出宋代书商原稿盗印、改题盗刻、改头换面盗刻和翻刻等四种盗版类型，认为，宋代朝廷启用各种各样的图书审查制度，本意是杜绝泄密，而非保护作者的合法权益，虽然客观上起到保护版权的作用，但与版权保护关系不大。当时作者或者家属所能采取的有效措施，就是密藏稿本或者抓紧编刻家集，以防止盗版，这是版权的自我保护。《试论宋代图书出版的审查制度》一文从边机文字的审查、一般图书的审查、图书的特别审查和图书出版制度评议四个方面论述宋代图书出版的审查制度，该文资料翔实、思路清晰、条分缕析，给研究宋代闽本图书传播不少启示和思考。

冯念华的《我国宋代版权保护与现代版权法的比较》一文探讨我国版权制度的起源问题，认为我国最迟在宋代就已经出现孕育现代版权法因素的版权保护现象。作者从版权标记、版权归属及权利、版权转让、版权合同或者许可、版权权利的保护期、版权地域性等方面比较宋代版权保护措施与现代版权法。《盗版对宋代版权保护现象的影响》一文认为，宋代版权保护现象的产生不仅仅与社会政治、经济、文化、法律以及印刷和造纸技术等紧密相关，当时频繁出现的盗版行为是最直接的原因，盗版行为激发作者保护版权的意识。

徐枫的《论宋代版权意识的形成和特征》一文认为，宋代版权意识最初只体现在"出版权"上面，其性质和现代意义上的版权或著作权并不相同。随着宋代出版事业的发展，官方的"出版权"保护制和出版特许制度已经无法适应历史发展要求，书坊、书肆等民间出版机构以及对作品享有权益的作者要求尊重和保护他们的权益，这是历史的进步。《试论宋代文学的编辑与出版》一文认为，适应社会发展和文化发展的需要，伴随着雕版印刷业的兴盛，宋代拥有与前代不同的崭新的传播形态，其重要标志就是出现许多编辑和刻书机构，促使出版传播正式取代以往文学传播以自然传播为主的局面。此外，徐枫关于宋代出版传播研究还有《宋代对出版传播的管理和控制》，该文主要从行政控制、法律控制和纠察控制三个方面分析宋代统治者对出版传播活动的控制。

武汉大学曹之的《朱熹与出版》一文，通过大量史料，总结朱熹与出版的关系，即朱熹在校勘、刻书等方面持严谨态度，朱熹对盗版之风深恶痛绝，朱熹热爱出版并积极参与出版，但坚决反对在出版中以权谋私。其论文《宋代医书之编刊及其背景考略》梳理宋代中央和地方政府及民间机构医书的出版情况，分析宋代医书编刊繁荣原因。作者看到宋代医学书籍出版和传播的兴盛现象，从医学书籍这一特定类型书籍入手进行分析，切口小，分析到位。此外，曹之还有《朱熹反盗版》《略论宋代图书事业的繁荣及其原因》等相关论文发表。

李明杰的《宋代国子监的图书出版发行》一文总结了宋代国子监图书出版的六个特点：一是集教育者、出版者和管理者于一身；二是出版人才集中与专业分工协作的组织优势；三是设立有专门掌管刻书钱物的机构，有充足的经费保障；四是建立了一套严格规范的校勘制度；五是宋代监本禁止翻版并由官方垄断发行；六是配合社会形势的需要而刻书。同时，该文概括了宋代国子监在图书发行方面的三个特色：一是自办图书发行；二是发监本到各州府郡学，由其代售；三是下各州郡刻板，由地方政府向社会公开发行。作者对宋代最高教育机关和管理机关国子监的图书出版和发行情况，总结全面，完全能够做到用史料说话，体现出深厚的史学基础和功底。其文章《宋元明清时期文人著述观念的嬗变》按照历史顺序，梳理了从宋到清文人著述观念的演变：宋元时期重名轻利，明代追名逐利，清代淡薄名利。重点分析了儒家义利观对文人著述观念的影响、著述观念演变以及著作权保护意识形成等问题。

四川大学林平在宋代禁书研究方面自成特色，成果甚多。其博士论文《宋代禁书研究》指出，宋代是中国禁书史上的重要时期，是承上启下的阶段。其论文分为两个大的部分：上部分主要研究宋代禁书的分期、特征、类型、影响以及禁书与政治、经济、文化、技术的关系。下部分则具体分析宋代所禁图书的七个方面，包括禁天文兵书阴阳谶纬图书、禁徐铉所定《切韵》、禁事涉边机政事之图书流向境外、禁元祐学术图书、高宗朝禁书、禁小报、禁道学图书等。作者对每一方面禁书的背景、缘由、经过等方面都进行了细致分析。最后附有《宋代禁书编年》。该文对宋代禁书的研究非常全面，也很系统，是宋代禁书研究领域的力作。此外，林平还有《论北宋禁书》《略论宋代禁事涉边机政事图书流入异族政权》《宋代禁书分期述略》《宋代禁书特征及原因分析》《论宋代禁毁道学图书》等论文。

综上所述，在中国，宋代图书出版传播这一课题，目前主要是从整体上对宋代图书的概况、特点、出版转型、出版文化、版权以及图书广告等方面进行宏观研究。

在国外，代表性的研究成果也不少：

日本学者井上进的《中国出版文化史》别具一格。该书分为前编和本编两个部分：前编从"书籍的成立""封建王朝的秩序与书籍""封建王朝的黄昏""表达自我的文章""贵族藏书及其相关轶事""新旧相克"等方面探讨印刷传播之前的书籍出版问题；本编则从"印本时代启幕""士大夫和出版""民间出版从业者""特权书籍""朱子学的时代""出版之冬""冬季的结束""书籍世界的新纪元""书价的周围""知之去向""非正统论与出版""关于对出版的利用"等方面深入分析中国步入印本时代之后书籍出版面对的问题。该书主要从宏观上探讨中国古代出版文化，其中有涉及宋代福建出版研究方面的内容，如"建本""朱子学的时代"，这些内容为研究提供了可以借鉴的思路和方法。

美国学者周绍明《书籍的社会史：中华帝国晚期的书籍与士人文化》一书全景展现从宋代至清代中国书籍的生产、发行、阅读、流传，重点分析了书籍与士人之间的关系。周绍明提出一些值得思考的问题："首先，在最一般的情况下一部书是怎样印刷的？为什么在中国这种雕版印刷的方式作为书籍印刷的主要技术延续了如此长的时间？其次，印本书在中国什么时候、如何取代手抄本成为书籍的主要形式？复次，印本书的采用给帝国晚期书籍的流通、消费和利用带来什么变化？再次，中国学者什么时候、如何解决书籍获取的问题，因而形成今天我们所说的大的'知识共同体'？最后，中华帝国晚期识字者和文盲如何对书籍加以利用，他们是如何跨越社会分野的？"[①]这些问题对于我们把书籍作为媒介，从传播的角度来研究书籍史不无裨益。该书以社会史、文化史的方法研究中国书籍史，是近年来西方学者研究中国书文化的又一力作。

可见，外国学者在中国古代出版研究方面理论不断深入、方法不断创新。在他们看来，以往中国的图书史多从版本、目录方面进行研究，很少研究书籍的文化史和印刷的社会史内容，甚少考察书籍作为媒介对社会生活、文人交流、知识传播等方面的作用，这些学者运用社会史、文化史的方法研治中国书籍史，结论使人耳目一新。

2.宋代文学传播研究

宋代文学传播研究，王兆鹏是大家，其代表作为《宋代文学传播探原》，内容包括：宋代诗文的单篇传播、宋代诗文的书册传播、宋代诗词的题壁传播、宋词的歌妓演唱传播、宋代文学的润笔与文学商品化、宋代文学传播效应的非

---

① （美）周绍明著，何朝晖译：《书籍的社会史：中华帝国晚期的书籍与士人文化》，北京大学出版社2009年版，第3页。

文学因素、王维《送元二使安西》的传播历程。王兆鹏从传播学角度来研究宋代文学，很有开拓意义，推进中国文学传播与接受的研究走上新的台阶。王兆鹏的论文《从北宋〈白氏文集〉准印牒文看宋代文集出版的审查制度》从《全宋文》中未收录的北宋仁宗景祐四年（1037）杭州刻本《白氏文集》所附当时杭州详定所颁发的《白氏文集》准印牒文入手，细致地探讨了北宋文集出版的审查制度。王兆鹏认为，这则牒文有助于进一步认识和了解北宋出版审查的运作流程和审查内容。该牒文为文学传播研究提供了相当丰富的信息，特别是"敕命指挥毁弃淫侈浮浅俚曲秽辞"一语，对于了解北宋词传播的文化生态具有重要意义，也为研究北宋详定所出版文集牒文的文体学研究提供了一个现存的实例。另外，王兆鹏还有《两宋所传词集续考》《宋代所传词集再考》《中国古代文学传播研究的六个层面》《中国古代文学传播方式研究的思考》《宋代诗文别集的编辑与出版——宋代文学的书册传播研究》等文章，也对宋代文学传播研究进行了深入的剖析。

谭新红的专著《宋词传播方式研究》从宋词口头传播、宋词单篇传播、宋词书册传播、宋词的传播途径和宋词的误传与失传五个方面来研究宋词的传播方式，解决了宋词传播过程中一些模糊不清的问题。谭新红《论两宋时期文学作品的域外传播》一文，总结了宋代文学作品域外传播形式，即：外国人购买、商贩走私、使节求赐、使节外交场合吟诵、流落到异域的文人创作等，这些作品在域外的传播，扩大了作品的影响，提高了域外文学创作和欣赏的水平，有助于作品在域外得到保存。其《宋代的书业贸易与文学的商品价值》一文认为，宋代书商印卖单篇作品或者编印书籍出售，图书贸易呈现繁荣活跃的局面，文学的商品价值开始得到彰显。文学的商品化为文人传播文学作品提供了新的渠道，不仅扩大了文人作品的影响力，还推动了文风的演进、文派的形成。谭新红《宋代的驿递制度与文学传播》一文认为，宋代的驿递制度相对完善，步递、马递、急脚递分工明确，允许私人信件入递。在频繁的书信往来中，大量诗词作品在遍布全国的驿路邮亭间往返寄送，进入传播轨道而被他人接受。驿递传播是一种反馈积极的传播途径，能刺激人们的创作热情，催生精品，但它也有传播范围受限、传播速度较慢等缺点。谭新红、王兆鹏《宋词的艺术媒介传播——以题画、题扇和题屏词为中心》一文指出，宋词的初始艺术媒介传播途径中，题画、题扇、题屏较有特色，对词在宋代的传播发挥了积极的作用。相对而言，题画、题屏的传播范围比较有限，题扇则更为大众化。不可复制的特点及材质特性使这几种方式在传播时效性上受到影响。谭新红、柯贞金《宋词的别集传播》一文认为，别集是宋词书册传播的主要媒介，对词在宋代的传播发挥了重要的作用。词别集一般部头不大，成本不高，出版商可以多册印刷，这有利于词集在社会上的销售流通。别集在保存作品方面有很大的优势，很少会有遗漏，诸多词作都赖此得以保存。此外，谭新红还有《宋人词集序跋之传播刍议》《论宋代词选的传播功能及局限性》《宋代私人藏书与宋词传播》《宋词的书册传播》等文章。

朱迎平《宋代刻书产业与文学》一书探讨了宋代图书业对文学发展和进步的影响与贡献。该书分上、下两编，上编介绍宋代刻书业兴旺的局面，下编从刻书产业对文集的编刊、文体的演进、文派的形成、文人的参与等所产生的影响来展开论述。全书视角新颖，结构完整，在文学传播研究方面进行了有益探索。钱锡生《唐宋词传播方式研究》一书总结了唐宋词的传播背景和传播阶段、唐宋词的歌舞传播、唐宋词的吟诵传播、唐宋词的手写传播、唐宋词的题壁传播、唐宋词的石刻传播、唐宋词的印刷传播以及传播方式的演变对唐宋词的影响。该书采取史料收集整理的传统研究方法，吸纳传播学的有关理论，将唐宋词传播与多种学科结合起来进行研究，做到了宏观研究与微观分析相结合。苏勇强《北宋书籍刊刻与古文运动》一书从宋代印刷文化的角度切入，讨论了宋代图书刊刻对文学的影响，将印刷术与宋代文学及现象联系起来，对此问题进行了进一步的研究和阐述。

于兆军的博士论文《版印传媒与两宋文学的传播及嬗变》，从宋代版印传媒这一传播媒介入手，研究文学在宋代的传承、流变，其对宋代文学生态的影响，拓宽文学传播的研究视野。该文运用雕版印刷史、文化史、出版史、文学史、文献学、传播学、文艺学等多个学科的研究方法，为我国雕版印刷文化史和古代文学传播研究提供了借鉴。该论文总共有四章——"两宋版印传媒的盛况""版印传媒与宋代文化的繁荣""宋代版印与文集的编刊及传播""版印传媒的繁荣与两宋文学的嬗变"。

杨挺《符号、技术与社会——宋代文学传播的观念更新及其意识自觉》一文认为，与文学传播活动的繁盛相应，宋代出现文学传播观念的更新与意识的自觉。宋代士子不仅追求立言不朽，将之置于居于立功、立德之先之前。他们最早关注印刷技术，充分肯定其强大的传播能力。《语言与文籍的凸显——宋代立言不朽观念的革新与文集编刻的繁盛》一文认为，宋代的尚文政策刺激了士子的自我实现欲望，立言不朽的期望深入人心，但立言不朽的观念得到宋代印刷技术的支持而发生转变，即表现出对语言与文籍的重视。由此，立言不朽的传播内涵得到凸显，即"不朽"不仅在于作品创作，还在于作品传播。在这样的观念支持下，宋人勤力于作品的裒辑、序跋、编次、刻印，促成"书籍出版的黄金时代"的到来。《印刷传播语境下宋代文学的社会责任观念》一文认为，随着宋代印刷技术的发展，宋代文学责任观念表现出前所未有的自觉与审慎。文学的社会功能也出现较大的变化：文学的教化功能伴随着"玷于名教，必加朝典"的警告；讽谏功能表现出"怨不至乱，谏不至讦"的劝诫；垂范功能则表现为"后世规矱""精加订正"的自守；博识功能则表现为"传信审疑""言必有据"的自控。

钱建状《宋代的科名崇拜、科名歧视与文学传播》一文认为，两宋之时，科名之崇与文字之传有内在的联系：一方面，在宋代崇尚科名的特殊时代背景之下，进士高第者，其作品的传播带有时效性、附着性特点，故作品传播途径广，留存量大；另一方面，处于科名等级体系最底层的几类士人，如特奏名进士、诸科等，受科名歧视的社会心理影响，他们的作品若非当世闻人推重，常不为世所重，不为人所称，加之总体创作水准不高，故创作队伍虽大但现存作品却极少。宋人科名观与文学传播之间的关系，是研究非文学因素干扰与影响文学的典型案例。

陈静《浅论宋代出版对宋诗的影响》一文，从出版导致整个社会欣赏力水平的提升和有意识地刻书作注使宋代律诗的审美要求深入人心这样两个大的方面，来谈宋代出版对宋代诗歌的影响，认为宋代的刻本出版是宋代律诗赖以形成其自身特色的强大的媒介保证。

台湾学者张高评《印刷传媒与宋诗特色——兼论图书传播与诗分唐宋》一书探讨了印刷媒介对宋代诗歌特色形成的影响，论述了图书传播与诗分唐宋的问题。该书共十二章，主要分析雕版印刷对朝野、学风的影响，宋刊唐人诗集，宋刊宋人诗集，宋诗学唐变唐，史书的刊刻与传播等问题。作者认为，宋代印刷传媒、图书流通，往往促成"诗分唐宋"，左右"唐宋变革"。该著从印刷媒介与图书传播的视角切入来解读宋诗特色的生成，立论新奇，选题新颖，对从事宋代文集和文学传播研究极具参考价值。

国外宋代文学传播研究则有日本早稻田大学的内山精也，其代表作为《传媒与真相——苏轼及其周围士大夫的文学》，这是一部论文集，里面收录论文十二篇，作者抓住士大夫社会的特点，从印刷媒介作为当时新兴媒介给文学带来的变化入手，从看似平常的题目中挖掘出新的内涵，给人以新的启迪。另外，内山精也的论文《媒体变革前后的诗人和诗集——从初唐到北宋末》讨论了从初唐到北宋末年（约五个世纪）诗人与自编诗集的关系问题。作者认为，诗人往往将作品视为自己的化身，诗歌作品就是其身份和象征，向世人证明自身价值的最主要依据就是诗集，诗人生前自编诗集的行为，最能鲜明地反映出诗人的自觉意识。通过对诗集的考察，作者发现，随着时代的发展，自编诗集现象虽然逐渐增加，主体意识明显增强，但到了北宋中后期，从诗人与出版的关系看，他们却有意识地与出版保持距离。

大阪大学大学院文学研究科浅见洋二的《"焚弃"与"改定"——论宋代别集的编纂或定本的制定》一文认为，在中国，别集的编纂始于魏晋时期。唐宋时期是别集编纂的转折时期，其主要表现是，作者对自己别集的编纂越来越普遍和自觉。这种自觉，体现为将草稿变为定稿。在这一过程中，文人的"焚弃"和"改定"行为就是具体体现，这是文集编纂的其中一环。笔者以宋代为中心，将唐代及其之前的历史阶段纳入视野，用对比的方式分析文人文集生成过程中的"焚弃"和"改定"行为，揭示文人对作品所持的态度。该文运用大量一手材料，对文集编纂环节进行了讨论，观点新颖，视角独到，发人深省。另外，浅见洋二的其他文章，如《黄庭坚诗注的形成与黄䇝《山谷年谱》——以真迹及石刻的利用为中心》《言论统制下的文学文本——以苏轼诗歌创作为中心》等，也能给研究以启发。

（二）宋代福建图书出版研究

较早研究建阳刻书的是北京大学新闻与传播学院肖东发，其论文《建阳余氏刻书考略（上、中、下）》是这方面的代表。作者在综合以往论著的基础之上，结合学习和实地调查情况，对建阳余氏历朝历代比较著名的刻书家，他们所刻书籍的数量、种类、特点以及在中国文化史上影响和地位，做了详细探讨。为了研究该课题，作者于1982年底专门到福建建阳实地调查，查阅了建阳书坊公社书坊大队社员余咸清家、福建省图书馆及福建师范大学图书馆所藏三个版本的《书林余氏宗谱》，使得该研究更有根据，也更有说服力。肖东发对建阳余氏家族刻书情况的系统梳理，为后人进一步研究打下基础，提供方便。

福建书籍出版研究比较深入的有谢水顺、李珽的《福建古代刻书》一书，该书研究了福建宋元明清时期的刻书业，着重探讨福建刻书业形成与发展的过程及兴盛与衰亡的原因,比较真实、全面地反映了福建古代刻书概况。体例上,该书也打破了传统官刻、坊刻、私刻三大刻书系统的分类体系,从地域入手,颇有新意。其中,第一章分别从宋代福建经济文化概况及刻书地域分布,宋代福州的大规模刻书,宋代建阳刻书的兴盛,宋代闽西、闽北刻书,宋代闽南刻书以及宋代福建刻书的特点等六个方面分析宋代福建刻书情况,资料翔实、研究深入。

李瑞良的《福建出版史话》一书以分篇撰写的形式,探讨福建出版文化。具体有福建刻书的历史背景、历史地位,宋元时期福建刻书盛况,郑樵、袁枢等史学家的编辑意识,宋代闽人的编辑工作,宋代福建刻印的佛藏和道藏以及元、明、清时期福建的刻书事业等内容。各章既相互独立,又成为整体。该书着重挖掘了福建历史上的编辑家的图书编辑事迹,这些事迹真实可信,展示出编辑家丰满和立体的形象。

方彦寿的《建阳刻书史》一书共有七章,全面、系统地介绍了从五代到清代建阳历史上刻书业的概况,对建阳刻书业作出合理评价,总结了建阳刻书业的历史贡献。该书第二章和第三章分别研究建阳刻书业繁荣于宋代的历史背景和宋代建阳刻书系统,为进一步研究福建图书传播提供了厚重的文献资料。该研究的特色是:把朱子闽学与建阳刻书两者联系起来,既考证朱熹刻书的时间、地点及版刻情况,又探讨了闽学人物及其讲学的书院在建阳刻书业中的影响。更难能可贵的是,作者利用自己长期生活和工作在建阳的有利条件,充分挖掘方志、家谱、墓表、碑铭等地方资料,使得该研究言之有据。方彦寿还有《福建古书之最》一书,全书分为两个大的部分,一是福建刻印的古书之最,以建本为主,不受著者籍贯的限制;二是福建古人著述之最,以福建古代学者编撰的著作为主,不受图书刊刻地点的限制。对于既是建本又是闽人的著述,则视其要点酌情处理。该书介绍的古籍达两百多种,经、史、子、集各部都有。此书除了有一般知识性介绍之外,还有不少篇目对许多零散资料进行爬梳和整理,条分缕析,脉络分明,有一定的学术性。

方彦寿的论文《南宋建刻"监本"探考——从"二坊私版官三舍"谈起》,从学界对南宋建阳麻沙、崇化书坊刊刻的号称"监本"图书所存在的两种不同认识的分析入手,认为坊刻"监本"实际上是得到国子监默许的"准监本",这是建阳书坊独特的现象,外地书坊很难见到,体现建阳书坊对官方以及外地刻书的影响和辐射。从《钦定天禄琳琅书目》"天禄琳琅鉴藏旧版书籍联句"和清高宗乾隆《御制诗集》中均有"二坊私版官三舍"的诗句分析和论证,重新审视和评价福建古代刻书业。其《杨时著作版本源流考述》一文在吕本中和胡安国的《杨龟山先生行状》基础上，结合宋以来官私书目中所载有关杨时著作的信息，对其著作的版本源流进行了探讨。该文考证翔实，有理有据。《两宋时期福州刻书考略》一文考述了两宋时期福州的官刻和私刻图书情况，两者相比较而言，官刻略占上风。特别可贵的是，作者专门考察南宋时期福州人在江西、湖南、浙江、广东、江苏、广西等地的刻书情况，认为闽人外地刻书，能将技艺带到外地，与外地刻书形成交流与融合，而促进各地刻书业共同发展。其《朱熹与漳州官私刻书》一文考察了宋元时期漳州刻书情况，认为当时漳州刻书主要以朱熹及其门人为代表，以个人之力刻书最多的是朱熹，突出了朱熹对漳州图书出版的推动作用。其《两宋莆田官私刻书考述》一文对两宋时期莆田的十五位刻书家以及九位寓居外地的莆田籍刻书家进行了介绍和分析。这些分析和考述对正确认识和充分把握宋代莆田刻书家及刻书情况有所帮助。方彦寿《南宋泉州官私刻书考述》一文对南宋泉州十三位刻书家所刻图书情况进行了简要分析和归纳，认为，南宋泉州刻书贡献应该归功于在泉州任职的外籍官员。其《传播海外的建本图书》一文总结了宋元刻本传播到朝鲜、日本以及明刻本传播到西欧各国的情况，建本图书传播海外，在中外文化交流史上有重要影响。方彦寿提出，以建阳为代表的福建刻书业是我国宋以来古籍图书生产的重要形式，是传递华夏精神文明的"海上书籍之路"的重要源头。

林振礼《朱熹：作为编辑出版家的评价》一文从朱熹庞大的理学思想体系中剥离出编辑出版思想，认为朱熹编辑和刻印书籍活动为儒家思想更新与变化奠定了基础。"止于至善"是朱熹从事编辑出版活动的审美抉择，"有补世教""传之来裔"是朱熹从事编辑出版活动的价值追求。林振礼、方彦寿等《朱子学派与南宋出版》概括了大儒朱熹在福建建阳、漳州以及江西南康等地，以及朱熹门人在福建、浙江、江西、广东、湖南、湖北、四川等地刻书的情况，认为以朱熹为代表的朱子学派以熔铸新儒学为目标，体现重新诠释和整理儒家经典的专业性与系统性。在中国出版史上，朱熹及其门人开创了学派刻书的先河。

方品光的《浅谈福建古代的刻书》一文谈到福建成为全国图书出版中心之一的政治、经济、文化方面的原因，以及福建雕板刻书对全国的影响，福建刻书的特点、类型和风格等内容。其《福建刻书对日本雕板印刷的影响》一文介绍了唐宋时期日本各界人士想尽办法搜集中国图书的情况。特别是京都附近的五山僧侣，他们大都是精通汉文的学僧，他们当中很多人多次来到中国，回国都携带中国书籍，包括福建版图书，其中有医书、方志、戏曲、小说等。日本早期所刻印的"五山版"书籍，其中不少底本就是福建刊本，这些书籍在行款、字体、版式方面都带有福建版本的逸风。这两篇关于福建出版研究的论文，虽然发表时间较早，但在今天看来，仍有借鉴价值。

林应麟的《福建书业史——建本发展轨迹考》一书探讨福建古代书业发展的历史，侧重于讨论书业经营，也对宋代福建书业的背景、原因、特点进行了深入的分析。作者在充分占有史料的基础上，旁征博引，有根有据。全书还插有书影两百多幅，这是非常珍贵的档案资料。作者敢于突破定论，提出独到的见解。

陈铎的《建本与建安版画》一书从美术史的角度对建本插图进行分析与研究，作者利用地理上的优势，通过实地走访，搜集大量资料，对建本与建安版画两者之间关系进行了探讨，结论令人信服。

陈笃彬、苏黎明的《泉州古代著述》一书对古代泉州文人的著述做了详细而又全面的归纳和梳理，对各阶段的泉州著述特点进行了分析，书后还附有泉州古代著作一览表，该书是了解泉州出版史的基础性文献。

连镇标《福建官刻考略》一文，对福建在宋元明三个朝代七百多年间的刻书情况进行了总结和爬梳，认为历史上的福建之所以刻书业发达，除了自然地理环境和繁荣的文化等原因，还与福建各级官员的积极倡导有关。福建官刻书籍主要是为了迎合统治者的旨意，巩固统治者的地位。各级官员都把出版书籍作为突出个人政绩，谄媚上层，获取名利的手段。尽管如此，福建官方刻书为传播、保存和发展中华民族传统文化做出的贡献，不容抹煞。

张积的《宋代的建本与图书营销》一文认为，宋代建本在营销上能满足科考和大众阅读的需要，有明确的受众定位。建阳书坊注重编辑节抄本、注疏合刻本、诗文汇注本和插图本。建本图书的广告，喜爱强调版本质量，大力突出所选用的版本；喜爱强调纸墨精良、大字刊本、不欲私藏。广告语务求简练、雅致和明晰，追求叙事的波澜曲折、恳切委婉，不带书贾气。

国外学者研究福建区域出版的著作，比较有代表性的有：

贾晋珠的《为利而印：福建建阳的商业出版者（十一至十七世纪）》，该书用定量研究的方法，参阅了世界上三十九个图书馆的书目资料，经眼两千一百九十种建阳出版的书籍，重点分析了建阳余氏、熊氏和刘氏三个家族的书籍刊行活动，讨论了建阳刊刻图书的内容、传播、受众等问题，指出建阳出版中经济驱动的力量，贾晋珠的研究超越了以往宋代福建印刷史、出版史、传播史的研究。

美国布朗大学历史学教授包筠雅的《文化贸易——清代至民国时期四堡的

书籍交易》一书，是作者在福建四堡对其出版业展开田野调查、文献考证，花十五年时间写成的研究福建地域出版史的厚重之作。四堡地处闽西山区，但在十七世纪晚期至十九世纪初叶，却是繁华的雕版印刷之乡。作者对当时四堡乡雾阁村邹氏和马屋村马氏两个宗族的出版情况进行了细致的描述和深入的分析，话题涉及出版的起源、结构、销售路线、经营、儒商形象、刻本类型等，清晰地再现晚清民国时期四堡这一福建基层社会的出版状况与社会风貌。该书虽然研究清代至民国时期福建出版情况，但作者这种文献考证、实地调查及社会文化史的研究方法，对研究宋代福建出版有启迪和借鉴意义。

四、研究方法及创新

图书的传播和图书的生产、收藏一样，都是图书研究的重要环节。书籍依赖于传播，没有传播，知识和文化也就无法普及。因此，从传播的角度切入，就为图书研究领域打开一扇新的窗口。本书探讨宋代闽本图书传播，以期为宋代其他地区图书传播，乃至整个古代图书传播研究，提供具体操作的思路和方法。

其一，实证研究。为了还原历史和再现历史，保证历史真实性，本研究重视从微观的角度入手，更多运用实证的方法，对材料进行分析和提炼，谨慎地得出结论，做到"无征不信""言必有据"。实证是本书研究用的基本方法。为此，笔者花了很长时间，下了很大功夫，阅读了《全宋文》《全宋诗》《全宋笔记》等宋人文学文献和《宋史》《宋会要辑稿》等历史文献，搜集和整理了很多与闽本图书传播有关，能够反映宋人书籍传播思想的宝贵材料，将其运用到研究之中，作为研究立论的基础，保证研究的可信性。

其二，比较研究。笔者通过阅读《全宋文》《全宋诗》《全宋笔记》《宋会要辑稿》等第一手资料，积累了有关宋代图书传播及宋代闽本图书传播的大量材料。在此基础上，进行比较分析、取舍判断。

本书还比较了闽本、浙本和蜀本的刊刻质量及当时读者对这三种版本图书的评价。一般研究者都认为，浙本、蜀本质量较闽本要好，对其评价也较高。闽本一直以来就被"污名化"，在读者心目当中的形象很差，是"低劣"的代名词。笔者通过比较发现，宋人也诟病浙本、蜀本质量问题，闽本也有内容、形式各方面俱佳的本子。通过对宋人自己论述媒介材料的分析，比较了宋人对当时的传统媒介（即手抄媒介）和新兴媒介（即印刷媒介）的认识与看法，加深了对宋人媒介观和传播观的理解。

第三，调查研究。通过查阅各大图书馆、博物馆、文化馆、档案馆等机构的材料，私人藏书家的目录记载，专家学者对宋代福建出版的统计分析，到宋代福建主要出版中心走访等，获得鲜活材料，阐释宋代福建图书出版传播活动的文化价值和文化意义，使之得到应有的重视，为闽本研究开拓新的方向，呈现新的亮点。

本书用新的理论和视角来开展研究。采用传播学媒介环境学派的理论视角，借鉴印刷史、出版史、编辑史、文化史、社会史、新闻史等多门学科的观点，以福建地区为个案，结合地方志、族谱、碑文、笔记、小说等多种文献资料和笔者多年来社会调查的资料积累，从传播环境、传播主体、传播方式、传播控制等多个方面展示福建书籍出版与传播格局，不再紧紧追随传统版本目录学对珍本、善本的兴趣，而是重点关注书籍对社会、文化的影响。

媒介环境学把媒介作为环境来研究，研究符号环境、社会环境和感知环境。书籍是文字、信息、知识、文化的载体，本身就是大众传播媒介。媒介环境学派经过三代学人的积累，逐渐发展成为完善和成熟的理论。

媒介环境学强调人在环境中的重要角色，主要考察媒介与人、媒介与社会的关系问题，研究媒介对人的心理、认知、世界观、价值观的影响，媒介对社会的影响。"媒介环境学研究人的交往、人交往的讯息及讯息系统。具体地说，媒介环境学研究传播媒介如何影响人的感知、感情、认识和价值。它试图说明我们对媒介的预设，试图发现各种媒介迫使我们扮演的角色，并解释媒介如何给我们所见所为的东西提供结构。"①

在西方，用传播学的视角来研究书籍史早已成为共识，西方书籍史学者着重从书籍传播、书籍技术、书籍与文化、书籍与社会等方面展开研究。其中，加拿大媒介环境学派学者伊尼斯的《帝国与传播》《传播的偏向》和麦克卢汉的《理解媒介：论人的延伸》《谷登堡星汉璀璨：印刷文明的诞生》中的传播史研究，为书籍史的研究注入活水。从传播的角度出发，书籍传播的各种考察都纳入其中，这样，书籍史的研究视野就变得更加开阔。"书籍的历史首先构成经济史（生产条件、图书生产本身及其传播），也构成文化史和文化活动（文本的结构、接受、

---

① （美）林文刚编，何道宽译：《媒介环境学：思想沿革与多维视野》，北京大学出版社2007年版，第23页。

交流和适应性),因而也构成不同阶段的社会、政治尤其社会等级的历史。"①

福建是宋代三大刻书中心之一,其刻书业发达,官刻、家刻、坊刻俱全,特别是建阳,"书籍行四方者无远不至"②。分析研究宋代福建刻书业繁荣的原因,总结刻书业的经验,对从事出版活动具有"以古鉴今"的作用。宋代福建刻书是福建古代文化的重要组成部分,也是当今地域特色文化研究不可或缺的宝贵资源,研究宋代福建图书传播,既能充分挖掘福建古代的文化资源,又能为地域特色文化的研究添砖加瓦。研究古代福建图书传播,还能为当今文化事业和文化产业提供思考和借鉴。

---

① (法)弗雷德里克·巴比耶著,刘阳等译:《书籍的历史》,广西师范大学出版社2000年版,第5页。

② (宋)朱熹:《建宁府建阳县学藏书记》,曾枣庄、刘琳等:《全宋文》,上海辞书出版社、安徽教育出版社2006年版,第252册,卷5654,第78页(下文所引《全宋文》不再注明版本)。

第一章 宋代闽本图书传播环境

传播活动都不是抽象的、孤立的,而具体发生在一定时间、空间、背景中,传播双方的相互关系、心理活动等都很复杂。撇开环境,单纯分析具体媒介形态,根本无法呈现宋代大众传播的整体状况。"传播活动必然要以某种形式处于一定的环境之中,而一定的环境因素也必然要以某种方式影响、规定、制约着人类的传播活动。"[1] 书籍的生成与传播都离不开传播环境,闽本图书的流通同样如此。宋代先进的物质技术、宽松的文化氛围以及开明的政策制度,使闽本图书得以及时和广泛地传播。宋代闽本图书传播是在一定的环境下进行的,传播环境对于图书传播的巨大作用不言而喻。传播环境发生变化时,图书出版格局势必受影响。图书的传播者、传播机构、传播内容、传播效果、传播制度等,都与现实传播环境息息相关。闽本图书的传播环境与福建独特的政治、经济、地理、交通、文化、制度环境紧密相关。

第一节 宋代福建独特的政治、经济环境

福建远离战争,政治稳定,造纸业、雕版印刷业等手工业发达,农村、城市经济繁荣,商业贸易活跃,为闽本图书传播提供了政治、经济环境。

一、闽本书出版传播的政治环境

福建在太平兴国元年(976)时,属两浙西南路,雍熙二年(985),改隶属福建路,设帅司(掌军事)、漕司(掌财赋)、宪司(掌司法)、仓司(掌市舶茶马)四司。各司长官既监察本路官吏,又彼此监督。地方有州、县两级建制。北宋时期,福建路有福、建、泉、漳、汀、南剑六州,邵武、兴化二军,四十一个县。南宋时期,升建州为府,设一府、五州、二军,县数增加到四十七个。

---

[1] 邵培仁:《传播学》,高等教育出版社2007年版,第316页。

福建地处东南区域，境内多山，常人难以逾越，战争往往波及不到。南剑州顺昌（今福建顺昌）人廖刚在漳州做官时，提及漳州的人物风貌，其《漳州到任谢两府启》写道："惟是漳滨，实穷闽境。其民朴野而狱讼素简，其地僻左而宾客少过。窃此便安，将何报称。"①他认为漳州贫穷，民风淳朴，狱讼案件稀少，地理位置也很偏僻，很少有客人路过。宋代的福建，从整体上来看，社会安定，政治清明。

福建地方实行文官政治，接受宋朝的统治。宋朝统治者上任之初，为了防止藩镇割据重演，采用重文抑武政策，优待文官。宋代福建出版传播事业的繁荣与统治者的出版传播政策密切相关。宋朝有些皇帝就是文学之士，饱读诗书，经常将自己创作的文学作品赐给臣子，与臣子唱和。沈立《海棠记序》中道："尝闻真宗皇帝御制《后苑杂花十题》，以海棠为首章，赐近臣倡和，则知海棠足与牡丹抗衡，而可独步于西州矣。"②真宗皇帝以海棠为题，赐身边大臣附和。皇帝自己也写书和出书，宋太宗就有《御制妙觉集》五卷传世：

> 恭以太宗皇帝抚宁万宇，宠芘群元，致周道之和平，发尧文之炳焕。游心释部，观妙真宗，演畅一音，辅昭至理。得灵山之密印，冠汾水之英辞。朕仰奉威神，思流金石，爰稽类次，式就编联，昭示无穷，用传景铄。宜以太宗《御制妙觉集》五卷编入佛经大藏。③

从"宜以太宗《御制妙觉集》五卷编入佛经大藏"之语看，太宗皇帝的《妙觉集》主要包含佛教方面的内容。另外，宋太宗还有诗集三十卷，"受诏集太宗歌诗为三十卷，诏书加奖，又知审刑院"④，可以看出，宋太宗注重文学创作，文学方面有才华。宋真宗文集数量也多，内容丰富多彩，体裁多种多样，诗文歌赋、述论箴铭等，无所不包，无所不有：

> 宋受命于穆清，五纬集奎，观人文，化天下。维三叶重光，真宗章圣

---

① 《全宋文》第139册，卷2996，第87页。
② 《全宋文》第30册，卷640，第116页。
③ （宋）宋真宗：《以太宗御制妙觉集编入佛经大藏诏·大中祥符八年闰六月甲辰》，《全宋文》第12册，卷251，第328～329页。
④ 《全宋文》第19册，卷400，第268页。

> 皇帝浚喆钦明，体尧蹈舜，游意艺圃，积思书林。睿藻天葩，轇轕元化，庆霄在上，万物五色。宜刻玉板，藏金匮，垂训遥远，以三二典、七六经。天禧之元，月旅黄钟，日躔庚子，臣虚己裒次《御集》百二十卷，爰即禁庭，俯示丞弼……仲冬庚申，出圣制七百二十二卷畀辅臣。五年季春庚子，钦奉御集，尊阁天章，定著为三百卷……臣窃从太史氏钦覸集目，凡颂、碑、铭、赞之卷二十六，诗歌、辞章、乐府之卷一百十四，论、述、序、箴、条记、文书其卷四十，《正说》《承华》《要略》《静居》《玉宸》《法音集》其卷四十有五，《春秋要言》五卷，胪分试题、表词，卷别七十，芸签钿轴，数盈三百。①

可以看出，宋真宗文集编纂时间之长，整理卷数之多，常人难以想像。宋神宗的御笔文字，由张舜民等人编修为三册，然后进呈，张舜民《进御笔表》有证：

> 臣等言：昨奉敕编修神宗皇帝御笔文字者。王者出言而为令，风动于四方；圣人肆笔而成书，可传于后世……俾修御笔，首饬有司……臣等成书不敏，授简非工，徒殚凤夜之勤，何补丹青之治！其事目凡一十有八件，分上中下三册，谨具表上进。②

范祖禹也奉诏编修神宗御笔文字十一册进呈，在《进神宗皇帝御笔文字表》中写道：

> 臣某等言：先奉圣旨编修神宗皇帝御笔文字，今已了毕者。出而为诏，见王者之深心；言则成文，表圣人之能事。著为轨范，属在继承。恭惟神宗皇帝天纵圣文，神资睿断。体虞舜之大智，躬夏禹之克勤，经纬万机，焦劳百虑。自朝至昃，而不遑暇食，昧爽待旦，以启迪后人。号令惟行，若风雷之鼓舞；指麾所定，如日月之照临。惟门下省审之司，实王命出纳之地，钦承圣画，洞察物情。谟训具存，真游已远。恭惟太皇太后陛下、皇帝陛下并明御极，濬哲在躬。通追燕翼之谋，仰对丕承之烈，将观成式，以起治功，申敕司存，俾加紬次。编之简册，用资乙夜之观；烈于图书，

---

① （宋）李虚己：《真宗御集序》，《全宋文》第 13 册，卷 267，第 257~258 页。
② 《全宋文》第 83 册，卷 1814，第 283 页。

永为大训之宝。臣等谬居职业，幸预讨论，迄奏成篇，愧无薄效。其御笔十卷、目录一卷，计十一册，谨具进呈。①

神宗御集编纂完成后，赐予大臣阅读，与大臣分享。这种分享，可从刘攽的谢赐表看出：

伏惟宸章下贲，蔀室为荣，祗荷宠灵，不任荣抃。伏以神宗皇帝圣天繇纵，道隆日新。受命穆清，缋国之历绵永；储思参两，稽古之事著明。亦犹唐尧之焕乎文章，夏禹之躬于律度。睿藻奋发，圣谟精深。写河汉之昭回，暴阳秋之和粹。此盖伏遇皇帝陛下孝惟善继，文极化成，明发徽猷，继承祖武。不独秘河图于东序，严策府于春山，乃眷具赉，锡之副本。承宣室之顾问，尝耳训言；畏轩台之威令，恪遵遗法。感慕往遇，炫燿新恩，企耸忪忪，罔知所措。②

谢赐表主要反映皇帝主动向大臣赐书的情况，大臣得到皇帝赐予的文集，感到无上荣耀，传子传孙，光宗耀祖。假如皇帝不恩赐，有的大臣就会主动乞求赐予御集，慕容彦逢就有《乞赐神宗御集奏状》：

右，某等叨冒宠灵，待罪谏列，当陛下绍述大有为之时，夙夜黾勉，期效万一。而材识卑下，加以闻见不广，不克尽知熙宁、元丰谟训之详，故期年于兹，涓埃无效。伏见神宗皇帝御集已成，故事尝赐两制以上臣僚。臣等出于迫切，辄昧万死，欲望圣慈，特赐臣等各一部，俾得研精覃思于其间，庶几备顾问、论朝政，咸有依据，以称陛下优假谏臣之意。臣等不胜大愿。谨录奏闻，伏候敕旨。③

不管是皇帝主动赐御集，还是大臣主动向皇帝求赐御集，都是御集这样一种特定形态的书籍在皇帝和大臣之间的人际传播行为。赐予多人或者多人向皇帝请求御集，则是御集的群体传播行为。不管是人际传播还是群体传播，都以书籍

---

① 《全宋文》第97册，卷2121，第276～277页。
② （宋）刘攽：《谢神宗御集表》，《全宋文》第69册，卷1495，第43页。
③ 《全宋文》第136册，卷2934，第170页。

为媒介，实现的信息的上传下达和下传上达。通过信息的交流和传播，维持国家机器的正常运转，信息在这里起着润滑剂的作用。

由于皇帝本人的喜欢和倡导，宋代福建文集传播和文学传播活动就这样开展起来，形成出版传播的良好风气。宋朝皇帝带头出版传播作品，体现本人对其作品的重视。他们的作品一般保存在徽猷阁、天章阁、宝文阁、显谟阁、敷文阁等地方。"伏见祖宗朝置龙图、天章、宝文阁，以藏列圣御制述作……伏望明诏有司，祗循旧章，亟加营建"①。皇帝希望自己的作品流传后世，以供后人阅读和研究，这种传播观念对福建书籍大规模地印刷传播与普及，起到推动和促进作用，也使福建出版业的发展有了动力支持和政策保障。

二、闽本书出版传播的经济环境

宋代福建手工业发展迅速，造纸业和雕版印刷业异军突起，为图书的传播创造了条件。同时，福建城乡以及同海外商业贸易活动的活跃，进一步刺激了图书的生产与传播。

（一）福建造纸业的兴盛

唐代的福建，主要生产用木本韧皮植物为原料的皮纸。到了宋代，主要生产竹纸，竹纸在全国闻名。

福建造纸业盛况，可从宋代南剑州顺昌（今福建顺昌）人廖刚的劄子中略见一二：

> 臣闻谓天下事有人情所未厌，不可以强去者。去之未见有益，存而不问未见其害，则存之可也。其有世俗积习之弊，所从来久远者，存之而民不知其非，去之而民实受其赐者，又乌可以不去之哉！此则在于圣智开天下之昏愦，以与之一新其耳目尔。臣尝怪世俗凿纸为缗钱，焚之以徼福于鬼神者，不知何所据依？非无荒忽不经之说，要皆愚民下俚之所传耳。使鬼神而有知，谓之慢神欺鬼可也。兹固不足论。惟积习久远，送终追远者，以此致其孝，祷祀供给者，以此致其诚。是使南亩之民转而为纸工者，十

---

① （宋）邓洵仁：《乞诏有司营建延阁以藏先帝制作奏·元符元年二月》，第120册，2596卷，第299页。

且四五,东南之俗为尤甚焉。盖厚利所在,惰农不劝而趋,以积日累月之功,连车充屋之积,付之瞬息之火,人力几何其不殆哉!窃痛今天下之农夫,死于兵寇者过半矣。而东南不耕之田,在在有之,可谓民力不足之时。而迩来造纸为钱者益众,愚民终不悟其不足以救祸,然则此弊果将何时已耶!臣谓末作之妨农,其他犹或有用,若穷力以输鬼工,倾资以给野火,尤无谓也。臣愿陛下断然下焚纸之禁,斥其有害于农,无补于教,使愚民顿悟百千年习俗之非,不亦善乎!此臣所谓去之而民实受其赐,则不可不去者也。若曰凡民之于神鬼,孝子之于其先,必欲有以致意焉,则如释氏经幡之类,量许焚化,以贵贱为之限制,亦足以徇其情矣。此殆所谓民所未厌而存之,未见其害者也。大抵弥文之弊,近世为甚,簿书案牍之繁,百倍于古,姑置不论。且如尺书通问,古人不过一纸,今则不然,必务多以相悦。倘亦为之禁约,则敲冰屑玉,无所于售,将亦易业而为农夫矣。是率天下以为敦本务实之事也,岂小补哉!幸甚明裁之。①

廖刚抨击百姓烧纸钱祭祀鬼神的风俗,认为这种风俗没有任何科学依据,先人亡灵在地下毫无所知,只会造成纸张的浪费。显然,廖刚对此种封建迷信活动持反对态度。也正因如此,他上奏要求禁止此类风气蔓延。廖刚还特别指出,这种现象在福建更严重,导致将近一半百姓转业当纸工,从事造纸活动,赚钱家用,田地却无人耕种,任凭荒芜。农民放弃农业去从事造纸这样的手工业活动,是因为有"厚利所在","而迩来造纸为钱者益众"。

廖刚的这篇劄子,从民间焚烧纸钱盛行,纸张需求大增,导致农民竞相抛弃国民之本的种植业,而去从事获利丰厚的造纸业这一角度,表达出对舍本逐末的担忧,这一担忧是合理的,具有积极意义,这一建议也高瞻远瞩,深谋远虑,能引起高层的深思和重视。劄子从侧面揭示出福建造纸业的繁荣局面。宋代福建造纸活跃,除了应民间焚烧纸钱的需求和出版中心印书的需要,还有其他原因。徐晓望《宋代福建史新编》说:

> 中国古代经济一向以农业为主,农业各行业内,又以粮食生产为主。但福建负山面海,耕地较少,发展粮食生产的潜力不是很大……由于天然

---

① (宋)廖刚:《乞禁焚纸劄子》,《全宋文》第138册,卷2990,第364~365页。

条件的限制,福建粮食种植业很难突破……在福建要致富,不能光靠粮食,更主要的是从各种商品生产努力。①

徐晓望认为,在福建要致富,不能仅靠种植业,更要"从各种商品生产努力"。这里的"各种商品生产",就包括造纸、雕版印刷在内的手工业及与之对应的规模庞大的图书出版业。这也是宋代福建建阳大力发展出版业,最终成为全国三大出版中心的内在动力。

(二)福建印刷业的成熟

福建的印刷业兴起较早,历史悠久。一般认为,起源于五代时期。这是根据五代时期莆田人徐寅"拙赋偏闻镌印卖,恶诗亲见画图呈"的诗句推测而来。徐寅曾先后两次高中进士,因为不屈服于朱温,致被削名,于是回到福建。闽王王审知慕其为人,重用徐寅。徐寅善赋,他写的赋远近闻名,人们竞相传抄和传刻,有的赋作,甚至远传域外,如渤海国人就曾将徐寅的《人生几何赋》《御沟水赋》《斩蛇剑赋》用泥金写在屏障上面,用来观赏和阅读。渤海国使者高远固出使福建,还专门请求约见徐寅一面。徐寅的诗赋受到读者欢迎,读者的需要会刺激那些有眼光的书商雕印发行,从而获利。谢水顺对徐寅诗句进行分析:

> 一是五代时雕版印刷术早已具备印书的条件,"镌印卖"证明当时福建不但已有雕版印刷,而且还有了图书的销售活动;二是徐寅的诗赋流传很广,是民间喜闻乐见大量需要的书,客观上有印成书本的要求,是情理之中的事。②

谢水顺对徐寅诗句的解读,从传播角度归纳了福建雕版印刷产生的动力机制,对于研究福建文化传播具有积极意义。福建印刷业萌芽于五代,至宋代,已经相当发达。

北宋时期,福州东禅寺等觉院雕印《崇宁万寿大藏》,开元寺雕印《毗卢大藏》,万寿观雕印《政和万寿道藏》,此三藏,镌字达三亿字以上,雕版超过

---

① 徐晓望:《宋代福建史新编》,线装书局2013年版,第175页。
② 谢水顺、李珽:《福建古代刻书》,福建人民出版社1997年版,第3页。

四十万块,总卷数达一万八千卷,同一地方两寺院和一道观先后刊刻两部佛藏和一部道藏,可见当时福州印刷技术之发达。其间,福州官府还雕印了《汉书注》一百卷,该书由汉代班固撰,唐代颜师古注。

南宋时期,闽北建阳的雕印业也逐渐发展起来,印刷中心由福州向建阳转移。建阳麻沙、崇化号称"图书之府",这里书坊林立,规模宏大,有名号可考者就有30多家。有些书坊是世代相传,从宋朝到清朝,屹立不倒,有着悠久历史,比如建安余氏就是刻书世家。建阳书坊刻印的书籍种类齐全,除经、史、子、集外,还有日用百科全书、小说及适应科举考试需要的参考书。该地印刷、出版的书籍被称为"麻沙本"或"建本"。建阳书坊主从减少成本和便于携带方面考虑,对雕版印刷技术进行创新,普遍以当地生产的柔木为雕版,利用本地生产的竹纸印刷,"尽量挤紧版式,压缩册数,并在南宋中期创造了适合于密行的粗细线分明的瘦长字体"①。

除福州和建阳两大印刷基地,宋代福建的邵武、建宁、汀州、泉州、莆田、安溪等地也是印刷业比较发达的地区。特别是泉州,宋时就被誉为世界最大的港口城市。地方官府、私人及书坊刻印的图书,很多就是通过海上运输,远销海外。随着中原文化和域外文化的交融和影响,泉州逐渐成为南方的经济和文化中心。

宋代福建印刷如此发达,与当时其拥有雕版印刷所需的木材资源有关。徐晓望《福建通史》有深刻分析:

> 宋代福建是真正的"绿色金库",从山区都沿海,到处都覆盖着茂密的森林。有几个典型例子值得注意:其一,宋代闽东沿海是福建输出木材的主要产区;其二,现代的莆田沿海是福建最缺木材的地区,但在宋代,莆田沿海有人种植树木,以供市场出售;其三,宋代福州城的四周都是茂密的原始森林,据宋代文学家曾巩的记载:福州人建造房子都用巨木为原料,所以,宋代福州的建筑十分壮观。从现存的江南第一木建筑华林寺来看,其所用殿柱十几根,都有合抱之粗,足证曾巩这一记载不虚。由此可见,宋代福建木材资源极为丰富。②

一般认为,唐五代时期,中国人发明雕版印刷术。罗树宝认为,印刷术产

---

① 汪征鲁:《福建史纲》,福建人民出版社2003年版,第301页。
② 徐晓望:《福建通史》(宋元卷),福建人民出版社2006年版,第6~7页。

生于社会需要和人们强烈的愿望,"在一定的社会文化条件下,因为社会上读书人数十分有限,用手工抄写的方法生产书籍,还能够满足社会的需要。但是,当社会上读书的人数增加到一定程度时,手工抄书已很难满足需要,这时,人们就会寻求快速生产书籍的方法,这就促使了印刷术的发明"①。

佛教的兴盛也刺激了印刷术的发明。大量文献证明,僧人以及虔诚的信徒是较早使用印刷技术的人群。佛教界人士认为,大量复制印刷佛像和佛经,广泛传播,可证虔诚。肖东发认为,"佛教传播对雕版印刷术的发明所起的作用是巨大的,它不仅造成了强大的社会需求,更重要的是佛教僧侣们的多方探索,提供了技术上的可能"。②这些都表明佛教与印刷关系密切。

到了宋代,毕昇发明了活字印刷术。沈括详细描述了活字印刷的过程:

> 版印书籍,唐人尚未盛为之,自冯瀛王始印《五经》,已后典籍皆为版本。庆历中,有布衣毕昇又为活版,其法:用胶泥刻字,薄如钱唇,每字为一印,火烧令坚。先设一铁板,其上以松脂蜡和纸灰之类冒之,欲印则以一铁范置铁板上,乃密布字印。满铁范为一板。持就火炀之,药稍熔,则以一平板按其面,则字平如砥。若止印三二本,未为简易;若印数十百千本,则极为神速。常作二铁板,一板印刷,一板已自布字,此印者才毕,则第二板已具,更互用之,瞬息可就。每一字皆有数印,如"之""也"等字,每字有二十余印,以备一板内有重复者。不用,则以纸贴之,每韵为一帖,木格贮之。有奇字素无备者,旋刻之,以草火烧,瞬息可成。不以木为之者,木理有疏密,沾水则高下不平,兼与药相粘不可取,不若燔土,用讫再火令药熔,以手拂之,其印自落,殊不沾污。昇死,其印为余群从所得,至今保藏。③

活字印刷的材料,沈括说是"胶泥",而不是木板,因为"木理有疏密,沾水则高下不平,兼与药相粘不可取"。采用活字印刷,"若止印三二本,未为简易;若印数十百千本,则极为神速"。

---

① 罗树宝:《中国古代图书印刷史》,岳麓书社2008年版,第1页。
② 肖东发:《佛教传播与雕版印刷术的发明:中国古代出版印刷史专论之一》,《编辑之友》1990年第1期。
③ (宋)沈括著,侯真平校点:《梦溪笔谈》,岳麓书社2002年版,第131页。

相比雕版印刷，活字印刷的生命力不足。中国汉字很多，采用活字字库至少要制三千个字才够使用，有的汉字相当生僻，笔画繁琐，制作起来十分麻烦。胶泥活字制作要恰到好处，既不能过硬，也不能过软。过硬，则吸附能力太差，不吸墨；过软，则会碎掉。木活字会受潮干裂，使用起来也不方便。金属活字一般人用不起。

雕版印刷所需要的木板取材方便，福建盛产楠、樟、梨、枣、杉、松等木料，楠、樟、梨、枣是雕版优质木材。南宋时期，建宁府是福建重要林区，木材资源丰富。加上劳动力廉价，雕版印刷占尽优势，这也是活字印刷发明后，雕版印刷仍然占主导地位的原因。

随着印刷术的发明，人类进入印刷传播时代，相比传统口语传播时代，这是人类传播史上的一大进步。口语传播使用的声音符号在空气中转瞬即逝，受到身体限制，只能在较短的距离内传播。知识的传播只能靠记忆力，有时候会出现错误和扭曲。印刷传播则不同，它可以冲破时间局限，把知识长久保存和传承下来，还可以打破距离的限制，把知识传递到千里之外。印刷传播时代，"读者可以自由决定阅读时间、地点、速度和方式，反复重复阅读，这也就彻底摆脱了人类交流的时间和空间的阻碍，使人类知识可以独立于人脑而物化为固态的精神产品，并且在商品经济发达的今天成为具有著作权的商品"[①]。传统的以口头传播为主的听觉文化在人类文化传播活动中所占比重逐渐下降，新型的视觉文化所占比重则逐步上升，人们更多地选择用文字符号记录和生发思考，人类文化逐渐从感性转变为理性。

图书是印刷媒介的代表，在社会生活和社会变革中扮演越来越重要的角色。美国传播学家哈特曾经结合传播媒介发展的历史，把媒介分为三大类，分别是："示现的媒介"（包括口语为主的语言符号和表情、动作、姿态、眼神等非语言符号），"再现的媒介"（包括文字、印刷、绘画、摄影等）和"机器媒介"（包括电话、广播、电影、电视、网络等），这三类媒介演化过程是人类传播媒介日渐丰富的过程，也是媒介逐渐从自身向体外扩展和进化的过程。根据哈特的观点，印刷媒介属于"再现的媒介系统"。印刷媒介成为人类的体外化视觉媒介系统，对于推进中国古代各地区政治、文化的交流和融合，起不可估量的作用。

印本书媒介改变了以往信息传播格局，推动了文化的普及。印刷术未发明之前，知识被少部分人掌握。有了印刷术之后，书籍变得廉价，一般人更容易

---

① 周庆山：《文献传播学》，书目文献出版社1997年版，第38页。

获得图书，识字人数越来越多，读写能力更容易普及。印刷意味着标准化和整齐化，这种标准化和齐整化促使特定区域人群对国家的感情强烈增长，远远超过他们对所在地区和部落的感情，印刷媒介促进民族主义意识的觉醒。

（三）福建商贸业的活跃

随着农业、手工业的发展，城市商业繁荣起来，宋代的福建，商品经济活跃，已经形成以福州、泉州、漳州、建阳、邵武、长汀等城市为中心，中心联系各乡镇的商品市场网络。福州和泉州是当时福建最重要的两大城市，蔡襄认为，"七闽滨海，其地险而壮，福州之治尤据其胜势，为东南一都会"①。楼钥《太府卿辛弃疾集英殿修撰知福州制》一文中说："七闽奥区，三山为一都会，地大物阜，甲于东南，负山并海，绵亘数千里，举听命于大府。"②蔡襄和楼钥都用"都会"来形容福州，苏辙甚至认为福州"工商之饶，利尽山海"③，可见当时的福州相当繁华。

宋代的福建农村，各地墟、市、镇如雨后春笋般丛生，是当地农业和手工业产品的交易场所。"墟是农村最低级别的交易场所，它是农民之间、城乡之间交换的基点。它多设在乡村的空旷地带，或是宗教建筑前。墟的贸易一般是一月数次，约定某一日子进行贸易，贸易完毕，入墟的人也就一哄而散。"④比如，汀州长汀县成功墟、南温墟，宁化县乌村墟、安乐墟，清流县白石墟、清口墟，连城吕溪墟、北团墟，邵武军邵武县椒屯墟等。"在福建农村，较大的墟被称为市，它也是以集市贸易为主，市与墟的区别在于：其一，市多为官府所开辟，有一定的管理制度……其二，除了墟日为交易日之外，市往往还有常设的店铺，即使没有墟的日子，也可以进行商品交换。"⑤关于福建的镇，徐晓望认为，"五代以迄宋朝，官府为了增加税收，在个别市上设置税务所收税，以故称之为镇"，"随着宋朝局势的安定，宋朝新设镇多是为了征税谋利，因此，镇多设在较大的墟市上……或是设在交通咽喉"⑥，建阳麻沙镇就是一个繁华的市镇，交通也极为便利。麻沙及其周边村民以雕印图书为业。麻沙镇不仅印书，还售书，各乡村雕印的书籍，汇聚于此出售，是当时的售书中心。据傅宗文《宋代草

---

① （宋）蔡襄：《福州修庙学记·庆历元年》，《全宋文》第47册，卷1018，第190页。
② 《全宋文》第262册，卷5905，第234页。
③ （宋）苏辙：《林积知福州告词》，《全宋文》第94册，卷2043，第78页。
④ 徐晓望：《宋代福建史新编》，线装书局2013年版，第190～191页。
⑤ 徐晓望：《宋代福建史新编》，线装书局2013年版，第191页。
⑥ 徐晓望：《宋代福建史新编》，线装书局2013年版，第193～194页。

市镇研究》考证，福建路八个府、州、军的墟、市、镇共有109个。其中，汀州最多，有27个，其次为福州25个，泉州20个，兴化军13个，建宁府8个，漳州7个，南剑州6个，邵武军3个。①

随着宋代福建城乡经济的发展，出现一批专门从事贸易买卖活动的闽商。这些闽商不仅在福建从事经商活动，他们的足迹还遍布临安、山东、广东等国内其他城市，甚至还产生专门从事海外贸易的海商。"福建商人运出境外经售的多是福建农业、手工业产品，如茶叶、木材、生铁、麻布、糖、燃料、药材、书籍、瓷器、果品和海产，然后再贩回经商地区的土特产"②。福建对外贸易有官方贸易和私人贸易两类，朝贡贸易是宋代福建官方海外贸易的主要形式，由市舶司主持。从事私人海外贸易一般是地方富豪，他们出海贸易，先要领取官方颁发的"公凭"。比如：福州商人虞宣到高丽进行贸易，陈文祐、潘怀清从事中日贸易等，都是如此。

第二节　宋代福建独特的地理、交通环境

福建三面临山，一方面靠海，八山一水一分田，属山海地理。山区气候适宜，山川奇秀；海滨气候温暖，风景怡人。独特的地理环境为闽人创作和闽本图书传播提供了方便。闽地交通便利，闽本图书传播，主要有水路、陆路和海路三条路线，这三条路线提供了独特的交通环境。

一、闽本书出版的地理环境

地理环境是人类生活、居住、繁衍的地理位置及与此相关的各种自然条件的总和。地理环境与人类的生产和生活密切相关，地理环境直接影响该地域人们的衣食住行及其文化，影响该地文人的文学创作和文集的传播。宋代福建图书的出版与传播与福建的地理环境息息相关。

福建背靠大山，面向大海。地势呈西北高，东南低。东北与浙江接壤，西南与广东相连，西与江西为邻，东隔台湾海峡，与台湾岛相对。境内多山，平原面积小，仅占5%，主要分布在沿海、河流的下游。漳州平原为最大平原，面

---

① 傅宗文：《宋代草市镇研究》，福建人民出版社1989年版，第529～534页。
② 汪征鲁：《福建史纲》，福建人民出版社2003年版，第66～67页。

积六百多平方公里。其福州、兴化、泉州、诏安、漳浦、龙海、同安、长乐等地也属平原,有"八山一水一分田"之称。

福建的山脉主要集中在西部和中部,西部闽赣边界的武夷山,这是福建与江西两省的界山,也是长江流域与东南沿海流域的分水岭。武夷山北靠浙江仙霞岭,南靠广东的九连山,长530公里。主峰黄岗山海拔2158米,位于武夷山、光泽、建阳三地交界处。建宁、泰宁两县交界处的白石顶海拔1858米,为中段最高峰。武平县东北的梁山顶,海拔1538米,为南段最高峰。总的来说,武夷山地势北高南低。武夷山脉有许多关隘,多为闽、赣、浙之间的军事要冲和交通要道。比如,宁化县有田背隘,光泽县有云际关、铁牛关、杉关,建宁县有木瓜隘、甘家隘,武夷山市有蕉岭关、分水关、桐木关,浦城县有枫岭隘、二度关等。

中部有鹫峰山脉、戴云山脉和博平岭山脉。鹫峰山脉在闽江以北,主峰仁山,海拔1822米。戴云山脉在闽江和九龙江之间,主峰戴云山,海拔1856米。博平岭山脉在九龙江以南,主峰苦笋林尖,海拔1666米。他们北靠浙江洞宫山,南靠广东莲花山,长475公里。这些山脉均为东北—西南走向,与海岸大致平行。

福建河流密布,水量丰富,含沙量小,有闽江、九龙江、汀江、晋江、鳌江、交溪、霍童溪、东溪等7条河流。其中,闽江是福建最大的河流,长达562公里,干支流流经36个县市。汀江发源于宁化,它是福建唯一出省的河流。流入广东大浦县与梅江汇合,被称为韩江,于汕头流入南海。

福建海岸线曲折,岛屿星罗棋布,大小岛屿1400多个,主要有海坛岛、厦门岛、东山岛、平潭岛、金门岛、台山列岛、福瑶列岛、四礵列岛、浮鹰岛、马祖列岛、南日群岛、江阴岛、湄洲岛等。港湾发育良好,天然良港众多,如沙埕港、泉州港、厦门港、三沙湾、罗源湾、兴化湾、湄洲湾、东山湾等。

福建这样独特的环境,大大刺激了学士们的创作灵感,因而宋代福建文人辈出,文学创作尤富。福州长乐(今福建长乐)人陈必复就曾撰文指出过福建地理环境对林尚仁(福建长乐人)诗歌创作的影响,他认为,"吾福又七闽之盛也,古为长乐郡,县因以名……子生于山川奇秀之区,而家于文物衣冠最盛之地,呼吸其所谓环伟俊明之气……子行山中久矣,清风明月之夕或一遇之,翁必有以授子矣,固宜诗之多美言也"[①]。随着文人创作数量的增多,这些作品结集

---

① (宋)陈必复:《端隐吟稿序·淳祐十一年》,《全宋文》第341册,卷7878,第299~300页。

出版，进而传播于世的需求就随之而增强。

二、闽本书传播的交通路线

福建出版的图书，主要通过水路、陆路和海路进行运输。水路方面，以闽江、晋江、九龙江等河流为主。福建山区和沿海起伏很大，西部武夷山海拔1 000～2 000米，发源于武夷山脉的河流从山上直接俯冲而下，很快就可以到达沿海平原地区，这些河流水势湍急，从上游到下游顺流而下，可以加快船行速度。从下游到上游则是逆流而上，水船全靠纤夫人力拉动，不可运送重物。从武夷山脉下来的建溪，险要丛生。罗隐《送沈光侍御赴职闽中》一诗云"末至应居右，全家出帝乡。礼优逢苑雪，官重带台霜。夜浦吴潮吼，春滩建水狂。延平有风雨，从此是腾骧"①，诗中的"建水"就是建溪，建溪源自武夷上，经建阳，至建瓯北，与东溪会，南至南平。韩偓诗《建溪》写道"长贪山水羡渔樵，自笑扬鞭赶早朝，今日建溪惊恐后，李将军画也须烧"，这首诗的序提及"建溪滩波，心目惊眩，余平生溺奇境，今则畏怯不暇"②，可见建溪之险要。山区的木材、矿产、粮食、茶叶等经此运到沿海，沿海的食盐、海产品则经此运送到山区。从这个意义上说，福建山区和沿海的贸易两者可以相互交换，刚好形成互补，有利于商品经济的发展。

福州处于闽江的下游，福州城内水路纵横交错，四通八达，船只来来往往非常方便，从闽江上游驶来的船只都要先达福州，然后运到东南沿海。所以，福州也是沟通山区和沿海城市的中转站。正是这种交通枢纽地位，使得福州贸易兴盛，商业繁荣。

福建与外界联系，先要翻越西北部的大山，然后出省。从外省进入福建也一样，要经过西北部山区才能到达。从陆路入闽，崇山峻岭、怪石嶙峋，山路崎岖难行，地势异常险要，"北畔是山南畔海，只堪图画不堪行"③，因此，常常有人叫苦不迭。西北山区人烟稀少，游人投宿艰难，"古木闽州道，驱羸落照间。投村碍野水，问店隔荒山。身事几时了，蓬飘何日闲。看花滞南国，乡月十湾环"④，说得就是如此。

---

① （唐）罗隐：《送沈光侍御赴职闽中·全唐诗·卷659》，中华书局1960年版，第7568页。
② （唐）韩偓：《玉山樵人集》，商务印书馆1928年版，第25页。
③ （宋）王象之：《舆地纪胜》，中华书局1992年版，第3676页。
④ （宋）王象之：《舆地纪胜》，中华书局1992年版，第3752页。

陆路方面，江南入闽主要经过分水关和仙霞岭二条通路。第一条路线经过分水关。分水关又名大关，是崇安县八关之一。《辞海·历史地理·历史地名》注释，"分水关，又名大关，在福建崇安西北分水岭上，接江西铅山县界。当闽、赣交通的冲要，自古有'入闽第一关'之称。五代在此置寨，宋开庆间并置大安驿。元废。明洪武初复置关，设巡司戍守"，"在广东饶平东南接福建诏安县界。明代在此筑石城，设巡司戍守"。

淳熙二年（1175），朱熹应江西籍同乡陆九渊之邀，他不顾闽山赣水的艰辛，亲赴铅山参加由吕祖谦发起的"鹅湖之会"，与持主观唯心主义观点的陆九渊进行辩论，哲学史上称"鹅湖之辩"。朱熹参加鹅湖学术辩论凯旋，途经分水关，驻足于闽赣两省的漫道雄关，观察两陂分水，咫尺天底下，看云卷云舒，听涧水交响，突作《题分水关》一诗："地势无南北，水流有西东。欲识分时异，应知合处同。"多日论战，身心疲惫，但决胜之快意未尽。

分水关位于建阳县温岭场境内，这里是武夷山脉最狭窄的地方，中间几十里山路，两头都是河谷。崇阳溪两岸有宽一里以上的河谷走廊，从崇安场一直延伸到建州城，长达200多里。在福建，这样平坦的走廊极为罕见。崇安至江西铅山县界，路程80里，只有从分水关到车盘一段比较崎岖，西向铅山，一路平坦，成为闽赣孔道。分水关既是古代福建防御外敌入侵的军事关隘，又是闽赣两地重要的交通驿站。中原文化通过这个孔道进入闽地，使闽北成为福建最早接受中原文化影响的地区。明代王世懋有这样的描述："凡福之丝绸，漳之纱绢，泉之蓝，福延之铁，福泉之橘，福兴之荔枝，泉漳之糖，顺昌之纸，无日不走分水岭及浦城小关，下吴越如流水。"北宋元祐进士、浙江瑞安人许景衡《分水关》诗云："再岁闽中多险阻，却寻归路思悠哉。三江九岭都行尽，平水松山入望来。"有了关卡，便有了异乡之感、平生思乡之情。南宋绍兴进士、莆田人黄公度《分水岭》诗曰："呜咽泉流万仞峰，断肠从此各西东。谁知不作多时别，依旧相逢沧海中。"此关也是离别送别之地。

分水关，被古建筑学家、原中国文物研究所所长罗哲文《中国名关》一书列为中国名关，分水关古道的起始点，雄踞在浙江省温州市苍南县桥墩镇与福建省福鼎市贯岭镇交界处的分水岭上。据明万历《福宁州志》记载，"分水岭，与温州平阳交界；叠石关，在十八都，与分水关皆闽王立，以防吴越入侵"，分水关始建于五代时期，后梁开平四年（910），王审知为闽王，为防御吴越国的入侵，让闽中百姓更好地休养生息，在分水岭上建造关隘防墙，关以地名，称

"分水关"。北宋时期，分水关成为南北交通的重要驿道。

第二条线路经过仙霞岭。仙霞岭在浦城西北，是福建通往北方最近的通道。最初没有商业贸易通道，此路为黄巢进入福建时开凿，"刊山开道七百里，直趋建州"①。通道全部在建州境内，北方移民要进入福建，必然要进入建州。因此，唐代建州移民最多，发展也最快，这对当时的建州来说十分有利。陆游《宿仙霞岭下》诗云"吾生真是一枯蓬，行遍人间路未穷。暂听朝鸡双阙下，又骑羸马万山中。重裘不敌晨霜刀，老木争号夜谷风。切勿重寻散关梦，朱颜尽改壮图空"，说的就是此岭。

仙霞关位于浙江衢州江山市保安乡南仙霞岭上，地处福建、浙江、江西三省交界处，为古代衢州往来建州之咽喉要地。仙霞古道又称江浦驿道，是闽浙官路，素有"两浙之锁钥，入闽之咽喉"之称，是汉唐以来的兵家必争之地，又是重要的陆上运输线。仙霞古道也是古诗词之路，张九龄、白居易、王安石、欧阳修、苏轼、陆游、辛弃疾等历代文人墨客，留下诗文300余篇。

明代王世懋《闽部疏》认为，闽之货物无日不走分水岭及浦城小关（仙霞古道），下吴越如流水。《福建省志》记载，汉唐建都长安，福建各地都以杉关为晋京官道；宋元移都临安和北京，遂又改以崇安的分水关或浦城的仙霞岭路为晋京大路。可见，分水关和仙霞岭是福建陆上两条主要传播通道。

福建靠海，有着丰富的海洋文化。《山海经》所载："闽在海中。其西北有山。一曰闽中山在海中。"②研究宋代福建史的徐晓望，对宋代福建海运交通也有独到看法：

> 福建……面临的海洋却是最好的交通线，从福建的港口出发，不仅可以航行至长江流域与北方口岸，而且可以通向东亚、南亚、西亚的任何口岸，这就使福建在古代中国的航运史上，有其特殊的地位。③

宋代福建还是中国海外贸易与国内贸易的交汇点，一方面是泉州等海港与海外各国的交通，另一方面是福建与国内商业城市的联系，海内外贸

---

① （宋）宋祁：《新唐书》，中华书局1975年版，第6454页。
② 袁珂：《山海经校注》，上海古籍出版社1980年版，第267页。
③ 徐晓望：《福建通史》（宋元卷），福建人民出版社2006年版，第6页。

易的兴盛，交替促进了福建工商业的繁荣。①

海路方面，从福州出发，主要有向北和向南两个方向。向南约 200 里可以到达泉州，泉州继续往南，可达广州，说明当时闽粤之间的商业贸易应该很频繁。向北则可以通往江南、渤海等地。当时，福建要向中原进贡，经常走海路，"审知岁遣使泛海，自登、莱朝贡于梁，使者入海，覆溺常十三四"②。当时福建对外贸易发达，很多海外进口的商品通过这条航线到中原。北方航线是福建商业贸易发展的重要航线，此航线最远航行到渤海一带的契丹国和渤海国。

宋代，福州和泉州成为重要的航运港口，这两个港口在福建占有重要一席，对外贸易繁忙。泉州在宋代的繁华可用"涨海声中万国商"来形容，到南宋末则成为全国首屈一指的大港。福州的海外贸易也很兴盛，宋代鲍祗所说的"海舶千艘浪，潮田万顷秋"，就是指的福州海外贸易繁忙的情景。宋代福建与海外 50 多个国家和地区有贸易来往，据赵彦卫《云麓漫钞》载，福建市舶司常到的船舶来自大食、嘉令、麻辣、新条、甘杠、三佛齐国、真腊、三泊、缘洋、登流眉、西棚、蒲甘国、渤泥国、阇婆国、占城、目丽、木力千、宾达侬、胡麻巴洞、新洲国、佛罗安、明丰、达罗帝、达磨国、波斯兰、麻逸、三屿、蒲里唤、白蒲迩国等。对外贸易的结算中也出现钱货交易。开始时是以铜钱或金银为支付手段。"交易用铜钱，以乾元大宝为文"③。宋代福建的海外贸易从行为方式上看，私人贸易规模大，人数多。"宋代来往于福建与日本间的福建商人见于记载的就有周世昌、陈文佑、周文裔、潘怀清、李充等，他们都是属于民间商人贸易性质，并非由国家组织的"④。这些私人贸易在某些方面较为正规，李充到日本从事贸易时，曾呈上要求贸易的公凭。⑤

福建海外交通通畅、海外贸易繁荣，与其地理位置优越、造船技术发达、官方重视、海外贸易管理到位、丰厚利润刺激及拥有一批精于海外贸易的商人等分不开。海外贸易中，还出现了专门精于此行业的海商，如精通藩汉文字的王元愚，在占城居住十年后归泉州成为大海商；往来海中十数年的北宋晋江人

---

① 徐晓望：《福建通史》（宋元卷），福建人民出版社 2006 年版，第 6 页。
② （宋）欧阳修：《新五代史》卷 68，中华书局 1974 年版，第 846 页。
③ （宋）赵汝适著，杨博文校释：《诸蕃志校释》，中华书局 2000 年版，第 155 页。
④⑤ 胡沧泽：《唐宋时期福建与日本的经济文化交流》，《福建师范大学学报》1999 年第 4 期。

林昭庆也成为著名海商。苏东坡《论高丽进奉状》说:"福建一路,多以海商为业。"在中国古代,重农抑商,从事商业被认为是下等的、不入流的工作,而在福建闽南地区刚好相反,经商赚钱反而被认为是比较光荣的事业。《泉南芦川刘氏族谱》载其二十三世元壕"为人性宽洪,有大志,少时吕宋经商,利市荣归"[①],世宙"少时立志经营,往夷邦经商,得大利荣归"[②]。他们都认为,经商是一件荣耀之事。

第三节 宋代福建文化的繁荣

福建编书事业兴盛,宋初"四大类书"中,《太平御览》《册府元龟》,都是在福建编辑出版。图书涉及经史子集四部,内容包罗之广,刊刻数量之多,其他地区无与伦比。藏书事业也很发达,出现了许多藏书世家和大家。公藏与私藏机构林立。编书与藏书带动了书籍出版与传播。

一、福建编书活动对书籍传播的推动

宋人通过编书活动,不仅积累编辑与整理的宝贵经验,还为书籍传播活动打下坚实的基础,这是书籍生产与传播史上的重要进步。宋人的编书活动,主要成果在"四大类书"等大型图书的编纂上,这"四大类书"分别是《太平御览》一千卷、《太平广记》五百卷、《文苑英华》一千卷、《册府元龟》一千卷。

《太平御览》是现存类书中保存五代以前文献最丰富的一部,是综合性类书,分55门,所引图书多达1 689种,编纂始于太平兴国二年(977),终于太平兴国八年(983)。《太平广记》属于专科性类书,主要记载小说方面资料,引书约400种。编纂时间与《太平御览》同时,第二年(978)编纂完成。《文苑英华》是诗文总集,收录梁至唐代2 200个作者的诗文20 300篇。编纂始于太平兴国七年(982),终于雍熙三年(986)。《册府元龟》由杨亿等奉诏编修,始于景德二年(1005),终于大中祥符六年(1013),历时八年,这是历史上第一次由闽人主持

---

① 庄为矶、郑山玉:《泉州谱牒华侨史料与研究》,中国华侨出版社1998年版,第1006页。
② 庄为矶、郑山玉:《泉州谱牒华侨史料与研究》,中国华侨出版社1998年版,第1007页。

编纂大型类书的活动。"大型类书的编纂,不仅增加了图书品种,丰富了官私藏书,而且使许多因年代久远、漫漶不堪的旧籍得到了新生能够通过流通而保存下来。"①四部大书中,《太平御览》和《册府元龟》在福建刊刻过,有史料为证:

> 《太平御览》备天地万物之理,政教法度之原,理乱废兴之由,道德性命之奥。而独以载籍繁夥,无复善本。惟建宁所刊多磨灭舛误,漫不可考,叔献每为三叹焉……况吾蜀文籍,巨细毕备,而独阙此书。叔献叨遇圣恩,将漕西蜀,因重加校正,勒工镂板,以与斯世君子共之,以推见太宗圣学之所从,明我宋历圣相承之家法,补吾蜀文籍之阙,而公万世之传云。②

蒲叔献见到建宁刊刻的《太平御览》时,蜀地未见此书发行,说明福建印刷出版事业开始较早,具备印刷大部头书籍的条件,刻印大部头书籍能力方面超过四川。根据蒲叔献记载,建宁刊本经过长期传播,大多"磨灭舛误,漫不可考",只能叹息。周必大《文苑英华序》中也明确记载福建等地已印刷《太平御览》和《册府元龟》:

> 臣伏睹太宗皇帝丁时太平,以文明化成天下。既得诸国图籍,聚名士于朝,诏修三大书:曰《太平御览》,曰《册府元龟》,曰《文苑英华》,各一千卷。今二书闽、蜀已刻,惟《文苑英华》士大夫家绝无而仅有,盖所集止唐文章,如南北朝间存一二。③

根据周必大所记,皇帝诏修的三大类书,《太平御览》和《册府元龟》在福建、四川等地都已经印刷、出版,只有《文苑英华》,士大夫家还没有。类书就是把各种文献资料收集、整理到一起,分门别类,既有资料汇编的性质,又有百科全书的功能,非常适合举子应付科举考试之用。由于官方编纂类书的影响,加上科举考试的推动,宋代建阳书坊编纂类书成为风尚。据统计,《四库全书》共著录宋代类书27种,其中由闽人编纂的就有6种,这些文人大多出自闽

---

① 李瑞良:《中国古代图书流通史》,上海人民出版社2000年版,第271页。
② (宋)蒲叔献:《蜀刻太平御览序·庆元五年》,《全宋文》第294册,卷6701,第253页。
③ (宋)周必大:《文苑英华序》,《全宋文》第230册,卷5120,第183~184页。

北。福建文人编纂的类书主要有崇安祝穆的《事文类聚》、崇安叶廷珪的《海录碎事》、建阳谢维新的《古今合璧事类备要》、建安章定的《名贤氏族言行类稿》、宁德林駉的《源流至论》。

除了"四大类书"的刊刻与印刷传播,其他类型的书籍编纂活动也特别兴盛。仅莆田就有很多大儒,留有许多著作,比如陈西轩,"生游洋万山中,而学得圣贤之心,文接神明之奥,趣诣幽眇,出吻芬菲,率皆蝉脱于尘浊之表","西轩陈先生,有道有文者也","艾轩一字不轻许人,独谓公之学'不缘师授,其视横渠,为同时独晓者',集中诸铭,独次云曰子方子、公曰子陈子而已",陈西轩文集"最后始传此集于公曾孙子高"。①此外,还有林光朝、方翥、郑厚、郑樵,他们也是著作等身。林希逸认为:

> 网山先生尝曰:"在昔乾、淳,莆之人物最盛,其间数大老,若文节、次云、景韦、渔仲,皆千载人物。"今艾轩以集行,夹漈《通志》、溪东《艺圃》久传于世,可以读其书而知其人。②

网山先生为林亦之,福州福清(今福建福清)人。他认为莆田乾、淳间所出名儒最多,有代表性的就有林光朝(字谦之,号艾轩,谥文节)、方翥(字次云)、郑厚(字景韦,号溪东)、郑樵(字渔仲,号夹漈)。他们这些人都有著述传世,林光朝有《文集》,郑樵有《通志》,郑厚有《艺圃》,方翥有《诗集》。宋代福建编书活动的成就,主要体现在以下五个方面:

首先,经部书的编纂与研究。福建从事图书编纂,为经书作注,最有代表性的人物非朱熹莫属。朱熹在漳州做官时,整理与编纂了《四书章句集注》《周易本义》和《诗集传》等书。此外,还有蔡沈的《书集传》、朱申的《周易句解》、胡安国的《春秋传》和真德秀的《四书集编》。小学类书籍也有不少,比如郑樵的《尔雅注》(三卷)、宋咸注《小尔雅》(一卷)等。

其次,史部书的编纂与整理。闽人编纂史书成绩较为突出。宋之前,《史记》代表性注解本有南朝宋裴骃的《史记集解》、唐司马贞的《史记索隐》和张守节的《史记正义》。到了宋代,建阳蔡梦弼于南宋乾道七年(1171)编刻《史记集解索隐》,这是二家注合刻本。后来,建阳黄善夫又编刻《史记集解索隐正

---

① (宋)林希逸:《陈西轩集序》,《全宋文》第335册,卷7731,第325~326页。
② (宋)林希逸:《次云方先生诗集序》,《全宋文》第335册,卷7731,第324页。

义》，把三家注解合一起，大大方便读者阅读，是《史记》合注中较好的本子。蔡梦弼的二家注合刻本与黄善夫的三家注合刻本并称于世。此外，建阳蔡琪编刻《汉书集注》一百卷。

建阳书坊还聘请文士摘抄史书中的一部分内容编纂成书，冠以"详节"等名称，如《史记详节》《东莱先生晋书详节》《诸儒校正唐书详节》《新入诸儒议论〈杜氏通典详节〉》《十七史详节》《陆状元集百家注资治通鉴详节》等。

史部书还有建阳朱熹《资治通鉴纲目》、莆田郑樵《通志》、建安袁枢《通鉴纪事本末》、浦城章衡《编年通鉴》、崇安胡安国《通鉴举要历补遗》、崇安江贽《少微通鉴节要》、崇安胡宏《皇王大纪》、莆田陈宓《续通鉴纲目》、莆田陈均《宋九朝编年备要》、建阳熊克《中兴小纪》《九朝通略》等。这些史书中，值得一提的是，朱熹的《资治通鉴纲目》开创了纲目体，袁枢的《通鉴纪事本末》开创了纪事本末体，郑樵的《通志》完善了唐杜佑开创的典志体，这三部史书对后来史学发展影响巨大。此外，还有《重修闽中记》《淳熙三山志》《宝祐仙溪志》《开庆临汀志》等方志书。建阳祝穆编纂的《方舆胜览》，是全国性的地理书籍，主要记载南宋十七路的地理与人文。

再次，医书的编纂与整理。福建医书编纂始于宋代，有建宁府医学教授陈自明《妇人大全良方》、建安窦桂芳《针灸四书》、泉州李迅《集验背疽方》、杨士瀛（号仁斋）《新刊仁斋伤寒类书活人总括》《新刊仁斋直指附遗方论》等。

最后，别集与总集的编纂。宋代福建文人辈出，诗文作品大量涌现，诗文别集编纂工作成为风尚。如建阳魏仲举《新刊五百家注音辨昌黎先生文集》和《新刊五百家注音辨柳先生文集》、建阳黄善夫《百家注分类东坡先生诗》、南平郡斋刊刻《朱文公校昌黎先生文集》和《龟山杨文靖公集》、邵武军编刻李纲的《梁溪先生文集》、兴化知州徐直谅编纂其父徐元杰《梅野集》、兴化军钟离松编纂蔡襄《蔡忠惠文集》、漳州薛季良编纂陈淳《北溪先生大全文集》、汀州知州韦能定编纂其祖父韦骧《钱塘韦先生集》、福州知州蔡幼学编纂陈傅良《止斋先生文集》、福州陈襄嗣子陈绍夫编纂《古灵先生文集》、福建路转运判官晁谦之编纂其兄晁补之《济北晁先生鸡肋集》等。在总集方面，有建阳黄昇编《花庵词选》、邵武严羽《沧浪诗话》、莆田刘克庄《后村诗话》、莆田黄彻《䂬溪诗话》、建安魏庆之《诗人玉屑》、建安严有翼《艺苑雌黄》、瓯宁吴可《藏海诗话》、晋江曾慥编《类说》和《乐府雅词》、福清敖陶孙《敖器之诗话》等。

二、福建公私藏书对书籍传播的贡献

宋代藏书是书籍传播史的重要组成部分，"在以往的书史研究中，一提到古代藏书，则往往冠之以'保守''自私''秘不示人'等帽子，其实，平心而论，古代藏书固然有封闭的一面，但也有不少开放的地方，值得我们重新反思"[①]，曹之的这段话实际指出，研究宋代书籍传播史，不能忽视对藏书史的研究。曹之《中国古代图书史》上，从"图书借阅""赠书""编制目录""刻书""藏书印"五个方面总结了古代藏书文化的开放性与传播特点。[②]

宋代藏书机构既有公家机构（包括以馆阁为中心的中央政府藏书机构和路府州县地方政府藏书机构），又有私家机构，都呈现前所未有的繁荣景象。古人藏书实际上是为了更好地传播书籍，不保藏书籍，书籍也不会一代又一代流传下来，古代藏书史中实际上蕴含着丰富的图书传播史观念。大藏书家叶梦得的藏书活动就很好地说明了这个观点：

> 念汉初，去孔子世尚未远，一更秦乱，而《书》亡五十一篇，《诗》亡六篇，《周礼·冬官》尽亡。经且如是，而况其他？屋壁之藏，幸得保有其余，至于今尚存者，学士大夫相与扶持传习之效也。今四方取向所亡散书，稍稍镂板渐多，好事者宜当分广其藏，以备万一。[③]

很多书籍散失，幸好叶梦得有藏，使这些散失的书籍得以重新刊刻，出现众多复本。叶梦得还提出"广分其藏"的藏书理念，这种藏书理念，实际上也是为了更好地保存图书，使某本图书不至于绝灭，让图书得到更好传播。对于书籍，国家专门修盖书库用来收藏和保管，如陈彭年在大中祥符八年（1015）五月《中书门下修盖书库奏》中道：

> 唐制，中书门下两省，宫城之内有内省，宫城之外有外省。今请据秘阁旧定屋数重修，奉安太宗圣容、御书、供御书籍、天文图画，四廊并充

[①] 曹之：《中国古代图书史》，武汉大学出版社2015年版，第391页。
[②] 曹之：《中国古代图书史》，武汉大学出版社2015年版，第391～396页。
[③]（宋）叶梦得：《缃书阁记》，《全宋文》第147册，卷3183，第332页。

书库及史馆日历库。直馆校理宿直、校勘抄书籍、雕造印板,并就外院,其外院于左右掖门外就近修盖。别置三馆书库,其三馆书籍名目,候将来分擘正副本以便安置。①

材料中的"三馆书库"就是专门保存书籍的地方。学校在保存书籍方面功莫大焉。尤溪县学建传心阁、同安县学、福州州学建经史阁,都是为了收藏和保存图书,使得图书一代又一代流传下去,也给学者阅读提供了极大方便。这些学校藏书情况,具体如下:

乾道九年,知南剑州尤溪县事石敦既新其县之学,复建阁于学之东北,买书五千卷藏之其上,而命工人绘濂溪周先生、河南二程先生之像寘于其中,使学者得共朝夕瞻仰焉。新安朱熹为之名曰传心之阁,即敦又以书请铭于广汉张某。②

儿郎伟:大同古地,骆粤名邦。间出巨人,鼎在公卿之位;亦多贤士,郁为间里之师。虽山川之炳灵,乃教化之纯被。比罹屯难,益复浇漓。学校荒凉,久风猷之不竞;图书散脱,阒弦诵以无声。诏令壅而弗宣,父兄以为大戚。顾惟窃食,敢不究心?是以申谕诸生,俾沈潜于训义;力哀众记,务广博其见闻。幸大府之哀怜,总群书而推予。惟上贤笃意于教诱,使邑子蒙幸于作成。爰即学官,创为杰阁。庶缄縢之慎固,绝虫鼠之觊觎。既画诺于县庭,旋受金于省户。西曹籍力,群彦并心。而吏惰不供,几若道旁之食;顾人疲久役,将起泽门之讴。迫程事之既严,始抡材而甫就。僝功见效,献室有期。不惟士得读未见之书,人知自励;且使书得为无穷之利,计以永存。聊出词章,用升梁梲。想均童耄,共此欢呼……伏愿上梁之后,士无废业,家有传书。究述作之原,遂见古人之大体;际功名之会,起为当世之儒宗。惟不悖其所闻,乃式符于深望。③

---

① 《全宋文》第9册,卷187,第224页。
② (宋)张栻:《南剑州尤溪县学传心阁铭》,《全宋文》第255册,卷5743,第432页。
③ (宋)朱熹:《同安县学经史阁上梁文》,《全宋文》第253册,卷5690,第293～294页。

福州之学，在东南最为盛，弟子员常数百人……绍兴四年，今教授临邛常君浚孙始至，既日进诸生而告之以古昔圣贤敩学之意，又为之饬厨馔、葺斋馆以宁其居，然后谨其出入之防，严其课试之法，朝夕其间，训诱不倦。于是学者竞劝，始知常君之为吾师，而常君之视诸生亦闵闵焉，唯恐其不能自勉以进于学也。故尝虑其无书可读而业将病于不广，则又为之益置书史，合旧为若干卷，度故御书阁之后，更为重屋以藏之，而以书来请记其事，且致其诸生之意曰："愿有以教之也。"……今观常君之为教，既开之以古人教学之意，而后为之储书，以博其问辨之趣，建阁以致其奉守之严，则亦庶乎本末之有序矣。①

以上所举都是福建学校藏书盛况。这些学校藏书机构为福建图书的流传做出了应有的贡献。在宋代，私家藏书也盛况空前，"单就中国私家藏书史上说，宋代三百年中，有明确文献记载的藏书家就达七百人，是前此周至唐五代千年左右藏书家总和的近三倍"②。据范凤书统计，藏书量达万卷以上的藏书家有214人，按省来看，江西54人，浙江32人，福建21人，江苏20人，河南19人，四川13人，安徽11人，河北10人，山东8人，山西5人，湖南2人，湖北2人，陕西1人。③福建省私人藏书家排名第三，名列前茅，这在客观上有助于闽本图书的积聚和传播。

叶梦得是宋代藏书量比较多的私人藏书家，王明清在《挥麈录》中记载叶梦得藏书情况："南渡以来惟叶少蕴少年贵盛，平生好收书，逾十万卷，置之雷川弁山山居，建书楼以贮之，极为华焕。"④可见，叶梦得藏书之多，藏书楼修建之豪华。叶梦得设有绅书阁，专门用来藏书：

厅事西北隅有隙地三丈有奇，作别室，上为重屋，以远卑湿，为之藏，而著其籍于有司。退食之暇，素习未忘，或时以展诵。因取太史公金匮石室之意，名之曰"绅书阁"，而列其所藏之目于左方，后有同志，日月增益

---

① （宋）朱熹：《福州州学经史阁记》，《全宋文》第252册，卷5659，第142～143页。
② 范凤书：《中国私家藏书史》，大象出版社2001年版，第60页。
③ 范凤书：《中国私家藏书史》，大象出版社2001年版，第82页。
④ （宋）王明清：《挥麈录·后录·卷七》，中华书局1964年版，第174页。

之,愈久当愈多,亦足风示吾僚,使知仕不可不勉于学。①

赵德麟藏书也是甚多,元符元年(1098)七月,李廌《德隅堂画品书后》中写道:"赵德麟藏书数万卷,蓄画数十函,皆留京师邸中,廌所评,皆襄阳随轩橐中品也。"②赵德麟藏书也是超过万卷。

邹浩在大观三年(1109)九月《李季伾墓志铭》中记载李季伾藏书:"购求群书,惟恐后时,所聚万余卷,博览者资焉。尝曰:'遗子黄金满籯,不如一经。亲既以是遗我,我复以是遗子。子子孙孙,用之不竭,况万卷之多乎。庶知我之富者在此而不在彼也。'"③李季伾认为,传给子孙黄金不如传给图书,图书比黄金重要,体现出明显的图书传播思想。

苏辙在《藏书室记》中记载苏洵的藏书:"予幼师事先君,听其言,观其行事。今老矣,犹志其一二。先君平居不治生业,有田一廛,无衣食之忧;有书数千卷,手缉而校之,以遗子孙。曰:'读是,内以治身,外以治人,足矣。此孔氏之遗法也。'先君之遗言今犹在耳,其遗书在椟,将复以遗诸子,有能受而行之,吾世其庶矣乎!"④苏洵藏书千卷,并且都是他亲自校正,书籍质量很高,这千卷书籍留给了儿子苏辙,苏辙敬守先君遗训,又将其传给诸子。书籍就是这样通过一代又一代传播下来而保存至今。

晁说之的《刘氏藏书记》,不仅写书籍对人的重要影响,还集中阐述书籍传播思想:

> 昔人谓三代仕宦而衣,五代仕宦而食,不知书又在衣食之上也。都官刘公凝之卓行绝识,不待老而归修庐山之下,其遗子孙者无他物,盖唯图书而已。其子道原少而日诵万言,既长苦心笃志,无所嗜好,昼夜以读书为娱,至于不慕荣利,忘去寒暑。司马温公称其精博,宋次道称其该赡,范醇夫称其密致,则其所藏复蕴崇而不计者欤!且尝愤疾南方士人家不藏书矣,则于是盖特加意焉者也。公之子义仲壮奥,人视其迈往不群,而自处惮惮循约,唯恐前修之辱也……则其藏书岂特充牣筐笥而夸缃帙,如愚

---

① (宋)叶梦得:《缃书阁记》,《全宋文》第147册,卷3183,第333页。
② 《全宋文》第132册,卷2851,第136页。
③ 《全宋文》第132册,卷2846,第58页。
④ 《全宋文》第96册,卷2096,第194页。

贾润屋以金珠耶？于是谨识其所得书之岁月先后，以视子孙，其意为不浅也。乃俾说之为之记，以载于目录之上。①

晁说之把书籍看得比衣食还要重要，认为对读书的追求要优先于对衣食的追求，对精神的追求要先于对物质的追求，书籍应在衣食之上，精神应在物质之上。文中所记刘凝之传给子孙没有它物，只有书籍而已，说明刘凝之藏书最终也是为了传书。晁说之还继续说：

> 昔之时，如任昉、沈约辈，号为藏书之家者，今不复论，而论诸本朝。如王文康初于周相世宗，多有唐室旧书。今其子孙不知何在，宁论其书之存亡，而所有者书目一编，使好事者对之兴叹也。李文贞所藏既富，而且辟学馆以延学士大夫，不待见主人，而下马直入读书，供牢饩以给其日力。与众共利之如此，宜其书永久而不复零落；今其家仅有败屋数楹，而书不知何在也。凡公卿大夫、儒林之士所有之书，往往随其人而逝矣，传诸再世者盖寡，而况曾玄之守耶？②

王文康本来所藏唐室旧书颇多，最后只剩下"书目一编"，这些古籍的散佚实在可惜。李文贞也是藏书甚富，他的藏书室向学士大夫开放，并为他们提供饮食，这种行为当时成为美谈，体现了他作为藏书人对读书人的开放与包容心态，但这些珍贵书籍最终也未摆脱亡逸的命运。晁说之以王文康、李文贞为例，一方面表达了他对书籍散亡的痛惜，这可从"使好事者对之兴叹也"等句中读出。另一方面也体现出他希望藏书家能够不遗余力地将书籍传播下去，以造福子孙后代。他的这种书籍传播思想可以从"与众共利之如此，宜其书永久而不复零落"等句中看出。

福建私人藏书家比较有名的有苏颂（泉州南安人）、郑樵（莆田人）及其从孙郑寅和方氏家族等。方氏家族在宋代莆田是兴盛的大族，族人勤奋好学，一直有藏书嗜好。从北宋皇祐至南宋淳祐间，有藏书家十余人，可以称得上真正意义上的文献世家。这些藏书家分别是北宋时期的方子容、方略（万卷楼），南宋时期的方渐（富文堂）、方万（斗车楼和一经堂）、方崧卿（丛书堂）、方阜鸣、

---

① 《全宋文》第130册，卷2815，第266～267页。
② 《全宋文》第130册，卷2815，第267页。

方审权等。福建藏书家杨时在《乐全亭记》中也提到，书籍收藏实际上也是为了传播后世，体现书籍收藏者的传播思想：

> 里人余君作亭于其屋之东偏，种花植树，以资岁时燕游之好。又辟其后为堂，聚先世所藏之书以遗其子孙，使其登是堂也，撷六艺之英，茹道德之实，知慕夫君子之乐，而出游是亭也，能不为玩物丧志，则内外之乐全矣，故以"乐全"名其亭。于戏，勉之哉！是将长有此乐也。余君，予之妻党也，屡踵吾门求文以为记。予嘉其志，知不独骛乎众人之乐也，于是乎书。①

从材料得知，里人余君，是杨时的妻子的朋友，这位朋友建立书堂，"聚先世所藏之书以遗其子孙"，把先世流传下来的书籍传给子孙。书籍经过了从先人到朋友，再到子孙的连续传播过程。

宋代私家藏书业的兴盛势必促进目录学的发展以及目录书的传播。范凤书根据《宋史·艺文志》《郡斋读书志》《遂初堂书目》《直斋书录解题》以及诸文集、笔记等著述中明确记载的私家藏书目录，最终统计为64种。②这64种私家目录，绝大多数已经失传，流传至今仅存几部。代表作有晁公武的《郡斋读书志》、陈振孙的《直斋书录解题》、尤袤的《遂初堂书目》、高似孙的《子略》等。宋代福建书目的编纂，有代表性的则有：莆田郑樵《通志·艺文略》和《夹漈书目》，郑樵族孙郑寅《郑氏书目》等。宋代私家藏书目录创造了提要体式的撰写方式，这种撰写方式对后世书目编制影响深远。书目中还对书籍刊刻时间、地点进行著录，为研究书籍版本提供了重要线索。宋代私家目录为目录学的成熟与完善做出重要贡献，在中国目录学发展史上占有一席之地。

第四节　宋代制度对福建图书出版传播的影响

随着科举考试不断改革，科举制度逐渐完善，参加举子业的士子越来越多，举业书及其相关书籍也随之得到出版传播。官府重视图书出版传播事业

---

① 《全宋文》第125册，卷2693，第9页。
② 范凤书：《中国私家藏书史》，大象出版社2001年版，第120～121页。

——皇帝经常下诏访书,大臣频繁上奏访书。通过下诏与上奏的形式,形成一套自上而下与自下而上相结合、以文书为媒介交流与沟通信息的完整的图书访求制度。科举制度与访书制度的完善,进一步促进了闽本图书传播。

一、科举制度的改革

科举制度是国家设立的官员选拔制度,从隋代创立,经过唐代,到了宋代,逐渐趋向完备,"宋承唐制,抑又甚焉"①。美国学者贾志扬也认为,"科举考试的体制化及其(至少在上层的)广泛运用主要出现在宋朝,因此,宋朝可谓历史上第一个考试取向的社会"②。宋朝考试制度的完备主要体现在五个方面:第一,实行誊录、糊名制度。第二,实行"锁院"制度,针对考官亲友专门设立"别头试"。第三,增加殿试。第四,考试科目逐渐由多科变为一科(进士科)。第五,考试内容逐渐由"诗赋"为主逐渐转为"经义"为主。这些制度的改革与完善,使得考试更加公平和严谨,上至贵族,下至平民,都可以通过考试改变自己的命运,实现仕途梦想。寒门可以通过科举进入上层,改变了以往官员选拔的"出身论"。

通过科举考试录取的精英们,占据国家重要部门,担任重要职务,对图书编纂以及传播的贡献不言而喻。同时,我们"还应当看到,在广大城乡,读书虽以应举为目标,但由于种种原因(比如学业不佳、财力不济等),未必凡读书皆应举,读书人数实际上远多于应举人数,估计有一两千万之众。他们虽没有'科名',但仍是里邑的有用之才,对城乡建设和社会进步所起的作用,未必小于登科者"③,祝尚书所说的未登科者"仍是里邑的有用之才",其中就包括他们中参与编撰和刊刻书籍等文化传播活动的那些人。

随着科举制度的完善,参加考试的举子人数增多,印刷技术成熟,针对举子复习、应试之类的科举用书也随之刊刻与传播。这种科举用书主要包括时文集、评点本、括套、内编、时文写法研究等,这些书专门供举子诵习、研究之用。此类科举考试用书,一般是采取国家出版与发行的方式,皇帝亲自下令雕印:

---

① (元)脱脱等撰:《宋史·卷161·职官一》,中华书局1985年版,第3768页。
② (美)贾志扬:《宋代科举》,东大图书股份有限公司1995年版,第1页。
③ 祝尚书:《宋代科举与文学》,中华书局2008年版,第2页。

> 甲乙设科，文章取士，眷惟较艺，素有常规。特用申明，聿加刊定，既遵程式，免误学徒。庶敦奖善之怀，以广至公之道。宜令崇文院雕印，送礼部贡院颁行。①

> 今后省试，太学国子监公试，发解铨试及试刑法，令国子监印造《礼部韵略》、《刑统》律文、《绍兴敕令格式》，并从官给。②

国家统一出版科考书，质量和内容可以得到充分保障。有些时候，大臣也会上奏，建议朝廷刊刻出版写得好的时文。比如：

> 乞将今来省试前二十名三场程文，并送国子监校定。如词采议论委皆纯正，可为矜式，即付板行。仍乞检会陈谠所奏，将《三元元祐衡鉴赋》《绍兴前后论粹》《擢犀拔象策》同加参订，拔其尤者，并付刊行。使四方学者知所适从，由是追还古风，咸资时用。③

> 曩岁知贡举者荐请于朝，令监学官选择时文百篇，以为模楷，有旨从之。然竟寝不行。臣等究其源流，盖缘畴昔以儒决科，而今显官者甚众，使监学官遽去取于其间，则未免爱恶之嫌，是以虽有诏旨而中格也。乞检会指挥，委监学官公共选择绍兴以来累举所取六经义、诗赋、论策，撷其文词典雅，学问该赡，而脍炙众口可传诵习者数十篇，特令刊行，使士子有所矜式。如是累举时文，委有可称，其人见仕于中外，并免预选之数，庶几无爱恶之嫌，易以拣选。仍限三阅月了毕。如此则虚浮之文，可归于典寔，多士幸甚。④

---

① （宋）宋真宗：《令崇文院雕印晁迥等所上考试进士新格诏·景德四年十月乙巳》，《全宋文》第11册，卷231，第326页。
② （宋）宋高宗：《省试等令印造礼部韵略诸书诏·绍兴二十六年三月十九日》，《全宋文》第204册，卷4529，第224页。
③ （宋）黄由：《乞选刊程文奏·庆元五年正月》，《全宋文》第284册，卷6461，第399页。
④ （宋）萧逵：《乞选择时文刊行奏·开禧元年三月》，《全宋文》第284册，卷6441，第44页。

黄由和萧𨓗都建议选刻时文，方便士子学习。他们看到科举考试选拔人才的弊端：士子所写时文往往流于形式，华而不实。他们认为，读此种文章不能选出有真才实学，成为为朝廷所用的人才。

> 窃观比年场屋之文，气体卑恭，词藻浮虚，以经学言之，则未尝精思熟究，安能探索微妙；以史学言之，则未尝博览强记，安能贯通颠末；此外如诸子前贤文集，则罕曾诵习，皆用时文套类。是以学多寡陋，文多凡下，其间学粹而文典者，百不一二。①

萧𨓗指出，场屋之文存在诸多问题：经学方面，不能"探索微妙"；史学方面，不能"贯通颠末"；文学方面，"皆用时文套类"，毫无真情实感。萧𨓗看到科场文章的弊端，因此上奏，希望朝廷选择写得比较好的文章，雕印颁行。还有的臣子出版自己应付科举以及参加科举所写的时文集：

> 其后忝历清秩，实基于此。乃知事皆前定，人力何有？因龙泉彭元之以闽中刊予程文及所业相示，请正讹谬，并书以遗之，为安分不争者劝。②

可见，科举考试带动的举业书出版市场十分繁荣。"由于这类书是场屋不可或缺的决胜'利器'，故十分畅销，其影响更不可小觑。人们常把科举考试比作指挥棒，它无形中操纵着士子治学的趋向；而在宋代，它还无形中刺激和操控着图书消费市场：随着科举政策的变化，适时、适用的科举用书大量编纂和印行，以满足士子们的需要；相应地，科举用书又释放出巨大的反作用力，影响甚至左右着社会学风和考场文风。"③

北宋初期，萧统的《文选》很受欢迎，在热衷举业的士子之间广泛传播。该诗文选集所收篇章均为经典之作，在唐代就备受士人重视，曾经出现过学习、研究《文选》的高峰。宋初西昆体诗人宋祁就因为对《文选》烂熟于心而被传为佳话。由于宋初科举考试以"诗赋取士"为重，科考中的诗赋如果能够模仿《文

---

① （宋）萧𨓗：《乞选择时文刊行奏·开禧元年三月》，《全宋文》第284册，卷6441，第44页。
② （宋）周必大：《词科旧稿自序》，《全宋文》第230册，卷5120，第186页。
③ 祝尚书：《宋代科举与文学》，中华书局2008年版，第397页。

选》的文章风格,则更能受到考官的喜欢和青睐。这就导致大量士人熟读和研究《文选》,出现"《文选》烂,秀才半"的现象。《文选》士人中很有销路,受到士人追捧。到了北宋中期,王安石的著作受到追捧。王安石也投献自己所著书籍,以获得认同和推广:

> 臣在先帝时,得许慎《说文》古字,妄尝覃思,究释其意,冀因自竭,得见崖略。若矇视天,终以罔然,念非所能,因画而止。顷蒙圣问俯及,退复黾勉讨论,赖恩宽养,外假岁月,而桑榆怠惫,久不见功。甘师颜至,奉被训敕,许录臣愚妄谓然者,缮写投进。伏惟大明旁烛无疆,岂臣荧爝,所敢衔冒?承命遑迫,置惭无所。如蒙垂收,得御宴闲,千百有一,傥符神怡,愚所逮及,继今复上,干污宸扆,臣无任。①

为了推广王氏之学,龚原多次上奏,请求刊刻与传播王安石及其儿子的作品:

> 故相王安石在先朝尝进《尚书·洪范传》,解释九畴之义,本末详备,乞雕印颁行,以便学者。②

> 王安石在先朝时,尝进所撰《字说》二十二卷。乞差人就其家缮写定本,降付国子监雕印,以便学者传习。③

> 赠太傅王安石在先朝尝进其子雱所护《论语》《孟子义》,乞下本家取所进义定本,下本监雕印颁行。④

王安石的《三经新义》成为科举考试的统一教材和标准答案,"一时学者,

---

① (宋)王安石:《进字说劄子》,《全宋文》第64册,卷1383,第28~29页。
② (宋)龚原:《请雕印尚书洪范传奏·绍圣二年正月十七日》,《全宋文》第84册,卷1828,第146页。
③ (宋)龚原:《请雕印王安石字说奏·绍圣二年十一月八日》,《全宋文》第84册,卷1828,第147页。
④ (宋)龚原:《乞雕印论语孟子义奏·绍圣二年三月九日》,《全宋文》第84册,卷1828,第146~147页。

无敢不传习，主司纯用于取士，士莫得自名一说，先儒传注，一切废不用"①，"自熙宁初，王氏父子以经术得幸，下其说于太学，凡置博士，试诸生，皆以《新书》，从事不合者黜罢之，而诸儒之论废矣"②。《五经正义》和《十三经注疏》等宋初科举考试所用教材废除不用，参加科举的士子必须按照王安石新学思想来答题，否则很难被录取。"苏门四学士"之一的秦观，曾两次考试，两次均未中，就是如此。

《三经新义》主要记载王安石的观点和论述，包括《毛诗义》（二十卷）、《尚书义》（十二卷）、《周官新义》（十六卷）。此书既是王安石科举改革的有机组成部分，又是王安石新学体系的组成部分，对北宋中后期的学术、思想产生了一定影响。王安石提倡《诗》《书》《周礼》三经，此三经书籍的传播则旺盛，其他经书由于得不到士人追捧，则逐渐萎缩，"是时《三经新义》行，天下学者非王氏不道，《春秋》且废弗讲"③。

在王安石罢黜其他学说，独尊新学的高压政策之下，很多士人改弦易辙，追随新学。新学利用强制力量，很快得到发展。当时与新学并存的蜀学、朔学则逐渐处于边缘位置，由于未能及时地进行理论总结，也缺少后人的继承、传播和发展，很快就销声匿迹。而洛学依靠门人弟子的薪火相传，在南宋时才得以进步和发展。

在科举考试的带动下，福建各地学风甚浓。"东南之俗，敏而有智，田亩市井之徒悉能识字画字"④，兴化军莆田县的乡校私塾分布密度更大，甚至有"十室九书堂"之说⑤，南剑州是"家乐教子，五步一塾，十步一庠，朝诵暮弦，洋洋盈耳"⑥，邵武军"所至村落，皆聚徒教授"⑦。

---

① （元）脱脱等撰：《宋史·卷327·王安石传》，中华书局1985年版，第10550页。
② （宋）秦观：《秦观集编年校注·卷24·王定国注论语序》，人民文学出版社2001年版，第538页。
③ （宋）陈傅良：《陈傅良先生文集·卷48·修旧墓表》，浙江大学出版社1999年版，第609页。
④ （宋）段全：《兴化军文宣王庙碑·咸平三年四月》，《全宋文》第9册，卷195，第412页。
⑤ （宋）王象之：《舆地纪胜·卷135·兴化军》，中华书局1992年版，第3854～3855页。
⑥ （宋）王象之：《舆地纪胜·卷133·南剑州》，中华书局1992年版，第3809页。
⑦ （宋）王象之：《舆地纪胜·卷134·邵武军》，中华书局1992年版，第3833页。

建宁当闽浙之冲，是为孝宗皇帝龙潜之旧。虽宦游不得一至其地，闻其山川耸秀，武夷诸山皆非尘境，盖八州之门户也。钟为英杰，古今相望。士夫多挺挺尚气节，秋赋动踰万数，荐送率八十余人，儒风最盛。学有生徒三百，分十二斋，犹不足以容之……宝元中，诏建州立学，赐田五顷。至庆历四年，郡邑始得立学。熙宁设官分教，建州首置教授一员，诸郡亦未之有。元丰又赐田十顷。则知是邦之学，国家最所属意，尤在他郡之先也。①

从材料看出，建州地理位置优越，为"闽浙之冲，是为孝宗皇帝龙潜之旧""八州之门户也"。风景秀丽，环境怡人，"山川耸秀""皆非尘境"。正是在这样钟灵毓秀的环境之下，建州士子勤奋向上，"儒风最盛""学有生徒三百，分十二斋，犹不足以容之"。国家对此地教育也相当重视，不断在此地兴教立学，设官赐田，其他州郡则没有建州这么好的待遇。地理位置佳，学习风气好，参加举业和考中进士人数也多：

七闽山川奇秀，行建、剑以南，溪流益驶，杰峰峻崖，挺挺峭立。渟涵钟结，发为人物，皆环伟俊明，抱负之美至不减中州，故担簦负笈来试于京者，常半天下。家有庠序之教，人被诗书之泽，而仕于朝为天子侍从亲近之臣，出牧大籓、持节居方面者亦常半。而今世之言衣冠文物之盛，必称七闽。②

举进士由詹而始，则当时虽有举者，必未甚多也。詹死于今三百年，而闽之举进士为特盛焉。自流寓他处，及占名数京师、入太学为胄子者不数人，其举以乡里者，岁常不下六七百人，其众居天下五分之一，闽之进士可谓多矣！③

"担簦负笈来试于京者，常半天下"，说明福建籍考生占据全国考生一半。

---

① （宋）楼钥：《建宁府紫芝书院记》，《全宋文》第264册，卷5966，第374～375页。
② （宋）陈必复：《端隐吟稿序·淳祐十一年》，《全宋文》第341册，卷7878，第299页。
③ （宋）刘敞：《张氏杂义序》，《全宋文》第59册，卷1285，第206～207页。

从"仕于朝为天子侍从亲近之臣，出牧大藩、持节居方面者亦常半""闽之举进士为特盛焉""闽之进士可谓多矣"等记载来看，说明宋代闽地考取进士数量之多，这在很大程度上反映当地的教育水平和成效。福建人陈襄言："天下士儒，惟言泉、福、建、兴化诸郡为盛，其间中高第，历显官，福吾天子之民者为不少。"① 淳熙初，福州"是岁试者二万人"②，开禧三年（1207），福州"终场万八千人"③，与西北州军最多者不过百人的应试人数相比，数量相差之大显而易见④。

程民生在其《宋代地域文化》中考察了各地参加科举考试的人数分布情况，最后得出结论：东南地区应试人数多于或远多于西北地区，且南宋时南方地区应试者数量有大增趋势⑤。洪迈也注意到这一现象："宋受天命，然后七闽、二浙与江之西东，冠带诗书，翕然大肆，人才之盛，遂甲于天下。"⑥ 宋代科举兴盛，福建应考人数增多，导致该地试官远不能满足需求：

> 窃见福州每岁就试之士不下万四五千人，而考试官止差十员；建宁府亦不下万余人，而考试官止差八员。且以建宁府计之，通三场则三万三千卷，分之八房，每房皆四千八百余卷。在法，不满三百人，试官二员，每添五百人，添官一员。乞于福州添试官三员，建宁府添试官二员。庶几稍分其劳，不至以繁冗失士。⑦

赵彦操看到福州和建宁府两地参加科举的考生人数越来越多，考试官人数越来越不够的现象，于是他上奏朝廷，要求增派试官。另外，随着考生人数的逐年增加，福建各地的考场也从原来在州学考试发展到借用知录、司法等部门

---

① （宋）陈襄：《与陆学士书》，《全宋文》第50册，卷1084，第119页。
② （清）徐松：《宋会要辑稿·选举》，中华书局1957年版，4522页。
③ （宋）刘宰：《上钱丞相论罢漕试太学补试札子》，《全宋文》第299册，卷6821，第173页。
④ （宋）欧阳修：《欧阳修全集·卷113·论逐路取人札子》，中华书局2001年版，第1717页。
⑤ 程民生：《宋代地域文化》，河南大学出版社1997年版，第215～221页。
⑥ （宋）洪迈：《容斋四笔·卷五·饶州风俗》，中华书局2015年版，第531页。
⑦ （宋）赵彦操：《乞于福州建宁各添试官奏·淳熙十三年》，《全宋文》第225册，卷5010，第400页。

官厅作为考场。各州军还专门设立贡院用来考试,比如福州在元祐五年(1090)就设立贡院,是当时全国较早设立贡院的地区。其他地区,如泉州、漳州、建宁府、汀州等地贡院相继建成,有的贡院还一再扩建。这些贡院的普遍建立和长期存在,为福建参加举子业的考生提供了应试所需之场所。

二、访书制度的影响

访书制度主要以皇帝下诏访书和臣子上奏访书两种形式来实现。通过访书,实现信息传递,消除大臣与皇帝之间信息沟通障碍,进而实现国家机器正常运转。图书访求工作的制度化,有助于闽本图书传播。

(一)皇帝下诏访书

宋朝皇帝注重对书籍的访求,亲自撰写诏书,搜访目录书上所缺书籍,比如太平兴国九年(984)正月壬戌,宋太宗下诏访求三馆所缺书籍:

> 国家勤求古道,启迪化源,国典朝章,咸从振举,遗编坠简,宜在询求。致治之先,无以加此。宜令三馆所有书籍,以《开元四部书目》比校,据见阙者,特行搜访。仍具录所少书于待漏院,榜示中外。若臣僚之家有三馆阙书,许上之。及三百卷以上者,其进书人送学士院引验人才、书判,试问公理。如堪任职官者,与一子出身;或不亲儒墨者,即与安排。如不及三百卷者,据卷帙多少优给金帛。如不愿纳官者,借本缮写毕,却以付之。[①]

以《开元四部书目》比对,书目上有而三馆没有的书籍,就向社会公开书目并访求,根据所献书籍数量来任命官职和奖励金帛。书籍以三百卷为限,实行奖赏。宋真宗在咸平四年(1001)十月二十七日也下诏,以开元之旧目比对,访求三馆所缺书籍,给予一定物质或任官奖励:

> 国家设广内、石渠之宇,访羽陵、汲冢之书。法汉氏之前规,购求虽至;验开元之旧目,亡逸尚多。庶坠简以毕臻,更出金而示赏,式广献书

---

① (宋)宋太宗:《诏求三馆阙书诏·太平兴国九年正月壬戌》,《全宋文》第4册,卷68,第147页。

之路，且开与进之门。应中外士庶有收得三馆所少书籍，每纳到一卷，给千钱。仰判馆看详，委是所少之书及卷帙，别无违碍，收纳其所进书。如及三百卷已上，量材试问，与出身酬奖。或不亲儒墨，即与安排。宜令史馆抄出所少书籍名目于待漏院张挂，及遣牒诸路转运司，严行告示。①

宋高宗访求书籍更是孜孜不倦，即使在兵荒马乱、战火纷争的年代，仍然不忘访求遗书，他得知四川书籍众多，专门下令搜访四川书籍："闻四川藏书甚多，宜委逐路帅臣恪息搜访，仍令提举秘书省每月检举催促。"②访求书籍以开元旧目为基础，搜寻目录上所缺图书：

国家用武开基，右文致治，自削平于僭伪，悉收籍其图书，列圣相承，明诏屡下。广行访募，法汉氏之前规；精校遗亡，按开元之旧目。大辟献书之路，明张立赏之科。简编用出于四方，卷帙遂充于三馆。藏书之盛，视古为多。艰难以来，散失无在。朕虽处干戈之际，不忘典籍之求。每令下于再三，十不得其四五。今幸臻于休息，宜益广于搜寻。夫监司总一路之权，郡守寄千里之重，备谕所部，悉上送官。苟多献于遗编，当优加于褒赏。故兹诏示，想宜知悉。③

应有官人献秘阁阙书善本及二千卷，与转官，士人免解，余比类增减推赏，愿给直者听。诸路监司守臣访求晋、唐真迹及善本书籍准此。④

宋朝皇帝对医书特别重视，不遗余力地搜寻。比如，宋太宗太平兴国六年（981）十二月癸酉下诏访求医书：

---

① （宋）宗真宗：《访遗书诏·咸平四年十月二十七日》，《全宋文》第11册，卷218，第34页。

② （宋）宋高宗：《搜访四川书籍诏·绍兴十六年八月四日》，《全宋文》第204册，卷4521，第109页。

③ （宋）宋高宗：《求遗书诏·绍兴十三年七月九日》，《全宋文》第204册，卷4516，第52页。

④ （宋）宋高宗：《献书赏格诏·绍兴十六年七月二十五日壬辰》，《全宋文》第204册，卷4520，第108页。

> 太医之方，以十全为上；神农之药，有三品之差。历代之议论实繁，生人之性命攸系。比令编纂，多所阙遗，宜行购募之文，用申康济之意。宜令诸路转运司，遍指挥所管州府，应士庶家有前代医书，并许诣阙进纳。及二百卷已上者，无出身与出身，已任职官者亦与迁转；不及二百卷，优给缗钱偿之。有诣阙进医书者，并许乘传，仍县次续食。①

宋太宗下诏访求学士大夫、平民百姓家藏前代医书，以二百卷为限，实行奖赏。献书多于二百卷者，官员升官。不到二百卷者，优先给予金钱作为补偿。还给进献医书者提供驿站马车和路途伙食，即专车接送和包食宿。官方奖励医学书籍的进呈，促进了医学的进步和医学知识的普及。再比如，宋徽宗在政和四年（1114）八月三十下诏访求方书：

> 其令天下应有奇方善术，许申纳本州，逐州缴进以闻。称朕好生之意。差曾孝忠就提举入内医官所编类御前所降方书，差文臣米肱、刘植充检阅官。候逐路进到奇方善术，并送本部编集，俟书成进呈，仍以《政和圣济经》为名，下国子监刊印颁行。②

从皇帝亲自下诏访求书籍的诏书看，他们都重视书籍传播以及书籍传播带来的文化普及，都看到书籍媒介在民众教化方面的重要作用。除了皇帝亲自下诏，还有些诏书是以皇帝的名义发布，比如郑獬《访逸书诏》和史浩《求遗书诏》就是如此：

> 朕准先圣人之书不传，则后世无以见其迹，故古之网罗遗逸，虽山岩屋壁之藏，皆搜抉而出，上藏之以金马石渠之署，延阁密室之深。自仲尼之所论著，至于诸子杂说、天文地理、术数方伎、兵农之书，罔不毕集……而遗编坠简，漫灭岁月，亡者不补，缺者不完，校其旧藏，十失四五。其令有司，具为条例，购之束帛，访于天下，庶乎淹中逸礼、汲冢之遗史、金匮之

---

① （宋）宋太宗：《访求医书诏·太平兴国六年十二月癸酉》，《全宋文》第4册，卷66，第95页。
② （宋）宋徽宗：《求方书药法御笔·政和四年八月三十日》，《全宋文》第165册，卷3589，第96页。

奇经、名山之秘牒，亦源源而来上矣。①

> 朕仰惟太上皇帝留神典籍，虽在艰难，不忘搜访。是以秘府所藏，几复承平之旧。乃者馆阁书目告具，朕适临幸，插架万层，签帙溢目，益以见太上皇帝崇儒右文之盛，朕敢不祗承？尚虑四方藏书之家，或有可补散逸，亡繇来上，及其间卷轴浩繁，非给笔札不能传录者，宜检照祖宗及太上皇帝求遗书故事，令学士院降诏。②

从"先圣人之书不传，则后世无以见其迹"等语句看，时人明显有图书传播意识。书籍传播如此重要，国家特别重视书籍的寻求与收藏工作，这才使得书籍一代又一代地流传下去，流传下来的书籍，既是国家珍贵的文物资源，又是后代学者研究前代历史文化的第一手文献资料。

皇帝亲自下的访书诏书，通过待漏院发布，在全国士庶中访求书籍，还有诱人的奖励。尽管如此，有些时候效果不一定好，也就是说，不一定能访求到朝廷所需书籍，比如宋高宗就曾碰到诏令发布后，献书甚少的情况："昨降指挥求访书籍，至今投献尚少，盖监司郡守视为不急，奉行灭裂，可检举申严行下。"③大臣王严也看到民间献书不积极的现象，他在绍兴十五年（1145）《乞专行求书之政令奏》中道：

> 恭睹陛下比岁以来，屡下求书之令，然州县施行未称上旨。盖州县以谓文籍之事固非刑政所急，秘书之缴初无赏罚之权，是以得而慢之。臣以谓宜以求书之政令命以专行，施于四方，皆知有重臣一意总核，则一卷之书必有受其功者，搜裒以献，当不敢后。④

皇帝下令求书，但下层官员不一定立刻实施。王严见投献书籍偏少，州县官员"未称上旨"，意识到问题的严重性。于是，上奏乞求专行求书之政令。

---

① （宋）郑獬：《访逸书诏》，《全宋文》第 67 册，卷 1466，第 344～345 页。
② （宋）史浩：《求遗书诏》，《全宋文》第 199 册，卷 4397，第 100 页。
③ （宋）宋高宗：《申严访求书籍令诏·绍兴十六年八月二十九日》，《全宋文》第 204 册，卷 4521，第 110 页。
④ 《全宋文》第 210 册，卷 4659，第 143 页。

宋朝皇帝多次下诏，通过行政的力量访求天下书籍，这充分体现统治者重视图书传播事业，想要通过书籍传播来影响士庶，进而以文化传播来化成天下的思想。国家通过访书活动，形成崇儒礼士、兴教问学的良好风气。

（二）大臣上奏访书

除了皇帝下诏访书，大臣也经常上奏建议朝廷求书。比如何志同在大观四年（1110）五月《乞访求遗书奏》一文中，就请求朝廷以庆历旧目为基准，搜寻亡逸的书籍：

> 《汉书》七略凡为书三万三千九十卷，隋所藏至三十七万卷，唐开元间亦不下八万九千六百卷。庆历间，尝命儒臣集四库为籍，名之曰《崇文总目》，凡三万六百六十九卷。庆历距今未远也，试按籍而求之，十才六七，号为全备者不过二万余卷。而脱简断编、亡散阙逸之数寖多，谓宜及今有所搜采，视庆历旧录有未备者，颁其名数于天下，委逐路漕臣选文学博雅之士加意求访。《总目》之外，别有异书，并许借传或官给笔札，即其家传之，就加校定，上之策府。此外更有诸处印本及学者自著之书，臣僚私家文集，愿得藏之秘府者，皆许本省移文所属，印造取索。①

奏书中指出，希望朝廷委托各路漕臣选择"文学博雅之士"，专门访求书籍。这些文学博雅之士具备一定学识，能筛选和鉴别书籍。如有"异书"，则可以借来抄写或者直接到藏书人家中传抄，抄完上交图书保管机构。所访书籍的范围扩大到"诸处印本及学者自著之书，臣僚私家文集"，只要愿意将其上交到秘府收藏，都"许本省移文所属，印造取索"。

> 奉诏下诸路搜访遗书及先贤墨迹图画。如愿径赴秘阁投献者，并许从本所保明，依故事推赏。不愿投献者，令所在州军借本，专委见任官一员，依本下所定下册样字体传写，候岁终，据已传录申发到，取卷秩最多，缮写如法及最灭裂处取旨赏罚。及臣僚藏书之家，仍乞从本所说谕置历，逐旋关借，令所在州军差人如法送秘书省，候抄录毕给还。如遇投献到书籍，先下秘书省看详，如实系阙书并卷秩全备者，方许计数推赏。今错置欲行

---

① 《全宋文》第133册，卷2879，第293页。

下逐路专委转运司，逐州军专委知通，广行搜访，仍每季具见行抄录名件申所。①

有些官员私人藏有特定书籍或者书籍善本，被臣僚知晓，他们往往也会上奏朝廷，通过官方的力量收缴、保存，让图书更好地传播下去。比如：

> 福州故相余深，泉州故辅赵挺之，家藏《国史》《实录》善本，严州前执政薛昂收书亦广，太平州芜湖，具僧寺寄收蔡京书籍。望下逐州，谕令来上，优加恩赉。内有蔡京寄书，乞令本路转运司差官前去根取。②

> 眉州进士苏藻，献《苏元老文集》二十五册、柳公权等书画三轴。又彭州进士王偃献蔡襄、米芾书，黄筌、孙知微等画共一十五轴，望赐推恩。③

> 右迪功郎、前严州建德县主簿钱云骥家，首必关借到阙书二千九百九十余卷，望量与推恩，以劝来者。④

当然，访求书籍也不是来者不拒，照单全收，而是有所取舍，有所选择。王钦若就曾此事上过奏章：

> 进纳书籍，元敕以五百卷为数，许与安排。后来进纳并多，书籍繁杂，续更以太清楼所少者五百卷为数。往往伪立名目，妄分卷帙，多是近代人文字，难以分别。今欲别具条贯，精访书籍。⑤

---

① （宋）秦熺：《搜访遗书事奏·绍兴十五年闰十一月》，《全宋文》第195册，卷4298，第18～19页。

② （宋）洪炎：《乞令逐州献纳藏书奏·绍兴二年十一月》，《全宋文》第133册，卷2879，第288页。

③ （宋）秦熺：《苏藻王偃献书画乞推恩奏·绍兴二十五年十一月》，《全宋文》第195册，卷4298，第22页。

④ （宋）秦熺：《钱云骥家借到阙书乞推恩奏·绍兴十七年十一月》，《全宋文》第195册，卷4298，第19页。

⑤ （宋）王钦若：《请具条贯精访书籍奏·天禧元年十二月》，《全宋文》第9册，卷192，第328～329页。

朝廷发布政策，在全国范围内搜寻、征集图书，告知民众进献图书还可以获得奖赏。这样，图书收藏者就会主动把自家书籍捐献出来。为了获得奖赏，收藏者对书籍往往不加选择，出现所捐图书繁杂的状况。王钦若意识到了这个问题，于是上奏，请求"精访书籍"。

> 熙宁五年，奉诏定秦楚蜀三家所献书可入馆者，令令史李希颜料理之。中有蜀花蕊夫人《宫词》，独斥去不取。予观其词甚奇，与王建无异。嗟乎，夫人当去古之时而能振大雅之余韵，没其传不可也。因录其尤者刻诸□，识者览之。东坡居士识。①

李希颜负责筛选进献的图书，其中花蕊夫人的《宫词》，不符合李希颜的审美标准，没选上。苏轼读了此书，发现"其词甚奇"，觉得"没其传不可也"，因此，"因录其尤者刻诸□"。可见，苏轼对花蕊夫人的作品很看重，由于他的传录，该作品得以传播。个人经历、趣味、标准不同，对书籍的选择结果也不一样。

国家通过行政手段以及丰厚的奖励措施来寻访书籍，当书籍收集到一定程度时，必然需要整理、编辑图书的人才。臣僚也看到此种问题，上奏要求选拔编书人才，以备不时之需：

> 古人有言，士不素养，无以重国，临事仓卒乃求，非所以尊朝廷也。臣窃以谓天下未尝乏才也，求之而后至，用之而后知耳。臣愚愿陛下考合庶言，断自圣见，更得隽伟之士，疏通之才，稍增馆阁之选。平日足以优游饬厉，缓急惟所用之，以重朝廷，不胜幸甚。②

> 又择明博通辨文章之士，以群居讲解，刊正其缪戾，朕甚慕焉。日者尝饬有司，增葺儒林之舍，置校文之官，更为善本，以充四部。③

祖宗更五代之弊，设文馆以待四方之士，而卿相率由此进，故号令风

---

① （宋）苏轼：《花蕊夫人宫词跋》，《全宋文》第89册，卷1942，第435页。案："□"字，《苏轼全集校注·苏轼佚文汇编》卷五，校注者推测"似为'石'字"，见张志烈等主编：《苏轼全集校注》，河北人民出版社2010年版，第20册，第8713页。

② （宋）吕公著：《乞增馆阁之选奏·元丰元年七月》，《全宋文》第50册，卷1094，第300页。

③ （宋）郑獬：《访逸书诏》，《全宋文》第67册，卷1466，第344～345页。

采，不减汉、唐。近年用内臣监馆阁书库，借出书籍，亡失已多。又简编脱略，书吏补写不精，非国家崇尚儒学之意。请选馆职三两人，分馆阁人吏编写书籍。其私借出与借之者，并以法坐之。仍请求访所遗之书。①

访求书籍目录，一般是抄写后，"榜之检鼓院"，通过"榜"的方式发布：

> 臣以职事幸预校雠，视今所藏，殊未及承平时十之一二……仰惟陛下天纵将圣，万机余暇，留神简册……伏望睿慈举行兴国之制，以《唐艺文志》及《崇文总目》参校，凡馆中所阙者，榜之检鼓院。仍照监司守令精意括访，凡臣庶所藏之书，列其目以闻。然后具秘阁所阙，委所在州县给纸札抄录。其有愿进者，卷给钱帛，而卷帙之富，则别议褒赏。臣将见秘册奥书，丛然集于阙下，诚有以副陛下右文之意。②

> 比降旨令秘书省以《唐艺文志》及《崇文总目》据所阙者，榜之检鼓院，许外路臣庶以所藏上项之书投献。尚恐远方不知所阙名籍，难于搜访抄录，望下本省以《唐艺文志》及《崇文总目》，应所阙之书，注"阙"字于其下，镂板降付诸州军，照应搜访。③

通过"榜"的形式发布书目信息，供各路、州、县官员、百姓传抄，但传播范围毕竟有限。于是有人担心"远方不知所阙名籍，难于搜访抄录"，提议通过印刷传播来扩大信息传播区域。可见时人已经看到印刷传播的优势。

---

① （宋）吴及：《乞选官编访书籍奏·嘉祐四年二月》，《全宋文》第48册，卷1041，第173页。
② （宋）洪遵：《乞访遗书劄子》，《全宋文》第219册，卷4858，第141～142页。
③ （宋）向子固：《乞将所阙书名镂板降付诸州以便搜访奏·绍兴十三年十二月》，《全宋文》第193册，卷4252，第69页。

第二章 宋代闽本图书传播主体

传播主体，就是谁在从事图书传播活动。传播中的图书既包括经书、史书等主流图书，还包括宗教类书籍、文学类、科技类（农书、医书）等书籍。追问谁在从事传播图书活动，也就是考察哪些人或哪些机构在传播图书。

中国历史上的各个时期，图书传播的主体不尽相同。就宋代闽本图书传播的主体而言，既有个人，也有群体。既有官方机构，如公使库，转运司，府、州、县学等，也有民间机构，如书坊、家族、佛寺、书院等。

不同传播主体，传播动机、目的也不一样。有的传播主体，其目标非常明确，或盈利，如建阳书坊刻书；或光宗耀祖，如家族刻书。有的传播主体，目标不明确，其传播活动具有随机自发性。

不同的传播机构，性质不同，导致图书传播效果迥异。官方图书传播机构刊刻的图书，在影响力和公信力方面，胜过民间机构。营利性的图书传播机构，具有专门运营经验，在图书传播的速度和广度上超过非营利性机构。

第一节 福建人或寓居福建的官员

闽本图书的传播者，具体来说，包括作者、子孙、门人和官员四类。其中，作者传播主要是自己编纂、刊刻与传播。子孙、门人与官员传播，主要是他人帮助编纂、刊刻与传播。自己传播是在生前进行；他人传播是在死后开展。无论是自己传播还是他人帮助传播，最终都是为了图书更好流通，收获更多读者。

一、作 者

随着作者传播意识的增强，其本人往往希望自己的著述"传布四方"。宋人生前都很重视著作稿本的保存、编订，许多作者生前就编好作品，有的生前就已刊行。

黄裳，字冕仲，号演山，又号紫玄翁，政和三年（1113）以龙图阁学士知福州。黄裳生前许多集子都是自编、自序：

> 演峰，延平之北山，晋人演客寓焉。传者以为演客避晋，炼丹于其上，丹成飞举而去，莫知其所自。其峰之势，下为三支，中一支州宅之所据，奔骤而南向，至乎剑潭之滨而后已，予宅在焉。朝云既断，万仞横空，夕照方收，千岩凝碧。神深气爽，果致高真发育，谁知遗丹常在？鸾鹤之踪，烟霞之景、牛斗之光、风雷之信，有时变现，南北相照。而予常以自适独游乎其间，或曳杖以穿云，或挐舟而泛月，对景无系，触类有感。道德之乡，义理之境，乘兴而言，惟意所在。为布衣时寔乡士之列，所为文收拾遗稿得四十卷。自古善言阴阳者，及今日事皆如其说，故以"演山"名其集。山之下，予之长养成就，不忘其所自焉，因叙其事以见于世云。①

《演山集》（四十卷）所收作品，是黄裳在延平时所写，当时黄裳尚为布衣。他在自序中描述家乡延平的历史文化及美丽景色。生长在山川秀丽的自然环境之中，优美的自然环境触发其创作灵感。作者往往兴之所至，心也所至，意也所至，故而成文。

> 一日搜予残稿，得元丰己未所为序、记、启、古律诗若干篇，序而集之，号曰"书意"。常回顾性分中，求其所谓养心治气之道，立之以志，作之以情，有感而后动，合养而为意，思一寓之翰墨，则其所书者意耳，不主乎言。孟子曰："不得于心，勿求其气之无趋，勿求其言之无害。"故其七篇之书，发于心气之所养。虽其立言，亦如与人答问之时，近而远，约而详，不为艰苦轻扬之辞。仆虽不敏，辄慕其为言，未之至也。若夫采摭历代之史，百家之集，巧语奇字，隐奥难见之事迹，连缀为文，出人不意，然后以为工，岂其志哉！虽然，仆之意岂敢便以为不可易者？尤有修焉，故其言之是非工拙，醇疵详约，期于绝笔而后定。然仆之集，虽累百卷，谓之"书意"，不可易也，第以年号甲子辨集之先后云。②

---

① （宋）黄裳：《演山集自序》，《全宋文》第103册，卷2248，第72页。
② （宋）黄裳：《书意集序》，《全宋文》第103册，卷2249，第84页。

黄裳按照一定顺序，将其残篇文稿归类整理，编定成集，取名为"书意"，他说明：这些文章并不是空言性理，而是有感而发；不在于追求"言"的深奥晦涩，隐微难见，而在于追求"言"背后之"意"。为了追求"言"和"意"，作者精心打磨，做到"不为艰苦轻扬之辞"，通过编集，追求一种"言"与"意"的契合。可见，作者编辑自己文集，全力以赴、呕心沥血。通过这种努力，希望集子永久流传。通过书籍媒介传播的思想、意义能够传之永久，永不磨灭。

黄裳文集还有《延平编》，刘弇《上黄冕仲博士书》提道："至于长哦短什，尺简寸札，音期洒落，径自不凡，则某尝得之所谓《延平编》者也。"[①]刘弇看到过这个版本。

《长乐诗集》为黄裳诗集，其《长乐诗集序》道："长乐山水，其体方正，其势环合，又其秀者，其为人间洞府之嘉者乎……予尝公外登览，山川气象，风物意态，与吾才思邂逅相得，发于歌诗，日且盈轴。故序其经从游览，所以动予情者为诗之序云。裳之性喜自在，不能服膺于书，伸纸挥毫，形见意间，所欲运耳。然而自许其不俗，故以长乐所为词章，书刻于石。"[②]长乐风景怡人，秀色可餐。黄裳在公务之余，不忘记游山玩水，寻幽探胜。这些美景，与黄裳才思邂逅，激发创作激情。灵感源源不断地产生，诗歌创作不断。于是，就有了《长乐诗集》。

《演山居士新词》为黄裳词集。该词集黄裳在世时已编定成集，成书于北宋末。他在自序中道：

> 演山居士闲居无事，多逸思，自适于诗酒间，或为长短篇及五七言，或协以声而歌之，吟诗以舒其情，舞蹈以致其乐。因言风雅颂，诗之体；赋比兴，诗之用。古之诗人志趣之所向，情理之所感，含思则有赋，触类则有比，对景则有兴，以言乎德则有风，以言乎政则有雅，以言乎功则有颂。采诗之官收之于乐府，荐之于郊庙，其诚可以动天地，感鬼神，其理可以经夫妇，移风俗。有天下者得之以正乎下，而下或以为嘉；有一国者得之以化乎下，而下或以为美。以其主文而谲谏，故言之者无罪，闻之者足以诫。然则古之歌词固有本哉！六序以风为首，终于雅颂，而赋比兴存乎其中，亦有义乎！以其志趣之所向，情理之所感，有诸中以为德，见于

[①]《全宋文》第118册，卷2552，第290页。
[②]《全宋文》第103册，卷2249，第81页。

外以为风。然后赋比兴本乎此，以成其体，以给其用。六者，圣人特统以义而为之名，苟非义之所在，圣人之所删焉。故予之词，清淡而正，悦人之听者鲜，乃序以为说。①

《演山居士新词》南宋时期未见单行本，附于《演山先生文集》。《演山先生文集》（六十卷）为其子黄玠重辑，于乾道二年（1166）刻于建昌军学。②

杨亿，建州浦城（今福建浦城）人，从小聪慧，十一岁诏试阙下，授秘书省正字。三十四岁时，自己编定《武夷新集》，自己作序。"会庚戌诏书，许百执事以旬休出沐，颇燕居多暇，因取十年来诗笔，条次为二十编，目之曰《武夷新集》……辄将假词大手，序以冠篇，又虑其相先与进，掩瑕溢美"③。

陈必复，字无咎，号药房，长乐（今福建长乐）人，理宗淳祐间进士，江湖诗派诗人之一。其《山居存稿》也是自编、自序：

余爱晚唐诸子，其诗清深闲雅，如幽人野士，冲澹自赏要皆自成一家。及读少陵先生集，然后知晚唐诸子之诗在是矣，所谓诗之集大成者也。不佞三熏三沐，敬以先生为法。虽夫子之道不可阶而升，然钻坚仰高，不敢不由是乎勉。姑裒存作，笔之是编，将以求印于连词林之斤者，非曰自眩云尔。是为《山居存稿》。④

有些文集为作者晚年编纂。作者到了晚年，觉得所剩时间不多，为让著作传之后世，十分重视著作的编纂与传播。《小畜集》就是王禹偁晚年所编，"公之稿，晚年手自编缀，集为三十卷，命名《小畜》，盖取《易》之懿文德而欲己之集大成也"⑤。他作序文道：

淳化二年，岁在辛卯，禹偁自知制诰、舍人贬商州团练副使。至道元年乙未岁，又自翰林学士黜守滁上，得尚书工部郎中。明年十二月，移知广陵。又明年三月，今上嗣位，复以刑部郎中入西掖。咸平二年，守本官

---

① （宋）黄裳：《演山居士新词序》，《全宋文》第103册，卷2249，第82页。
② 王兆鹏：《宋代文学传播探原》，武汉大学出版社2013年版，第222页。
③ （宋）杨亿：《武夷新集自序》，《全宋文》第14册，卷294，第375页。
④ （宋）陈必复：《山居存稿序》，《全宋文》第341册，卷7878，第300页。
⑤ （宋）苏颂：《小畜外集序》，《全宋文》第61册，卷1337，第348页。

知齐安郡，年四十有六，发白目昏，居常多病，大惧没世而名不称矣，因阅平生所为文，散失废弃之外，类而第之，得三十卷。将名其集，以《周易》筮之，遇《乾》之《小畜》。《乾》之《象》曰"君子以自强不息"，是禹偁修辞立诚、守道行己之义也。《小畜》之《象》曰："风行天上，小畜，君子以懿文德。"说者曰："未能行其施，故可懿文而已。"是禹偁位不能行道，文可以饰身也，集曰"小畜"，不亦然乎？①

王禹偁晚年多病，担心一旦去世，没有什么可以留下的东西。于是，自己编集，自己取名、作序。想通过文章和著述传播来"饰身也"。在这篇序中，他还说明命名为"小畜"的原因，即"将名其集，以《周易》筮之，遇《乾》之《小畜》"。从王禹偁为文集命名之考究可以看出，王禹偁对该集的编纂以及其在未来的传播非常重视，文集编纂和刊行的主体意识进一步增强。据考证，王禹偁《小畜集》成书于去世的前一年，即咸平三年（1000）。该集最早的刊本为黄州郡斋本，刊于南宋绍兴十七年（1147）。此外，王禹偁还有，"《后集》诗三卷，《奏议集》三卷，《承明集》十卷，《五代史阙文》一卷，并行于世"②。

黄庶《伐檀集》于去世前五年（1053）编好，苏辙《栾城前集》《栾城后集》和《栾城三集》，去世前一年（1111）编好。这些集子都是作者晚年所编，目的是让集子得以流传。

作者自己编集，往往校勘仔细、内容准确。因此，对其集子所收诗文真伪几乎不用怀疑，也更有助于文集传播。一般来说，文集作品经过精心选择、删定与确认，是个人比较满意、代表本人最高水平的作品。对于强烈意识到自己作为文人身份的人来说，他们对于编纂和整理自己的作品不可能漠不关心。编纂和整理自己的作品，无疑是一种不可取代的自我表现的重要手段。他们往往会将作品视为自己的化身，出版这些作品时，会考虑如何更好地呈现在当世读者面前，如何传递给后世读者。

二、子孙

在宋人眼里，人死后，文集如果能够整理出版，并且能有名儒巨公能为其文集作序，这是一件非常荣耀的事情。这与名人为其作行状、墓志同等重要。

---

① （宋）王禹偁：《小畜集序》，《全宋文》第8册，卷154，第34页。
② （宋）苏颂：《小畜外集序》，《全宋文》第61册，卷1337，第348页。

欧阳修《仲氏文集序》道:"君之既殁,富春孙莘老状其行以告于史,临川王介甫铭之石以藏诸幽,而余又序其集以行于世。"① "君子"指仲讷,字朴翁。欧阳修评价此人:"其气刚,其学古,其材敏。其为文抑扬感激,劲正豪迈,似其为人。"② 《宋史·艺文志》著录《仲讷集》十二卷,今已佚。《全宋诗》录其诗二首。《全宋文》收其文一篇。《文献通考》著录《仲朴翁文集》十二卷。仲讷去世后,孙莘老写行状,王介甫写墓志铭,欧阳修为文集作序。这三件事情,对仲讷文集的传播起推波助澜作用。宋人重视名人写序,作行状和墓志铭。

为了让先辈作品传播后世,宋人的儿子、孙子都会刊刻父辈、祖辈的作品。刊刻虽然需要经费,但这些后人几乎都在京城或者地方做官,具备一定的经济实力,都热衷于传播家族成员的著述。魏野的儿子魏闲为其父编纂《钜鹿东观集》,范仲淹的儿子范纯仁编《范文正公集》,邵雍的儿子邵伯温编《伊川击壤集》,强至的儿子强浚明编《祠部集》,李纲的儿子李秀之编《梁溪先生文集》,这些都是子编父集。黄沃"于家为贤子,于时为才士夫。有志扬其先而不惮锓之木"③,为其父亲黄公度刊刻词集《知稼翁词》。晁说之的孙子晁子健于绍兴二年(1132)编成《景迂生文集》,乾道三年(1167)则锓木于临汀郡庠,以广其传。

> 闽人黄子思,庆历、皇祐间号能文者。予尝闻前辈诵其诗,每得佳句妙语,反复数四,乃识其所谓。信乎表圣之言,美在咸酸之外,可以一唱而三叹也。予既与其子几道、其孙师是游,得窥其家集。而子思笃行高志,为吏有异才,见于墓志详矣,予不复论,独评其诗如此。④

从苏轼给黄子思所写跋文看,苏轼对黄子思的诗歌评价很高,特别说到自己品读诗歌的独特感受:"信乎表圣之言,美在咸酸之外,可以一唱而三叹也。"这种感受既是一种客观的评价,也是苏轼对黄子思诗歌的阅读、理解和接受。"予既与其子几道、其孙师是游,得窥其家集",说明黄子思诗集是由子孙编刻的。李纲文集也是由其儿子编订,由孙子刊刻的:

> 余里中有岩曰瑞光,去县十许里。予七八岁时,尝侍先大父游焉。岩

---

① ② (宋)欧阳修:《仲氏文集序·治平四年》,《全宋文》第34册,卷717,第63页。
③ (宋)曾丰:《知稼翁词序》,《全宋文》第277册,卷6282,第315页。
④ (宋)苏轼:《书黄子思诗集后》,《全宋文》第89册,卷1936,第286页。

中有丞相读书堂，大父指示诸孙曰："乡人李丞相尝读书于此。"因言丞相未违时，岩主僧号丹霞，能前知，一日忽书四句云："青著立，米去皮。邪时节，尽先辉。"初莫晓其意。后丞相贵显登政府，方悟前一句，盖谓靖康年号也。大父又举似丞相诗文十数篇，乃留题厓壁间者，往往成诵。应龙从旁习其辞，间记一二，至于今不忘。其后稍长，慨慕丞相之英风仪槩，欲遍求遗文而读之，苦不多见，盖乡人无能收之者，每每为恨。逮守温陵，公之孙提干大有出示所刊丞相三朝表劄奏议，凡八十卷，又《总录》一卷，及《陈少阳尽忠录》《如是居士靖康感事诗》。于是得尽读公之文，及见公之行事，望洋而叹，大喜过望。若夫人以立言为不朽，以有后为不死。公之文既得其子哀而集之，又得其孙镂而传之，将使天下之人家有其书，真足以不死且不朽矣。①

刘子翚，崇安（今福建武夷山）人，字彦冲，学者称屏山先生。朱熹之师，和朱熹父亲朱松关系甚好。做过兴化军通判，绍兴十七年（1147）卒，年四十七。深通《易》学。有《屏山集》（二十卷）传世，约15万字，包括诗715首、启22篇、论15篇、杂说13篇、表7篇、词4篇、赋3篇、墓表3篇、祭文2篇、序2篇、记2篇、跋1篇、墓铭1篇。《屏山集》由其儿子刘玶编辑整理。胡宪序云："越十有三年，其嗣子玶始编次其遗文，得古赋、古律诗、记铭、章奏、议论二十卷，目曰《屏山集》，属予为序。"② 门人朱熹跋云："《屏山先生文集》二十卷，先生嗣子玶所编次，已定，可缮写。"③ 刘子翚还有词作，宋代没有单行本，其词附于《屏山集》。"刘彦冲，名子翚，号屏山先生，刘忠显公之子，朱文公之师。有《屏山文集》行于世，小词附其后"④。

张元幹的词集由其子张靖编定，"公之子靖哀公长短句篇"⑤。后来，根据词集内容、性质，删去其中讽刺投降派的作品。他的侄孙张广中在《芦川归来集序》中有明确记载："逮绍兴末，忤时相意，语及讥刺者悉搜去。掇拾其余得

---

① （宋）邹应龙：《梁溪先生文集跋·嘉定三年九月》，《全宋文》第306册，卷6976，第12页。
②③ 祝尚书：《宋集序跋汇编》，中华书局2010年版，第1306页。
④ （宋）黄昇：《花庵词选·中兴以来绝妙词选》，辽宁教育出版社1997年版，第178页。
⑤ （宋）蔡戡：《芦川居士词序》，《全宋文》第276册，卷6255，第275页。

二百余首。"⑥之所以删去这些作品，是因为张元幹曾因词获罪。

绍兴八年（1238），宋高宗和秦桧向金求和，消息传出，朝廷内外，群臣激愤。李纲上疏坚决反对求和，主张抗金。此时张元幹在福州作词附和，表示同意李纲的主张。与李纲一样，上书反对议和的，还有枢密院编修官胡铨。胡铨更为激烈，上书请求斩杀秦桧。张元幹同样作词赠送，表示赞同。"其忧国爱君之心，愤世嫉邪之气，间寓于歌诗。绍兴议和，今端明胡公铨志在复仇，上书请剑，欲斩议者。得罪权臣，窜谪岭海，平生亲党避嫌畏祸，惟恐去之不速，公作长短句送之，微而显，哀而不伤，深得三百篇讽刺之义，非若后世靡丽之词、狎邪之语，适足劝淫，不可以训"②。当时秦桧执掌朝政大权，张元幹作词附和胡铨显然非常危险，但他并不顾忌这么许多。果然，胡铨遭到贬斥，先是贬到广州，次年改签书威武军判官，绍兴十二年（1142）重贬新州（今广东新兴）。张元幹终没能逃过其祸，因词作获罪除名。

张元幹敢冒天下之大不韪，通过作诗词的方式，直接责问最高统治者和当权者，振聋发聩。张元幹的作品以主张抗金、反对议和为主调，对统治者搜刮民脂民膏的行为和奸臣小人的罪行无情地揭露和嘲讽，抒发壮志难酬的郁闷之情。

张元幹，字仲宗，号真隐山人、芦川居士。靖康元年（1126），为李纲僚属，后李纲被免职，张元幹因此获罪。张元幹极其推崇陈瓘文章。关于张元幹的籍贯，众说纷纭。陈振孙《直斋书录解题》、黄昇《花庵词选》记载其籍贯为长乐（今福建长乐），周必大《跋张仲宗送胡邦衡词》记载其籍贯为三山（今福建福州）。曹济平考证其籍贯为永福（今福建永泰）。

张元幹，词集在宋代有四种版本：第一种是家刻二卷本。第二种是庆元二年（1196）周必大在《跋张仲宗送胡邦衡词》中所说的《芦川集》。第三种是嘉定间长沙坊刻一卷本《芦川词》，《直斋书录解题》《文献通·考经籍考》《也是园书目》《艺芸书舍宋元本书目》都有著录。第四种是今传宋刻二卷本，此本收录词作一百八十五首。③

夏竦《文庄集》，由其长孙夏伯孙托故人张宗益、裴煜编次校定，宋敏求《文庄集序》一文有证：

---

⑥ 《全宋文》第290册，卷6595，第166页。
② （宋）蔡戡：《芦川居士词序》，《全宋文》第276册，卷6255，第275页。
③ 王兆鹏：《文学传播探原》，武汉大学出版社2013年版，第296页。

公既薨，而嗣子亦谢世，元孙尚书比部郎中伯孙，委故吏工部郎中张君宗益、秘阁校理裴君煜，汇次遗集，成百通，后数载见俾序之。①

江逖《文庄集序》谈到夏竦孙子为其编集之事：

逖游学时，得公笺表一通于都市，固已玩之有日，常恨未睹其全。比倅江夏，遇湖北漕使，直阁公之宗支也，适兼郡印，盖尝从容语及，遂蒙出其家藏凡百卷以示。因付锓工，以广其传。工既告毕，于是属逖序之。逖常窃笑文人之裔，秘其家集为私淑之计，一遭变故，己亦不能有之，或覆见有于人，甚者灰于劫火，靡有孑遗，卒之其先无传焉。使闻兹举，颜其厚矣。乃不辞而僭书之。②

材料后面部分，江逖认为家族成员往往不喜欢刊刻、传播先人家集，文集仅仅在家族子孙内部流传，这种做法其实并不恰当。假如家族发生变故，不仅自己不能保有文集，更不要说传诸后世，嘉惠后学。虽然只是感叹，但这感叹可看出江逖的文集传播思想。显然，江逖赞同书籍刻印传播，使知识为大众所分享和共有，让更多人读到更好的书。为夏竦著述作序，看到《文庄集》的雕印、复制，夏竦子孙有此开明的传播思想，江逖感到欣慰，这种欣慰可从江逖所作序文之语气感受出来。

朱鉴刊刻朱熹作品，也是孙子为爷爷刻书：

先公著述经传悉加音训，而于《易》独否者，以有东莱先生此书也。鉴既刊《启蒙》《本义》，念音训不可阙，因取宝婺、临漳、鄂渚本，亲正讹误六十余字而并刊之。如《豫》爻之"簪"（晁作"戠"，婺、漳、鄂本作"戬"），《损》象之"窒"（晁作"嵴"，婺本作"嵴"，漳作"嵴"，鄂作"嵴"），则有未详者。然非有害于文义，已足为善本矣。至于嵩山《古易》跋语，先公尝折衷晁、吕之说于其后。今三本所载不同，而文集中乃有晚岁书，委鄂教滕珙以改换最后两版者，其为后出无疑云。鉴谨志。③

---
① 《全宋文》第 51 册，卷 1114，第 287 页。
② 《全宋文》第 177 册，卷 3879，第 231 页。
③ （宋）朱鉴：《易吕氏音训跋》，《全宋文》第 317 册，卷 7264，第 68 页。

从这则材料可以看出，朱鉴已经刊刻朱熹《易启蒙》和《易本义》，唯独未刊《易音训》，于是，参照宝婺本、临漳本、鄂渚本诸本，校正错误六十余处，刊印此书。

黄裳《演山先生文集》由自己编集，儿子黄玠和孙子也编过此集。此集最终由黄玠刻于建昌军学。今本以四库全书本为底本，辅之以国家图书馆藏清抄本和藏园傅氏抄本校定而成。另还辑得佚文十九篇，统编为二十三卷。

> 居官之暇日，必以文墨自娱。每有著述，必高卧腹稿，既而走笔成章。其流传于世者，人竞以抄录。自后子孙以先君布衣时所为文章，相继编次为家集，几三十万言。建炎丁未，寓居钱塘，会兵乱，陷围城中，悉皆散亡。比寇平，凡历年求访，仅得二十余万言。其不存者，奏议表章居其半，竟不能成全集。然玠窃观古经书及后世名人所为文，必待圣贤删削订正，以取重当世。如先君之人，虽未经先哲去取，然皆自得于胸襟，故尽以其所求访之文厘为六十卷。迄乾道改元初夏，玠被命来守是邦，会乡人廖挺为军学教授，惜其文之不传，请校勘舛讹，镂板于军学，庶传之永久，为学者矜式。①

从跋文看，子孙收集、整理黄裳布衣时所写文章，并"相继编次为家集"，约30万字。建炎丁未（1127），遇到战争，文章几近散亡。后经搜集和求访，最终获得文字约20万，整理成集，共六十卷，请乡人廖挺帮助校勘订正，在军学刊刻、传播。"仅得二十余万言"表明，其作品搜集并不完整，有的作品已经亡佚。一般而言，家集相对其他版本而言，所记之事更符合实际情况，如果连家集都不能收集全备，可以想见，市面上流传的其他版本也不会比家集更符合原本情况。

> 由是名喧宇宙，学者仰之如泰山北斗，得其片言只字，竞传录以为楷式，残膏剩馥，沾丐后人多矣……先生之子孙毫联缕缉，次为家集，而他人或未之见也。岁在乙酉，先生季子出守盱江，诸生闻五马将入境，举欣欣然有喜色而相告曰："吾郡得贤太守，乃端明黄公之裔，端明之文吾侪平

---

① （宋）黄玠：《演山先生文集跋·乾道二年四月》，《全宋文》第206册，卷4580，第353页。

日恨不得其全而观之,自今可觇矣。"公下车累月,挺因以诸生之语白之,请以先生之文刊之学,以广其传。公曰:"唯。"乃治其稿为六十卷,属挺是正舛讹。①

黄裳进士出身,通过科举考试名闻天下,其作品不胫而走,传之四方。廖挺记载,黄裳的文字,当时很多人争相传抄,即使是"残膏剩馥",对后人的帮助也很大。其只言片语,也会被举子们当作"楷式",成为举子们效仿的对象。可见,科举能成就人及作品。通过科举考试,既可以改善个人形象,也可以传播个人作品。"学者仰之如泰山北斗",传达崇敬与仰慕之情,说的就是这个道理。显然,对急于提高时文写作质量的举子们来说,黄裳这些时文的刊刻显得非常急需和必要。廖挺所写序文和黄玠所写跋文可相互印证:文集由子孙共同编定完成,同乡好友廖挺校正,儿子黄玠刊板于建昌军军学。

除廖挺所作序文之外,莆田王悦也为《演山先生文集》作过序。序文中,黄裳为人、为文及作品传播的情况可见一斑:

延平有钓潭焉,绵亘数百里,有蛟龙盘礴其下。州之北有山焉,曰演峰,气状清爽怪丽,有神人栖息其间。尚书端明黄公冕仲于兹宅焉,煦清冷以为资,蘩鲜荣以为体,铿鍧乎事业,而奋发乎文章,旁绍曲摭,横贯劲出。窃谓演峰英伟之气钟乎公之身,著为公之文,若不发不休者。公所为文集命曰《演山》,盖有取焉尔。公以文章鸣于世,在元丰间策试于庭,实魁多士。士之学为文者,由是始知有公之名,然所知者止此耳。公之高文大册,汪洋瀚漫,不知纪极。在韦布初,收拾遗稿已四十卷,尝自为之序,道其梗概。既而历华要,阶常伯,不倦著述,所积愈多,类而析之,为卷凡六十焉。其渊源六经,栽培教化,要之议论一出于正而后已。其他所作,时得方外之致,飘飘然出尘物表。逸歌长句,骏发踔厉,兼众体而有之,若未易名状。悦自丱角,窃窥其一二于竿牍中,尝肉一脔,大嚼乎五鼎之味。绍兴庚辰,与公季子同僚宗邸,遂与闻公之为人。比复遗公所为全集,再拜敬读,日不足,继之以夜,且以自释曰:读其书,见其人,而师事之,幸之大也。其书虽存,其人已古,若可恨也,亦可庆也。东坡

---

① (宋)廖挺:《演山先生文集序》,《全宋文》第220册,卷4873,第45~46页。

先生方童稚游乡校，睹祖徕所为《庆历圣德诗》，则知敬爱范文正公，及来京师，竟以不及见为恨。既而得公之文而为之序，且自喜获挂名文字间，以自托于门下士之末。士之好古慕道者志意不衰如此。公生平行事当与文正相伯仲，而悦钦慕之诚窃自托于东坡。虽然，公之名固足以垂不朽，若无待文而后传，亦无待悦之序而后显。悦既诵公之文日久，复喜得其全于不睹之后，兹序之作，义不敢辞，故以云。①

李弥逊，连江（今福建连江）人，居江苏吴县。字似之，号筠溪，历知冀、筠、饶、吉州。绍兴七年（1137），召为左司员外郎，试中书舍人。当时秦桧主持国政，主张和金求和，李弥逊因坚决反对，被贬黜漳州，后又归隐连江西山十余年，有诗文集《筠溪集》行世。

夫先民之不朽者，有行、有言，行事苟不尽见于时，则斯文必亦有述于后。大父既抱忠尽，郁而不伸，至于遗稿，复湮没无传，实痛诸心。大父发藻儒林，即以文鸣……大父捐馆之日，先君尚幼，遗墨散失，旋传录于亲友家，所辑文稿仅有二十四卷，其间脱误居多。先君辛勤裒萃，粗成全书，将传于后，力所未逮。珏缪承坠绪，始克锓梓。②

李弥逊去世后，其作品传到亲朋好友那里。李弥逊的儿子从亲友家抄录，编辑、整理成书。该书"所辑文稿仅有二十四卷"，并不是李弥逊全部作品。其作品散佚，对后人来说，是遗憾。该二十四卷本文集，脱漏错误多，不是善本。该集后由其孙李珏"缪承坠绪"，在父亲编纂的基础上，再加补充、完善，然后刊行，才使得该书得以传播。楼钥为其作序，道：

隐福之连江西山凡十六年，不复有仕宦意。哦诗自娱，笔力愈伟。居闲忧世著《议古》数十篇，虽泛论古事，而皆关于当时利病，深切著明，有范太史《唐鉴》之遗风。乃心王室，惜乎用之之不尽也。迨今将一甲子，公之孙珏以郎曹典大藩，今居江西宪台，方迎奉老亲，而当寇攘惊危中，竭力不少顾避。琪以上舍魁决科，克继大门，为京口二车，皆有时名，有

---

① （宋）王悦：《演山先生文集序》，《全宋文》第200册，卷4429，第322～323页。
② （宋）李珏：《书先大父遗稿》，《全宋文》第294册，卷6705，第313页。

以知公之泽未艾也。二孙以钥游从之厚，出公遗文三十卷求序。钥晚进，何足以测识前辈所蕴？以平日慕用之诚，幸托名于不腐，敢谨书之。①

李弥逊的两个孙子——李珏、李琪，跟从楼钥游学，很出名。编纂先大父文集后，邀请楼钥作序。从序文看，李弥逊有《议古》数十篇。楼钥对这十几篇文章评价很高，认为与范祖禹《唐鉴》不相上下。楼钥序文所记《筠溪文集》为三十卷本，和前面李钰所编《书先大父遗稿》所记二十四卷本比，多出六卷。今存明、清抄本《竹溪先生文集》二十四卷，卷末附《乐府》一卷。文渊阁《四库全书》本收录《筠溪集》也是二十四卷，卷末附《乐府》一卷。

三、门人

宋代福建理学兴盛，以林光朝为代表的艾轩学派，是其中之一。林光朝门人众多，传承有序。"老艾一宗之学，固非止于为文，而艾轩之文，视乾、淳诸老为绝出。一再传之间，如大著正字二刘、季冶、黄怀安、网山、乐轩二先生、黄石、吴叔达，是皆笔斡造化者。"②"盖先生一传为网山林氏，名亦之，字学可；再传为乐轩陈氏，名藻，字元洁；三传为竹溪，诗比其师，槁干中含华滋，萧散中藏严密，窘狭中见纡余。"③门人为老师编纂文集并出版，普及理学观念，传播了艾轩学派的学术思想。

林亦之，字学可，号月渔，福清人。作品不多，仅数卷。很多人没读过林亦之的作品，读过的人评价也不高："至示之他人，莫不掩鼻吓去，是岂能必传者哉？"时人认为他的东西不会广泛传播。林亦之文集由学生帮助整理和刊刻，出版后，更多人得以知晓。"果传也，不应掷弃至是"④，文集得以传播，文学得以传承。

林亦之文集由门人林希逸、刘翼编纂：

希逸甲申客寿阳，尝集艾轩、月渔二先生之诗，序而名之曰"吾宗诗法"。今十有五年，躔甫以是集来求余文，俾书其首。故帙偶遗，追忆不

---

① （宋）楼钥：《筠溪文集序》，《全宋文》第264册，卷5949，第109～110页。
② （宋）林希逸：《丘退斋文集序》，《全宋文》第335册，卷7731，第326页。
③ （宋）刘克庄：《竹溪诗序》，《全宋文》第329册，卷7566，第92页。
④ （宋）林希逸：《网山集序·嘉熙二年》，《全宋文》第335册，卷7732，第335～336页。

复得手先生之文，重有所感，因更叙数语云尔。若其格制精严，趣味幽远，具吾宗正法眼者当自知之，不待予言也。既书，遂以归之横塘刘氏。①

林希逸和刘翼编辑和整理林亦之文集，一是为了表明门人对老师人品和学术的尊敬，二是为了让其作品得到广泛传播，使其思想得以流传，让更多人铭记在心。林希逸好友刘克庄也为《网山集》作序：

学必有师，师必有传人……隆、乾间，南方学者皆师艾轩先生，席下生常数百人，去而贵显者相望。然自先生在时，言高弟必曰网山。后先生卒六十载，学者论次先生嫡传，亦必曰网山……至于网山论著，句句字字足以明周公之志，得少林之髓矣。其诗律高妙者绝类唐人，疑老师当避其锋，它文称是。然甫五十死。子名简子，字绮伯，客死，其后遂绝。余童子时师事绮伯，又与网山之嫡孙竹溪林侯肃翁交友。肃翁既序其遗文矣，某复识其后。②

刘克庄在文中交代了他与林亦之及林亦之儿子林绮伯、孙子林希逸之间的关系，对林亦之及其文章给予极高评价，认为林亦之是林光朝众多弟子中最出色的一位，深谙其师治学之道，得到其师真传。

刘翼和林希逸曾是同学，同师陈藻，陈藻则师林亦之。林亦之"受道于艾轩，自号网山山人、月渔氏"，一生凄惨，"据槁梧，吟空山，生无一事如其意。年才五十死，死未五十年，而子孙瓶盎不守，松楸且几秃。身前后之穷，有不可道说者"③。另外，刘翼还编纂老师陈藻的《乐轩诗筌》：

乐轩虽得寿，后网山死四十年，衰白穷槁，人以为常人矣，且面背讥笑不小。其文既不适时，间出语又惊世骇俗，至于今讥笑未已也。乐轩卒十年，予请于宗伯而祠之，或詈或排，几不就役……予方追叹未已，躔甫适以《诗筌》来，览之泣下，遂志诸卷首，而系之曰：师学之传，岂直以诗。诗又不传，学则谁知。后千年无人，已而已而！后千年有人，留以竢

---

① （宋）林希逸：《网山集序·嘉熙二年》，《全宋文》第335册，卷7732，第336页。
② （宋）刘克庄：《网山集序》，《全宋文》第329册，卷7567，第105页。
③ （宋）林希逸：《网山集序·嘉熙二年》，《全宋文》第335册，卷7732，第335页。

之。奈何乎，噫！门人竹溪林希逸序。①

刘翼编纂诗集，林希逸撰写序文并建议建祠堂，这些活动表明，他们希望老师的诗文及著作能够传播下去，得到士大夫的公认和赞同。老师的光辉形象不应被忘记，应永远得到记忆。刘克庄高度赞扬艾轩学派的师生关系及其学生林希逸等人，"初，艾轩没，门人散，或更名它师，独网山、乐轩笃守旧闻，穷死不悔。竹溪方有盛名，而一饮啄不忘乐轩，庙祀之，墓祭之，其师友之际如此，诗直其土苴耳"②。林希逸在实事求是的基础上，对老师的诗文作出合理评价，极力为老师辩护，试图改变学子"讥笑"陈藻的惯例。

林希逸《鬳斋续集》由门人林式之所编。林式之，字子敬，福清（今福建福清）人，官潮州通判，曾在潮州重修开元寺和韩山书院，"咸淳己巳，通守林侯实来，适行郡事……于是求老缁之贤者曰惟靖，以开元致之，捐俸金百万，俾就此役"③，"于是捐俸金四十两，命堂长林震曾董其役。凡室之材，无分巨细，摧折者易之，腐缺者补之。增楹之礎高至数尺。去瓦之敝，重覆一新。自门堂斋庑以至庖湢，与外之九贤堂，皆完且固。仲春始事，首夏迄工"④。关于林式之编纂老师文集的信息，于福清人林同（字子真，号空斋）的《竹溪鬳斋十一稿续集原序》可见：

> 鬳斋林先生之自玉堂翠帷求奉太夫人出临莆郡也，实淳祐戊申。后村先师时方辞宗正少卿之召，先皇以魏国年高，就畀宪节，即家建台。一时麾节照映之盛，真有壶山之所未有……莆于七闽为军垒，子敬于郡幕为庶僚，一旦捷出腾上，受国士之知于二先生，是所谓空群于冀北、拔尤于河阳者，其荣且耀固万万。而始是臬台祢表已具，中以亲嫌为疑，虽重之魏国之命，有不能自决。惟一闻守侯合荐之说，乃定此造就之仁，终始之谊，子敬于鬳斋不无重惓惓焉。后村第一集六十卷之行也，亦子敬效程督其间。前五十卷则鬳斋在郡时，以却例卷资其费，及易镇延平，通守王公实绪成

---

① （宋）林希逸：《乐轩诗筌序》，《全宋文》第335册，卷7732，第347～348页。
② （宋）刘克庄：《竹溪诗序》，《全宋文》第329册，卷7566，第93页。
③ （宋）林希逸：《潮州开元寺法堂记·咸淳五年六月》，《全宋文》第336册，卷7738，第22页。
④ （宋）林希逸：《潮州重修韩山书院记·咸淳五年七月》，《全宋文》第336册，卷7738，第23页。

之。今后十卷卷末有子敬监雕名衔在焉,可考也。故子敬于欲以自表其惓惓焉者,则亦惟于鬳斋之若诗与文,思所以淑后学,诏来世,如鬳斋之于后村焉,且可与后村诸集相为不朽于穹壤之间,是固子敬之心也……至是而《续集》之入梓者为卷三十矣。昔人怀一饭之感,捐千金之报,以情不以物,以谊不为利也,况举之入云、嘘之上天乎!"寂寂谁从翟廷尉,滔滔去事霍将军",此后村所以为世道感也,此同为子敬别《鬳斋续集》三十卷为一集之意也。鬳斋《前集》亦六十卷,《续集》宜视前,继自今赓殿阁之吟,陪毡厦之咨,云雾裁剪,日日献纳,必且至于手抄而腕脱者,当揭为文续集,以遂子敬兄之志云。①

刘克庄"第一集前五十卷"本来由好友林希逸出资在莆田雕印,林希逸后改官南平,就由莆田通守王实绪完成。"后十卷"则由林子敬督促刊印。鬳斋《前集》(六十卷)也由林子敬编印。林同受好友林子敬的嘱托,编纂鬳斋《续集》(三十卷)为一集别行,并作序。林式之把林希逸和刘克庄都当作自己的老师,为了表达感激之情,编纂并刊刻二先生文集。当时二先生都已回到莆田,莆田有两位大儒的映照,顿时文风尤盛,蓬荜生辉。林同认为,"一时麾节照映之盛,真有壶山之所未有"。

林希逸,字肃翁,号竹溪、鬳斋,福清(今福建福清)人,端平二年(1235)进士,初为平海军节度推官,淳祐间迁秘书省正字、少监,知兴化军,饶州。景定中官司农少卿,咸淳中终中书舍人。为陈藻学生,刘克庄好友,以道学名,工诗、善书画。著有《易讲》《春秋传》《考工记解》《三子口义》,诗文集《鬳斋前集》(六十卷)散佚,今存有《鬳斋续集》(三十卷)。

真宗朝时,杨亿与人闲谈,有专门记载其言论的《杨公谈苑》(十二卷)。此集问世,就是由门生黄鉴笔录,后由宋庠删订整理而成:

> 故翰林杨文公大年,在真宗朝掌内外制,有重名,为天下学者所服。文辞之外,其博物弹见又绝人甚远。故常时与其游者,辄获异闻奇说。门生故人,往往削牍藏弆,以为谈助。江夏黄鉴唐卿者,文公之里人,有俊才,为公奖重,幼在外舍,逮于成立,故唐卿所纂,比诸公为多。余虽耳

---

① (宋)林同:《竹溪鬳斋十一稿续集原序·咸淳六年正月》,《全宋文》第353册,卷8176,第282~283页。

剽有年，而求本未获。前年春，始得其稿于宗人秘书郎敏求……然按本录，但杂抄旁记，交错无次序，好事者相与名曰《谈薮》。余因为掇去重复，分为二十目，勒成一十二卷。昔隋有杨松玠纪南北朝事，已著此号行于世，今袭之，将为后生所惑，辄改题曰《杨公谈苑》。①

《杨公谈苑》的人际传播，首先由门生黄鉴抄录，宋庠听说此书，一直留心注意，苦苦寻觅，最终从宋敏求那里获得。此书经历从黄鉴到宋敏求再到宋庠这样一个传播过程。材料还提到书籍改名原因，是因为隋朝已有"杨松玠纪南北朝事"之《谈薮》，再以此为书名，恐迷惑后人。于是，改名为"杨公谈苑"。

朱熹编辑其师刘子翚文集，是在刘子翚儿子刘玶所编家集基础上进行的。经查漏补缺，反复校定，最终成书。其《书屏山先生文集后》道：

> 《屏山先生文集》二十卷，先生嗣子玶所编次，已定，可缮写。先生启手足时，玶年甚幼，以故平生遗文多所散逸。后十余年，始复访求，以补家书之缺，则皆传写失真，同异参错而不可读矣。于是反复雠订，又十余年，然后此二十卷者始克成书，无大讹谬。熹以门墙洒扫之旧，幸获与讨论焉。窃以为先生文辞之伟固足以惊一世之耳目，然其精微之学，静退之风形于文墨，有足以发蒙蔽而销鄙吝之萌者，尤览者所宜尽心也。因书其后，以告后之君子云。②

黄铢，字子厚，瓯宁（今福建建瓯）人，后迁至浦城（今福建浦城），朱熹同学，同师刘子翚，两人经常一起切磋学问，彼此不相上下。"余（朱熹）年十五六时，与子厚相遇于屏山刘氏之斋馆，俱事病翁先生。子厚少余一岁，读书为文略相上下，犹或有时从余切磋，以进其所不及"③。黄铢中年科场失意，转而著述读书，不再留恋场屋。"中年不得志于场屋，遂发愤谢去，杜门读书，清坐竟日"④。黄铢诗集由学生许闳生编辑：

---

① （宋）宋庠：《谈苑序》，《全宋文》第20册，卷430，第420页。
② （宋）朱熹：《书屏山先生文集后》，《全宋文》第250册，卷5624，第377页。
③④ （宋）朱熹：《黄子厚诗序》，《全宋文》第250册，卷5623，第353页。

> 方将访其遗稿,椟而藏之,以为后世必有能好之者,而一日三山许闳生来访,袖出子厚手书所为诗若干篇,别抄又若干篇以示余。其间盖又有余所未见者,然后益知子厚晚岁之诗其变化开合、恍惚微妙,又不止余昔日之所知也。为之执卷流涕而识其后如此……许生尝学诗于子厚,得其户牖,收拾遗文,其多乃至于此,拳拳缀缉,师死而不忍倍之,是又可嘉也已。①

黄铢科举虽然不及第,但不能就此否定他在诗文方面的才华。"盖子厚之文学太史公,其诗学屈、宋、曹、刘而下及于韦应物,视柳子厚,犹以为难用今体不好也"②。学生收集其师很多诗歌,编订成集。黄铢作品,除许闳生收集和保存外,陈以庄也有功劳。陈以庄既是黄铢的学生,又是其外甥:

> 翁之甥陈君以庄字敬叟,少学于翁,为诗歌词皆酷似其舅,隶古行草,往往迫真。今年五十而家日贫,方卖文四方以活妻子,岂为翁之学者,其穷例当如是耶!然敬叟未尝以贫自沮,方收拾遗稿,出入必俱。昔晦庵先生以许生闳得翁诗文之多,喜而序之。敬叟所藏皆真迹,尤可宝,恨先生不及见而猥以示余。余岂能重翁之诗者,子之邑有贤大夫,方访求翁之作而未获,子其为大夫出之,必有以发挥震耀而久其传者,非独翁之遭为可贺,其亦足以少伸敬叟渭阳之思也夫?③

从真德秀的描述看,陈以庄整理的遗稿和朱熹看到的许闳生整理的遗稿是两个版本,他特别强调,"敬叟所藏皆真迹,尤可宝,恨先生不及见而猥以示余",真德秀所见,为黄铢真迹,在文章方面更真实和宝贵。关于黄铢诗歌,朱熹评价:"自楚汉诸作中来,绝不类世人语,而序篇之作,伤其陁穷不遇以死,辞尤悲焉。意翁之为诗,凄凉掩抑,必有甚于人之悲翁者。"④朱熹认为黄铢诗歌绝不与世人类同,完全抒发自己的思想,诗歌中透露出别人所没有的凄凉之情。真德秀认为,黄铢诗歌中流露出的悲,不是来自穷,而是道。其《黄子厚诗后

---

① (宋)朱熹:《黄子厚诗序》,《全宋文》第250册,卷5623,第354页。
② (宋)朱熹:《黄子厚诗序》,《全宋文》第250册,卷5623,第353页。
③ (宋)真德秀:《黄子厚诗后序》,《全宋文》第313册,卷7169,第154~155页。
④ (宋)真德秀:《黄子厚诗后序》,《全宋文》第313册,卷7169,第154页。

序》道：

> 则翁之所忧非贫也，道也。昔之诗人陀穷弗耦者，其能有是乎？夫士必知命然后能安乎贫贱，必知道然后能忘乎贫贱。知命者，不违乎天者也；知道者，乐乎天者也。读翁之诗而推其志，虽未能忘乎贫贱，然亦可谓安之矣。至其以颜、曾为可慕而叹克己之未能，是盖有志乎道者，非徒委之命而已也。然世之人知诵其诗者甚少，矧有能知其志者耶？昔之君子，生而穷、死而通者有矣，翁殁今三十余年，曾未有知之者，是犹其生之穷也。虽然，翁之生也不以穷自悼，而吾徒方相与追悼其穷，又岂翁之心耶？①

真德秀希望自己的序文能让黄铢诗集传播得更加广泛，让更多读者知道和了解黄铢诗歌，进而了解黄铢的志向，即黄铢对道的追求。就黄铢而言，他不希望通过诗歌和诗集传播，让读者产生误会：他在"忧穷"，而不是"忧道"。真德秀这篇后序中还透露出一个信息：黄铢诗集生前已经编集。

四、官员

官员传播图书，主要是在福建做官的官员（包括闽籍和非闽籍）编纂与刊刻书籍。通过书籍编纂，传播地方文化，突出地方特色，丰富地方文献，促进地方经济社会的发展。

黄壮猷，福州人。绍定六年，以朝奉大夫除浙东提举。尝知建宁府。端平二年（1235）八月，黄壮猷刊刻《诸儒鸣道集》：

> 越有《诸儒鸣道集》最佳，年久板腐字漫，摹观者病之，乃命工剜蠹填梓，随订旧本，锓足其文，令整楷焉。时端平二祀八月吉日，郡守闽川黄壮猷书。②

《诸儒鸣道集》七十二卷，编撰者无考。书中收录濂溪（周敦颐）《通书》，涑水（司马光）《迂书》，横渠（张载）《正蒙》八卷、《经学理窟》五卷、《语

---

① （宋）真德秀：《黄子厚诗后序》，《全宋文》第313册，卷7169，第154页。
② （宋）黄壮猷：《诸儒鸣道集跋·端平二年八月》，《全宋文》第322册，卷7410，第401页。

录》三卷，二程（程颢、程颐）《语录》二十七卷，上蔡先生（谢良佐）《语录》三卷，元城先生（刘安世）《语录》三卷、《谭录》一卷、《道护录》一卷，江民表（江公望）《心性说》一卷，龟山（杨时）《语录》四卷，安正（潘植）《忘筌集》十卷，崇安（刘子翚）《圣传论》二卷，横浦（张九成）《日新》二卷。陈来认为，"《诸儒鸣道集》不仅是第一部理学丛书，而且是我们所知道的我国第一部丛书"①，"这部书对于研究宋代思想，无论从内容或版本上看，都具有重要价值"②。

《临汀志》的编纂工作，在宝祐年间由汀州知州胡太初组织。胡太初，嘉熙二年（1238）进士。淳祐四年（1244），授建康府府学教授。十一年（1251），以国子博士除秘书郎。十二年（1252），出知全州，同年移知处州。宝祐间，知汀州、饶州。景定五年（1264），除两浙运判。咸淳二年（1266），擢太府卿，知临安府。赵与沐、钟明之、陈士安、钟知本、丘一震等人具体参与。胡太初在该书序文中交代编修者的基本情况及该书编纂具体过程。引用如下：

> 宝祐戊午夏五月，太初以澄江守蒙恩易兹郡，亲朋欢曰："是僻远而难治者也。"太初惟天子命讵得辞……洎驰驱及境，盖俨然一古郡也……半载而羸，百废粗举，遂与文学掾赵君与沐择前庠之博茂士，曰钟君明之，陈君士安，钟君知本，丘君一震，相与审绎旧志，蒐猎轶闻，而赵君提纲焉。未几，束稿来，太初为定科条，订事实，剂雅俗，正讹谬而编成矣！志之外文，别为集卷各十有五，皆阙其左方，以俟来者之续书。于是由郡而属邑，眕分件列，粲然在吾目中，一洗前日莫考之憾……世运茫茫，事机浩浩，有续无绝，有兴无废，所望于后来同志之君子。次年季秋吉日，朝请大夫知汀州军州兼管内劝农事、主管坑冶节制屯戍军马胡太初序。③

《临汀志》编纂时，胡太初"定科条，订事实，剂雅俗，正讹谬"，主要从总体和宏观上把关，纠正事实和观点错误，扮演"主编"角色；州学教授赵与沐编写提纲，扮演"副主编"角色；其他编辑，"审绎旧志，蒐猎轶闻"。胡太初寄望于"后来同志之君子"，希望此书"有续无绝，有兴无废"，在后来学者的整

---

①② 陈来：《略论〈诸儒鸣道集〉》，《北京大学学报》1986年第1期。

③ （宋）胡太初修，赵与沐纂，长汀县地方志编纂委员会整理：《临汀志》，福建人民出版社1990年版，第1页。

理和丰富下,不断延续和传播下去。这是一个地方官员对后代地方学者的拳拳之心,希望他们重视方志书籍的编纂与传播。

>州有图志,一邦之史也……天台境物,一赋于孙兴公,则赤城奇胜在目睫;曲江地图,一披于昌黎,则系舟韶石,可以穷佳趣;矧临汀山水人材之萃,志可陋乎?鄞江旧志,始纂于隆兴者颇略,继修于庆元者尚疏,识者慨其寡叹!今甲子一周,屡修而屡辍,用志不坚,宜志之竟无成也。判府节制宗丞吏部怡斋胡公先生,以迈往之韵,负两科重望,天下盛名,再持麾节,镇抚兹郡……与沐与三四友趋承教命唯谨,三阅月仅成编,笔削于先生大宗匠之手,俾百年之故典,一旦昭明,非洞识卓然,何以及是……若夫贤史君主盟斯文,恢风弘化之功,当有一代大手笔大书特书以寿于石,与宇宙山川同其久者,其是以上裨职方氏。开庆改元中秋吉日,学生修职郎汀州州学教授赵与沐敬跋。①

《临汀志》尽管已有旧本传播,但这些旧本要么记载太简略,要么存在疏漏,即"始纂于隆兴者颇略,继修于庆元者尚疏",不能全面、系统地展示临汀发展的历史,读者只能叹惜。"临汀山水人材之萃",对其记载,不能遗漏。赵与沐在借鉴隆兴、庆元间《鄞江志》旧志基础之上,重新编纂新志《临汀志》,认为该志"笔削于先生大宗匠之手,俾百年之故典"。赵与沐对自己编纂志书的功劳和成就毫不讳言,无所遮掩。

"一旦昭明"表明,希望自己编纂的图书能够流传永久,昭明读者。若遇到"有一代大手笔大书特书以寿于石",能"与宇宙山川同其久",更佳。加拿大传播学家伊尼斯总结"偏向时间"和"偏向空间"两种媒介特点认为:"倚重时间的媒介,其性质耐久,羊皮纸、黏土和石头即为其例……倚重空间的媒介,耐久性比较逊色,质地比较轻。后者适合广袤地区的治理和贸易……倚重空间的材料,有利于集中化……我们考虑大规模的政治组织,比如帝国时,必须立足在空间和时间两个方面。我们要克服媒介的偏向,既不过分倚重时间,也不过

---

① (宋)胡太初修、赵与沐纂,长汀县地方志编纂委员会整理:《临汀志》,福建人民出版社1990年版,第18页。

分倚重空间"①，"传播媒介的性质往往在文明中产生一种偏向，这种偏向或者有利于时间观念，或者有利于空间观念"②。伊尼斯认为，石头是倚重时间的媒介，石头质地较重，能够长久保存，在时间方面有优势，更加适合知识的纵向传播。赵与沐认为石头媒介比纸张媒介传播得更为久远，其先进的书籍传播思想在这篇跋文中体现得淋漓尽致。

《仙溪志》（十五卷）由仙溪县尉黄岩孙具体负责编纂。黄岩孙，字景传，惠安（今福建惠安）人，宝祐四年（1256）登进士第，后改潮阳教授。咸淳元年（1265）任尤溪县知县，迁福州通判兼西外宗正丞。《仙溪志》编纂完成后，黄岩孙为此书作跋。其跋文如下：

> 图谍之传尚矣，今僻陋之邦、偏小之邑，亦必有纪录焉。仙游号莆望县，绵历几岁祀，更迭几令佐，曾无只字以诏，非阙典欤？官长赵侯与沁慨然，俞邑士之清，属笔于岩孙。遂撼之前闻，质之故老，参之学识二苏君国台、攀龙、黄君尧俞，订郡志之失纪载者，访碑刻之未流传者，博观约取，诞去实存，而笔诸小序，尤深著致其意。论财赋必以惜民力为本，论山川必以产人杰为重。人物取其前言往行，否则爵虽穹，弗载焉。诗文取其义理法度，否则辞虽工，弗录焉。按是非于故实之中，寓劝戒于微言之表，匪亶为纪事设也。越半载而成，累政之因袭一旦而洗，数百年之欠阙一旦而补，千万古之山川人物一旦而发越呈露。不惟是也，官乎此者睹前人之政绩，庶几有所矜式；生乎此者闻庆历、元祐诸先生之高风，庶几知所兴起乎。后将有考于今，亦犹今之有考于昔。③

黄岩孙认为，志书记录地方历史文化风俗，编纂时，要做到广泛、全面地搜集资料，确保万无一失，只有这样，地方志才有价值。同时，还要做到发前人所未发，记前人所未记，即"订郡志之失纪载者，访碑刻之未流传者"。方志编纂工作注重史料搜集和取舍，始终围绕修志宗旨和原则来分析和取舍史料，以便志书传播体现导向和教化功能。在这点上，黄岩孙有自己清晰的认识，他

---

①② 何道宽：《加拿大传播学派的双星：伊尼斯与麦克卢汉》，《深圳大学学报》2002年第5期。

③ （宋）黄岩孙：《仙溪志跋·宝祐五年三月》，《全宋文》第354册，卷8208，第417～418页。

认为，史料要"博观约取，诞去实存"，在全面占有史料的基础上，取其精华，弃其糟粕。黄岩孙还认识到志书的传播价值，即"后将有考于今，亦犹今之有考于昔"，志书是史书，以古鉴今，是联系过去和未来的枢纽和桥梁。

陈尧道和刘克庄的自序分别记载此次方志编纂的原因、经过及书籍传播过程。列举如下：

> 莆甲七闽，分邑惟三，仙溪又甲诸邑，前未有志，是大漏典。令赵君与泌事关风教，每切留心。尧舜道统之传，盛于孔子，而尊经有阁；周程道统之传，恢于朱子，而肖像有祠。重惟兹邑山川遑踪、秀气所宫，钟美前哲，宗经术，嗜理学，寿斯道之脉宏矣，直节高风，立懦千载，不笔诸志，何以诏久。会邑士有请，谂尉黄君岩孙编次之，于人物为尤重。挥金十万以倡相之者，翕若半稔，而板传一披，图□访韶石胜，必有好事若韩昌黎者。仆来自京国，苏兄攀龙偕同志，以复序为属。窃惟有纸上志，有胸中志，奇峰峭拔，宜产铺菜，生齿稀而之繁，版赋丰而之缩，纸上志也。用则入徂徕圣德之颂，不用则入文德党籍之碑，仕则致身鼎而一亩不增，不仕则高卧林泉而累召不就，胸中志也。是举也，裨风教居多，编次云乎哉。若夫缉脉络于既往，纪流绪于方来，常有增光此笔者，陆澄《地理书》而任昉补之，王曾《九域图》而王存广之，深有望于后之人。宝祐丁巳中秋日平湖陈尧道敬之序。①

> 古书有《九丘》，有《方言》，今图经之类尔，然左吏倚相至与典坟共读，扬雄勤勤纂辑，岂其书果不可缺欤！吾郡三邑，仙游最巨，其山川之美、户口之众，前未有记载者。少府黄君始奋为县志，上下数百年间，人事之变、风土之宜，采之旧闻，访之故老，皆有考据，厘为十五卷。其言曰：地以人重。瞻言旧者，有列于庆历谏官者，有危言谠论相望于元祐党籍者，有与邹道乡同贬者，有为乾道名宰相者。其他魁彦胜流，不可胜书。故其志人物尤详焉。曩余尝同郑子敬、方孚若至邑，西清陈公时年八十余矣，为余三人设醴，清谈竟夕，多及乾、淳间事，健少年不及也，岂其水深土厚，所产皆秀杰欤！黄君俾予序其书，不获辞。君名岩孙，字景传，

---

① （宋）陈尧道：《仙溪志序·宝祐五年八月》，《全宋文》第343册，卷7931，第295～296页。

温陵人。秩满，台郡皆以才荐，将去为潮州郡文学矣。①

陈尧道和刘克庄笔下的仙溪地域广阔、风景优美，"莆甲七闽，分邑惟三，仙溪又甲诸邑"，"吾郡三邑，仙游最巨，其山川之美、户口之众"，物产丰富，人杰地灵。遗憾的是，该地没有志书记载其历史人文，"前未有志，是大漏典""前未有记载者"。在这种情况下，《仙溪志》的编纂和刊刻就显得必要。《仙溪志》是目前流传下来的为数不多的宋代福建县志之一，是研究宋代仙游政治、经济、文化、社会的珍贵史料。

除此之外，还有兄弟编集。蔡襄《祭弟文》道："汝有遗文，吾当录次，以传于后。"②此为蔡襄为弟编集。再比如，晁谦之编纂、刊刻与传播其兄晁补之的作品：

> 从兄无咎平日著述甚富，元祐末在馆阁时尝自制其序。宣和以前，世莫敢传。今所得者古赋骚辞四十有三，古律诗文六百三十有三，表启杂文史评六百九十有三。自捐馆舍，逮今二十八年，始得编次为七十卷，刊于建阳。绍兴七年丁巳十一月旦日，弟右期奉郎、权福建路转运判官谦之谨题。③

晁补之，字无咎，巨野人（今山东巨野），北宋著名文学家，苏门四学士之一。《鸡肋集》自己作序。后来，晁补之弟弟晁谦之任福建转运判官，将其兄集重新编辑、整理，共七十卷，建阳刊刻。

宋代福建文集，从编集者来看，主要是生前自己编集和死后他人帮助编集两种类型。他人帮助编集，主要是子孙、门生、兄弟、官员。不管自己编纂还是他人编纂，直接目的都是让文集流传，让文名得以传扬，获得后人认同和赞许，进而树立作者的形象和品牌。

有的文集，不仅仅是为传播，纯粹是出于对作者或者作品的喜爱。刘温父编纂张孝祥词集就是如此。《于湖词序》曰：

> 建安刘温父博雅好事，于公文章翰墨，尤所爱重，片言只字，莫不珍

---

① （宋）刘克庄：《仙溪志序》，《全宋文》第329册，卷7569，第137～138页。
② 《全宋文》第47册，卷1024，第288～289页。
③ （宋）晁谦之：《鸡肋集跋》，《全宋文》第185册，卷4069，第269页。

藏。既裒次为法帖，又别集乐府一编，属予序之，以冠于首。衡尝获从公游，见公平昔为词，未尝著稿，笔酣兴健，顷刻即成，初若不经意，反复究观，未有一字无来处，如《歌头·凯歌》《登无尽藏》《岳阳楼》诸曲，所谓骏发踔厉，寓以诗人句法者也。自仇池仙去，能继其轨者，非公其谁与哉！览者击节，当以予为知言。乾道辛卯六月望日，陈郡汤衡撰。①

刘温父特别喜爱张孝祥的词，喜爱到"片言只字，莫不珍藏""既裒次为法帖，又别集乐府一编"的地步。乾道七年（1171）六月，该集编纂完成。汤衡作序，序中记载，张孝祥作词不打草稿，一气呵成，"初若不经意，反复究观，未有一字无来处"。刘温父认为，苏轼去世后，能够继承遗风，除张孝祥，再无他人。汤衡作序，没过多久，刘温父又请陈应行为该集作序：

苏明允不工于诗，欧阳永叔不工于赋，曾子固短于韵语，黄鲁直短于散语，苏子瞻词如诗，秦少游诗如词。才之难全也，岂前辈犹不免耶！紫微张公孝祥姓字风雷于一世，辞彩日星于群因。其出入皇王，纵横礼乐，固已见于万言之陛对。其判花视草，演丝为纶，固以形于尺一之诏书。至于托物寄情，弄翰戏墨，融取乐府之遗意，铸为毫端之妙词，前无故人，后无来者，散落人间，今不知其几也。比游荆湖间，得公《于湖集》，所作长短句凡数百篇，读之泠然洒然，真非烟火食人辞语，予虽不及识荆，然其潇散出尘之姿，自在如神之笔，迈往凌云之气，犹可以想见也。使天假之年，被之声歌，荐之郊朝，当其《英茎》《韶濩》间作而递奏，非特如是而已。一日凤鸟去，千年梁木摧，予深为公惜也。于湖者，公之别号也。昔陈季常晦其名，自称为龙丘子，尝作《无愁可解》，东坡为之序引，世之不知者，遂以龙丘为东坡之号，予故表而出之。乾道辛卯仲冬朔日，建安陈应行季陆序。②

《张孝祥集》，除有建安刘温父本，据王兆鹏考证，还有嘉泰元年（1201）

---

① （宋）汤衡：《于湖词序·乾道七年六月》，《全宋文》第242册，卷5421，第333～334页。
② （宋）陈应行：《于湖先生雅词序·乾道七年十一月》，《全宋文》第274册，卷6212，第417～418页。

诗文词合集本。该合集由王大成编纂，张孝伯雕板，谢尧仁和张孝伯分别作序。此外，还有长沙坊刻《百家词》本。① 该集在南宋流传广，传播快，"天下刊先生文集者有数处……盖四方学者，渴见斯文，以增壮笔端，方皆以先睹为快"②，说明该集在社会上广泛传播、大受欢迎。

谢尧仁，字梦得，邵武（今福建邵武）人，后迁南丰，张孝祥学生。以宏词荐，学者称岭菴先生，著有《鹿峰集》《岭菴集》。张孝祥评价："梦得天下之奇士，彼龌龊者固不足以知之。其文浩瀚，如卷东海而注之江、河，奇伟激越，纷万车甲马而争驰。视其外，则枯木寒灰，槁项黄馘，若真无意于兹世者之所为。"③ 建阳熊克对《道德经》的喜爱也是如此：

> 克伏诵咸平圣语，有曰："老子《道德经》，治世之要，明皇解虽灿然可观，王弼所注，言简意深，真得老氏清净之旨。"克自此求弼所注甚力，而近世希有，盖久而后得之。往岁摄建宁学官，尝以刊行。既又得晁以道先生所题本，不分道德而上下之，亦无篇目。克喜其近古，缮写藏之。乾道庚寅，分教京口，复镂板以传。若其字之谬讹，前人已不能证，克焉敢辄易？姑俟夫知者。三月二十四日，左从事郎、充镇江府府学教授熊克谨记。④

熊克介绍与《道德真经注》的缘分。熊克喜爱此书，知道王弼注本用力甚深，不遗余力地访求王弼注本，最终访到。任建宁学官时，刊刻此书。后又求得"晁以道先生所题本"，抄写收藏。乾道庚寅（1170），调到京口做官，又"镂板以传"。

《道德经注》在熊克这里有三个版本：一是任建宁学官时刊行本，此本是王弼注本；二是晁以道题本，熊克自己抄写收藏；三是京口本，熊克主政该地时镂板。建宁和京口两次刊刻活动，不仅是为弘扬和传播地方先贤的文治武功，更是出于对《老子》的喜爱。

熊克刊刻《毛诗指说》，也是出于喜爱。《毛诗指说跋》道：

---

① 王兆鹏：《宋代文学传播探原》，武汉大学出版社2013年版，第361～363页。
② （宋）谢尧仁：《张于湖先生集序》，《全宋文》第282册，卷6392，第86页。
③ （宋）张孝祥：《读谢梦得文》，《全宋文》第254册，卷5701，第84页。
④ （宋）熊克：《跋道德真经注·乾道六年三月》，《全宋文》第225册，5008卷，第348页。

> 唐成伯瑜有《毛诗指说》一卷，《断章》二卷，载于本志。《崇文总目》谓《指说》略叙作诗大旨及师承次第，《断章》大抵取《春秋》赋诗断章之义，撷《诗》语汇而出之。克先世藏书，偶存《指说》，会分教京口，一日同官毘陵沈必豫子顺见之，欲更访《断章》，合为一帙。盖久而未获，乃先刊《指说》于泮林，庶与四方好古之士共焉。乾道壬辰三月十九日，建安熊克记。①

熊克先世已经藏有《指说》，治理京口时，带到当地。本打算待找到《断章》后，和《指说》合并为一集，统一刊刻。但长时间未找到。于是，先刊《指说》。从"庶与四方好古之士共焉"一语看，熊克刊刻此书，的确是出于"好古"，"共焉"是与共同爱好之人共享。

《毛诗指说》和《毛诗断章》合刻，书中内容增加，信息增多。这是书籍编纂的一种体例，也是书籍传播的一种方法。由于熊克没有获得《断章》，只好先把《指说》付梓。

第二节 机 构

宋代闽本图书传播机构主要有官方机构、民间机构和商业机构。官方机构主要是官方利用公帑刻书，民间机构主要是私宅、家塾刻书，寺院刻书以及书院刻书。商业机构主要是书坊刻书。很多士人开始时从事民间性家刻，后来发展成为商业性坊刻，家刻与坊刻易混淆。两者区别，程千帆和徐有富《校雠广义》道："家刻本多由学者或藏书家主持其事，其目的主要是为了流传善本，保存自己或亲友的著作，而不是专门为了赢利，刻印的书一般都质量较高。坊刻本则由书坊主人主持其事，其目的主要是为了赢利，因此刻印的书，质量高低差别很大。"②

---

① （宋）熊克：《毛诗指说跋·乾道八年三月》，《全宋文》第225册，卷5008，第349页。

② 程千帆、徐有富：《校雠广义》（版本编），齐鲁书社1998年版，第230～231页。

一、官方传播机构

宋代官府重视图书的刊刻与传播，通过图书传播来巩固统治。福建官府也不例外，积极从事图书出版与发行事业。福建官府刻书，主要是福建各路、府、州、县和各级学校刊刻书籍。安抚司、转运司、公使库、宪司等这些机构，都曾主持过刻印活动。学校刻书更多，州学、府学、军学、县学，各类名目的郡庠、学宫、泮宫、学舍、郡斋等，都配合教学和学术活动，广开刻书之门。

（一）各级官府

宋代福建各级官府机构主要有转运司、公使库、漕司、宪司等。据叶德辉《书林清话》统计，官府刻书主要有：转运司本《太平圣惠方》（一百卷），漕司本《胡子知言》（一卷）、《后录》（一卷），《张子语录》（三卷），《后录》（三卷），《龟山先生语录》（四卷）、《后录》（二卷），建安漕司本《东观余论》，泉州公使库本《司马太师温国文正公传家集》八十卷。[①] 具体就福建官府机构刊刻与传播图书情况分别述之。

1. 转运司

转运司，又称漕司，是中央政府与地方政府之间的中介和桥梁，主要负责国家财政和转运。宋初，福建设立转运司，治所建州。南宋移至福州，梁克家《淳熙三山志》载："建炎二年移司福州，绍兴二年依旧，三年复移，寻依旧。"[②] 各州设立转运行司，供转运使临时办公居住之用。

转运司负责财赋和转运外，还从事刻书活动。绍兴十七年（1147），邵大宁《印行太行平圣惠方申福建转运司状》载，福建转运司刊刻《太平圣惠方》（一百卷）。具体如下：

> 福建路转运司：今将国子监《太平圣惠方》一部一百卷，二十六册，计三千五百三十九板，对证内有用药分两及脱漏差误，共有一万余字，各已修改开板，并无讹舛，于本司公使库印行。绍兴十七年四月日。[③]

---

① （清）叶德辉：《书林清话》，上海世纪出版集团2012年版，第50～53页。
② （宋）梁克家：《淳熙三山志·卷25·转运副使》，中华书局1990年版，第8005页。
③ 《全宋文》第200册，卷4424，第230页。

材料指出，转运司所刻《太平圣惠方》以监本为底本，进行了校勘，改正脱漏差误，计一万多字，负责刊刻医书的人认真负责。错误修改后，付转运司公使库印刷发行。公使库是专门用来接待来往官员的处所。选择在福建印刷出版，与福建图书出版中心的地位有关。

《太平圣惠方》是宋朝组织编写的第一部大型医书，也是第一部具有完整理论体系的医书，属官修方书。王怀隐、王佑、陈昭遇、郑奇等人奉宋太宗之命编纂与整理。"往者太宗皇帝尝集《圣惠方》，凡万余首，镂之方板，以广流布"①，"太宗皇帝平一宇内，极所覆之广，又时其气息而大苏之。乃设官赏金缯之科，购集古今名方与药石诊视之法，国医诠次，类分百卷，号曰《太平圣惠方》。诏颁州郡，传于吏民"②。

宋太宗之所以耗费如此大的精力与工夫来编写医书《圣惠方》，与他对医书及医学知识感兴趣有很大关系。宋太宗即位之前，就经常留意和关注医方，收藏名方千余首，亲自验证。"朕昔自潜邸，求集名方，异术玄针，皆得其要。兼收得妙方千余首，无非亲验，并有准绳，贵在救民，去除疾苦……凡候疾之深浅，先辨虚实，次察表里，然后依方用药，则无不愈也。"③

此书从太平兴国三年（978）开始编修，淳化三年（992）编定完成，前后共花十四年时间。是年（992）五月，朝廷将此书雕印传播，颁行全国各地，各地设"医博士"掌管。宋太宗亲自作序，其序文曰：

> 夫医者意也，疾生于内，药调于外。医明其理，药效如神，触类而生，参详变易，精微之道，用意消停。执见庸医，证候难晓……并遍于翰林医官院各取到经手家传应效药方，合万余道，令尚药奉御王怀隐等四人，校勘编类。凡诸论证，并该其中，品药功效，悉载其内……朕尊居亿兆之上，常以百姓为心，念五气之或乖，恐一物之失所，不尽生理，朕甚悯焉！所以亲阅方书，俾令撰集，冀溥天之下，各保遐年，同我生民，跻于寿域。今编勒成一百卷，命曰《太平圣惠方》，仍令雕刻印版，遍施华夷。凡尔生

---

① （宋）祖无择：《刻经效方序》，《全宋文》第43册，卷935，第310页。
② （宋）蔡襄：《圣惠方后序·庆历六年十二月八日》，《全宋文》第47册，卷1014，第132页。
③ （宋）宋太宗：《太平圣惠方序》，《全宋文》第4册，卷78，第406～407页。

灵，宜知朕意。①

《圣惠方》广泛收集宋前医药方书及民间验方，内容十分丰富，反映北宋前期医学水平。《太平圣惠方》不仅在国内传播，还传播到国外。大中祥符九年（1016）与天禧五年（1021），宋真宗两次将《太平圣惠方》赠给高丽，促进朝鲜医药发展。

庆历六年（1046），福州太守蔡襄看到福州百姓生病不就医、服药，而是信奉巫术，迷信鬼神，延误治疗时机的情况。邀请何希彭改编《太平圣惠方》，选其精要部分，整理出方剂六千零九十六条，编成《圣惠选方》六十卷，作为医书教材传播。十二月八日，蔡襄《圣惠方后序》曰：

> 闽俗左医右巫，疾家依巫索祟，而过医之门十才二三，故医之传益少。余治州之明年，议录旧所赐书以示于众。郡人何希彭者，通方伎之学，凡《圣惠方》有异域瑰怪难致之物，及食金石草木得不死之篇，一皆置之，酌其便于民用者得方六千九十六。希彭谨慎自守，为乡间所信，因取其本誊载于版，列牙门之左右，所以导圣主无穷之泽沦究于下，又晓人以依巫之谬，使之归经常之道，亦刺史之要职也。②

蔡襄是宋代福建历史上反对巫术迷信活动，普及和推广祖国传统中医文化的先驱。漕司刊刻茶书《北苑贡茶录》：

> 北苑贡茶最盛，然前辈所录止于庆历以上。自元丰之密云龙、绍圣之瑞云龙相继挺出，制精于旧，而未有好事者记焉，但见于诗人句中。及大观以来，增创新銙，亦犹用拣芽。盖水芽至宣和始有，故龙园胜雪与白茶角立，岁允首贡。复自御苑玉芽以下，厥名实繁。先子亲见时事，悉能记之，成编具存。今闽中漕台新刊茶录未备，此书庶几补其缺云。③

---

① （宋）宋太宗：《太平圣惠方序》，《全宋文》第4册，卷78，第406～407页。
② 《全宋文》第47册，卷1014，第132页。
③ （宋）熊克：《刊北苑贡茶录题记·淳熙九年十二月》，《全宋文》第225册，卷5008，第350～351页。

> 先人作《茶录》，当贡茶极盛之时，次序亦同，惟跻龙园胜雪于白茶之上，及无兴国岩小龙、小凤，盖建炎南渡有旨罢贡三之一而省去也。先人但著名号，克今更写其形制，庶觉之者无遗恨焉。先是，壬子春，漕司再葺茶政，越十三载，乃复旧额，且用政和故事，补种茶二万株。政和间曾种三万株。次年益虔贡职，遂创增之目，仍改京铤为大龙团，由是大龙多于大凤之数。凡此皆近事，或者犹未知之也。先人又尝作《贡茶歌》十首，读之可想见异时之事，故并取以附于末。三月初吉，男克北苑寓舍书。①

熊克在《茶录》基础上编辑出版《北苑贡茶录》，还附加先人《贡茶歌》十首。该书并不否认前人成果，体现出对前人的尊重和敬仰之情。熊克指出，前人《贡茶歌》，"读之可想见异时之事，故并取以附于末"。《贡茶歌》提供了丰富的采茶、制茶信息以及当时社会生活基本情况。阅读此书，采茶、制茶场景历历在目，清晰可见，书籍媒介再现功能凸显。客观、真实再现历史的图书，能把读者带到历史现场活动中，这类书籍记载历史事件，还原历史事实，为后人了解和研究前人活动提供传世文献。作为媒介的书籍，能够影响当时和后世读者对世界的感受和认知。

《北苑贡茶录》编成，熊克作跋。刊刻此书，又作记。这些记和跋，记录重要信息，能为后人了解当时情况提供文献资料。熊克这一传播行为，表明他具备传播意识，想通过文字记载或者书籍编纂使信息传播下去。

熊克，字子复，建阳（今福建建阳）人，绍兴二十七年（1157）登进士第，知绍兴府诸暨县，后入文思院。以文章知名，除校书郎，迁起居郎兼直学士院，后奉祠。博闻强记，尤熟悉宋朝典故，著有《九朝通略》《诸子精华》《中兴小纪》。

2. 提刑司

提刑司全称提点刑狱司，又称宪司、宪台，是宋代派出的"路"一级司法机构，主要监察府、州、县官吏，审查冤假错案。该司也从事刻书活动。

> 太史黄公诗有内外集。夫任氏所注者内集，板木虽多，而其乌焉传写之误亦自不少。暇日，稍加校正，刻之闽宪，始与芗城所刊《芗室外集注》

---

① （宋）熊克：《宣和北苑贡茶录跋》，《全宋文》第225册，卷5008，第350页。

并传之。①

黄庭坚诗注较有名的有：任渊《黄山谷内集诗注》、史容《黄山谷外集诗注》、史季温《黄山谷别集诗注》。材料中所说的是，福建宪司整理与刊刻任渊《黄山谷内集诗注》，并与芗城（今漳州）所刊《芗室外集注》一同在市面上传播。

《芗室外集注》实际上就是史容的《黄山谷外集诗注》，史容号芗室居士。史容给《外集》作注，主要因为此集还未有人作过注释，他在《山谷外集诗注引》中说："山谷自言，欲仿庄周，分其诗文为内外篇，意固有在，非去此取彼。今内集诗已有注，而外集未也，疑若有所去取焉者，兹岂山谷之意哉？"②该书最初在四川刊刻，钱文子作序，其序道：

> 书存于世，惟六经、诸子及迁、固之史有注其下方者，以其古今之变、诂训之不相通也。而今人之文，今人乃随而注之，则自苏、黄之诗始也……山谷之诗与苏同律而语尤雅健，所援引者，乃多于苏。其诗集已有任渊、史会更注之矣，而公所自编谓之《外集》者，犹不易通，史公仪甫遂继而为之注。上自六经、诸子、历代之史，下及释老之藏、稗官之录，语所关涉，无不尽究。予官成都，得于公之子叔廉而遍阅之。其于山谷之诗既悉疏理，无复凝结，而古文旧事因公之注，所发明者多矣。夫读古人之书，得之于心，应之于手，固非区区采之简册而后用之也，而为之注者乃即群书而究其所自来，则注者之功，宜难于作。而公以博洽之能，乃随作者为之训释，此其追慕先辈，嘉惠后学之意，殆非世俗之所能识也……公，蜀青衣人，名容，号芗室居士，仕至太中大夫。晚谢事，著书不自休，尝为《补韵》及《三国地名》，皆极精密。今年余七十，耳目清明，齿发不衰。他日传于世者，又将不止于数书而已也。③

钱文子成都做官时，从史容儿子史叔廉那里获得《山谷外集诗注》并阅读。他认为，作诗注比作诗更困难，也更能显示作注者功力。他将黄庭坚和苏轼进行比较，认为"山谷之诗与苏同律而语尤雅健，所援引者，乃多于苏"，他还觉

---

① （宋）徐经孙：《黄山谷内集诗跋》，《全宋文》第334册，卷7692，第134页。
② 《全宋文》第259册，卷5838，第332页。
③ 《全宋文》第302册，卷6888，第52～53页。

得,"公以博洽之能,乃随作者为之训释,此其追慕先辈,嘉惠后学之意,殆非世俗之所能识也"。

史容孙子史季温任福建提点刑狱公事时,又于提刑司重刻此书,史季温在淳祐十年(1250)十二月《山谷外集诗注序》中有明确记载:

> 先大父芗室先生所注《山谷外集》诗脱稿之日,永嘉白石钱先生文季为之序引,锓木于眉,盖宁宗嘉定元年戊辰岁也。是书已行于世,其后大父优游林泉者近十年,复参诸书为之增注,且细考山谷出处岁月,别行诠次,不复以旧集古律诗为拘。考订之精,十已七八。其间不可尽知者,附之本年。蜀板已毁,遗稿幸存,今刻之闽宪治,庶与学者共之。并以大父实录本传附见。淳祐庚戌嘉平旦日,孙朝请大夫、福建路提点刑狱公事季温百拜谨跋。①

从史季温的描述来看,祖父史容为《山谷外集注》花费很多精力,经常增补完善书中内容,考订十分精详。蜀板虽已毁灭,但还有遗稿,史季温以遗稿为底本重刻。"刻之闽宪治",言明在福建宪司刊刻。"庶与学者共之",表示想要通过复制众本,与众多学者共同分享,体现明显书籍传播思想。史季温任福建提刑司提点刑狱公事时,还刊刻过赵汝愚的《诸臣奏议》,他在淳祐十年(1250)七月《诸臣奏议序》中道:

> 先正丞相忠定福王赵公曩尝编类《国朝名臣奏议》,开端于闽郡,奏书于锦城,亦已上彻乙览。淳熙至今,逾六十年矣,蜀旧锓木已毁于燬。公之孙尚书阁学必愿绳武出填,尝命工刊刻而未就。适季温以臬事摄郡,捐金命郡文学掾朱君貔孙继成之。念昔先大父芗室容受忠定之知,尝同蜀之名流预讨论之列。今既遂尚书之志,亦可发扬先祖旧事。自兹家藏此书,举以告君,推以治国,以复我宋纯懿之治,犹有望焉。②

福建官府刻书还有:嘉祐三年至四年(1058—1059)建宁府刻《建康实录》。绍兴二十三年(1153)漕司刻《东观余论》。绍兴二十七年(1157)刻《史记》。

---

① 《全宋文》第 344 册,卷 7959,第 371 页。
② 《全宋文》第 344 册,卷 7959,第 370~371 页。

乾道七年（1171）邵武军刻《高峰集》。淳熙十年（1183）泉州公使库刻《温国文正司马公文集》。嘉定二年（1209）提举市舶司李大有刊李纲《梁溪集》。嘉定六年（1213）汀州军刻《古算经》。嘉定六年（1213）刻《梁溪先生文集》。淳祐八年（1248）漳州府刻《北溪先生大全文集》。咸淳元年（1265）漕治刻《朱子语录别录》《龟山先生语录》等。

（二）各级学校

学校刻书也是整个官方刻书系统的重要组成部分。学校刻书，一方面满足学校教学需要，另一方面出售图书，获得办学经费。比如，苏轼上奏，请求朝廷赐予州学书板印书，以获得经费。《乞赐州学书板状》道：

> 右，臣伏见本州学，见管生员二百余人，及入学参假之流，日益不已。盖见朝廷尊用儒术，更定贡举条法，渐复祖宗之旧，人人慕义，学者日众。若学粮不继，使至者无归，稍稍引去，甚非朝廷乐育之意。前知州熊本，曾奏乞用废罢市易务书板，赐与州学，印赁收钱，以助学粮；或乞卖与州学，限十年还钱。今蒙都督指挥，只限五年，见今转运司差官重新估价，约计一千四百六贯九百八十三文。若依限送纳，即州学岁纳二百八十一贯三百九十七文，五年之间，深为不易。学者旦夕阙食，而望利于五年之后，何补于事。而朝廷岁得二百八十一贯三百九十七文，如江海之中增涓滴，了无所觉。徒使一方士民，以谓朝廷既已捐利与民，废罢市易，所放欠负，动以万计，农商小民，衔荷圣泽，莫知纪极，而独于此饥寒儒素之士，惜毫末之费，犹欲于此追收市易之息，流传四方，为损不小，此乃有司出纳之吝，非朝廷宽大之政也。臣以侍从，备位守臣，怀有所见，不敢不尽。伏望圣慈特出宸断，尽以市易书板赐与州学，更不估价收钱，所贵稍服士心以全国体。①

苏轼看到，州学生员日渐增多，学者日众，学粮不足，这种现象日趋严重。前知州熊本购买市易务书板印书赚钱来补充学粮，朝廷按所卖书本收取利息。利息限十年还清，后又改为五年，总共一千四百六贯九百八十三文，每年需交

---

① （宋）苏轼：《乞赐州学书板状》，《全宋文》第86册，卷1873，第333～334页。

纳二百八十一贯三百九十七文。这些钱，对朝廷来说，不值一提。对州学来说，则比较困难。因此，苏轼上书，请求将市易务书板赐给州学，不收取利息，以解决州学财政问题，从而"稍服士心以全国体"。宋代福建各地学校刊印书籍情况，分别列举之。

1. 福州学宫

真德秀《读书记》为理学著作，有甲乙丙丁四集。甲集三十七卷，乙集二十二卷，丁集二卷，丁集又分上下卷。开庆元年（1259）汤汉刊印，汤汉《西山读书记原序》有明确记载：

> 西山先生《读书记》，惟甲乙丁为成书。甲丁二记，近年三山学宫已刊行，乙记上则《大学衍义》是也，其下卷未及缮写而先生没，稿藏于家，学者罕见之。汉来建安，请于先生之嗣子仁夫右司，传抄以来，手自校定，厘为二十二卷，将欲刊之仓台。适福之郡文学吴尘编蠹简，久蛰屋壁，乃今出而流布。使夫有志于尊主庇民者读是书，蚤正而素讲，一日当大任，据千载而施四事，真儒之效，庶几复见于天下，是则先生佐王之学与天地相终始，岂非其平日至大至公之心也哉！纲目讫于五季，而稿本仅至李文饶止，今不敢辄补之。又原稿间有附注别说者，乃汉一时所见，先生未及有所去取，今皆削之。观于初稿者，其无所疑云。①

汤汉所记，《读书记》甲集和丁集刊于三山（今福建福州）学宫，乙集上卷为《大学衍义》，下卷没来得及抄写，先生就已去世，原稿藏在家中，学者很少见到此集。汤汉来建安，从西山先生嗣子那里传抄出来，亲自校勘、整理，编为二十二卷，刊于仓台。乙集得以传播。

汤汉还为陶靖节诗作注，著有《陶靖节诗注》，淳祐元年（1241）在福州刊刻：

> 陶公诗精深高妙，测之愈远，不可漫观也。不事异代之节，与子房五世相韩之义同，既不为狙击震动之举，又时无汉祖者可托以行其志，故每寄情于首阳易水之间，又以荆轲继二疏、三良而发咏，所谓"抚己有深怀，履运增慨然"，读之亦可以深悲其志也已。平生危行逊言，至述酒之作，始

---

① （宋）汤汉：《西山读书记原序·开庆元年十月》，《全宋文》第343册，卷7924，第178页。

直吐忠愤，然犹乱以瘦词，千载之下，读者不省为何语。是此翁所深致意者，迄不得白于后世，尤可以使人增欷而累叹也。余偶窥见其指，因加笺释，以表暴其心事，及他篇有可发明者，亦并著之。文字不多，乃令缮写模传，与好古通微之士共商焉。又按诗中言本志少，说固穷多，夫惟忍于饥寒之苦，而后能存节义之闲，西山之所以有饿夫也。世士贪荣禄，事豪侈，而高谈名义，自方于古之人，余未之信也。①

汤汉注释陶渊明诗歌，在陶集注释史上占有一席之地。傅增湘认为："陶诗宋以前尢注者，至汤东涧始发明一二。"②

汤汉，字伯纪，安仁（今江西余江）人，号东涧。历任上饶县主簿，信州教授兼象山书院山长，福建提举常平，福州知州和福建安抚，主张尽用天下之财力以治兵，尽用天下之人才以强本。

王苹，字信伯，号震泽，祖籍福清，后居吴中。从程颐学习理学，为程颐得意门生。进士出身，除秘书省正字兼史馆校勘，著作佐郎。做官后，推荐、提拔了很多理学家，如胡安国、尹焞。王苹的理学思想集中体现在其著作当中，福清邑庠旧有《王苹文集》。卢钺《王著作文集序》道：

钺少始知学，景行前修，闻邻邑福清有郑介公侠，以忤王安石被谪，仕竟不显，有文集二册行于世，吾乡言节义者首称焉。钺兹焉客吴，始得著作王先生苹文集而读之，乃知其先亦为福清人，厥考始徙居吴中。先生从学程门，以王安石尚经义而废《春秋》，守所学不就科举。晚遭四七之际，卒以道鸣，而吾乡粹学之传又有人焉……夫惟上有传道统之君，下有宅道揆之臣，外而郡国，皆能以道学相尚，兹非人文之一泰与？故自王先生之既举也，越明年六月，召尹焞。又越二年三月，召胡安国。凡程门同学之士，以次显擢。呜呼，亦盛矣！然尝疑之，绍兴距今未远也，洛学源流，世之学者皆能历历指数，而著作之姓字则落落不挂齿颊间，岂其言论风旨不甚接于人耳目故耶？今观著作出处本末，则有信史；忠言嘉猷，则有奏篇；师友渊源，性理奥义，则有语录，非不足征也。而付之湮晦，岂

---

① （宋）汤汉：《陶靖节诗集注序·淳祐元年九月》，《全宋文》第343册，卷7924，第177页。

② 傅增湘：《藏园群书经眼录》，中华书局1983年版，第995页。

非为人后裔者之责,抑亦居于是邦者之羞也?福清邑庠旧有先生文集,而吴学独无有,非一大欠缺与。曩王公遂守此邦,始祠先生于学,访其后曰思文者,俾奉尝岁时,思文将以福清墨本刊于吴学,属钺序之……吴门文献之邦,使家有其书,士宗其学,庶乎师道立而善人多矣。①

卢钺,字威节,永福(今福建永泰)人。他的序指出,福清学校已有《王苹文集》,吴地各学校却还没有。不在吴地出版其文集,会让后人见责,也是邦人的羞辱。于是,他以福清墨本为底本,在吴学刻印此书,让王苹理学思想在吴中传播,也让乡人永远铭记王苹。文集里面有信史、奏篇、语录,文体多样,这些都是后人了解前人事迹和思想的文献证明。此书有两个版本,一是福清邑庠本,二是吴学本,故而《王苹文集》在福清和吴地传播。宋人书籍,一般会在出生地刊刻传播。同时,会在客居、做官的地方刊刻传播。

宝祐间,徐居谊主政永泰,刊刻其父徐自明《宰辅编年录》,"永嘉徐常博自明,作《宋朝宰辅编年录》,其子永阳邑大夫居谊刊之于梓,谒序于予"②。宝祐五年(1257)五月,陈昉《宰辅编年录序》载:

> 故太常博士徐公,永嘉之经师宿儒,容止靖严,言悉中节,行不越矩。论著满室,蝇头手笔,无一字不端楷,皆有益于世教。其录宰辅也,昉时年十八九,执册应对其间,粗审颠末。后三十余岁,欲板于三山郡斋而未果。会公之子居谊来宰永福,政成,能以俸金刻之县学,为一代之盛典,可敬也。公字诚甫,号憩堂,终零陵郡守云。宝祐五年五月五日,朝散郎、集英殿修撰、提举建宁府武夷山冲佑观、永嘉县开国男、食邑三百户、赐紫金鱼袋陈昉谨书。③

此书原准备在三山(今福建福州)郡斋刊刻,未果,后刊于永福(今福建永泰)县学。宝祐五年(1257)八月,福建路转运判官章铸《宰辅编年录序》记载该书刊刻信息,高度评价此书。其序道:

---

① (宋)卢钺:《王著作文集序·宝祐四年五月》,《全宋文》第351册,卷8124,第260~262页。
② (宋)赵某:《宰辅编年录序》,《全宋文》第347册,卷8024,第224页。
③ 《全宋文》第337册,卷7764,第53页。

司马温公既体《春秋左氏传》为编年一书，又欲仿班史叙宋兴以来百官沿革、公卿除拜，作《百官公卿表》，以便省览。今观徐公《编年》，惟及宰辅，而百官不及，则于省览为尤便。宋朝历代名德布满百职，辉映史册，先后相望，温公犹思表而出之，夫岂不足于夷考，而公之《编年》曰："姑舍是，非略也，媲诸作室之工，书于栋者惟都料匠与副之，而梓人不与焉。"公之《编年》，意或以是。夫大臣之进退臧否，国之否泰系焉，关涉至大。故公之为此书也，自建隆庚申讫嘉定乙亥，其间元臣硕辅，诰命所褒，建议所否，出处之颠末，德业之污隆，《长编》《系年》所不载，《拜罢录》《年表》所不具，而杂出于他书，旁搜远括，靡有遗弃。厘为卷帙，用工虽勤，然操其枢要，举其宏纲，贤于劳而寡要者远矣。谈者咸谓是书之成可观世道，吁，岂惟是哉！观庆历之盛则杜、富、韩、范之事业在所勉，观熙、丰之事，则荆舒之学在所惩。下不负所学，则景行先哲，区别邪正，以丕寅亮之规；上不负吾君，则追法前猷，吹齑往辙，益谨乎若时登庸之道。则是书有补于世，所以续皇家万亿年无疆之休，自此《编年》始，真作宋一经者也。公讳自明，尝为太常博士。子居谊，宰永阳，以廉名。鸣琴之暇，取家藏之秘锓于邑序，使垂世懿范不至无传，厥功不在《编年》下。宝祐丁巳八月朔，中奉大夫、福建路转运判官章铸序。①

黄璞，字德温，号雾居子，莆田（今福建莆田）人。其所做《闽川名士传》是福建名士传记。语言诙谐生动，注重情节安排，类似佚事小说。注意文人相关诗文辑录，具有文学价值。涉及唐代闽籍进士以及有一定实力但未考中进士者，共五十四人。此书在长乐郡学舍刊印颁行，是以太清楼秘阁本作为底本校正。洪迈《书闽川名士传后》记载一切：

右《闽川名士传》三卷，唐宗文馆校书郎黄璞所著也。璞，僖、昭间人，自号雾居子，好著书，多传于时。然其文寒涩弱陋无大体，又出晚唐诸人下。独是书纪闽士详甚，其平平无闻不能自列于史官者，赖以不泯，实有功于闽，闽传之宜。盖著录者凡五十有四，起中宗神龙，讫昭之大顺。历岁二百，而上春官第者才四十而三，不足以当国朝盛时一岁士。文治兴衰，相万如此！韩文公曰闽人举进士繇欧阳詹始，史因之。今考是书，其

---

① 《全宋文》第346册，卷7990，第145～146页。

前盖有薛令之林藻，以《登科记》验之，信然。韩公偶不致详耶？抑以詹同年生尊之也？书藏于人不广，多脱误。顷予以太清楼秘阁本是正之，然后可读。又有传后题累四百言，益猥酿，且于传无益，则弃弗取，他有未题者姑存之，须善本云。绍兴乙巳八月，刻于长乐郡学舍。①

材料介绍了黄璞的生平，《闽川名士传》的基本内容及《闽川名士传》的流传为后人了解闽籍人士情况提供的方便等内容。值得一提的是，该书对福建进士问题进行了详细考证：一般认为，闽籍进士是从欧阳詹开始，"韩文公作《欧阳詹哀辞》，言闽人之举进士自詹始，明詹以来未有举进士者也"②，"闽粤自唐欧阳詹始举进士，以文章与时闻人亢声名，为世所贵重。后有慕詹者以仕进，及五代亦世有人焉。然文气愈衰薄，无能与詹比者"③。作者认为，闽籍进士并非从欧阳詹开始，欧阳詹之前已有薛令之、林藻等人。这是一个重大发现。

2. 莆田郡庠

苏思恭，字钦甫，晋江（今福建晋江）人。为兴化军学教授时，主持刊刻《论语通释》。莆田人陈宓作序，他在序中告诫世人，此书刊印凝聚苏思恭很多心血，希望学者认真研读，不要因为印刷传播时代书籍容易获得，而忽略该书价值。只有重视此书，才对得起苏君诲人不倦之意。陈宓写道：

> 吾乡士友欲观是书，不可多得，往往转借艰滞，莫偿见闻。郡文学温陵苏君思恭，潜心理义，岁月深久，分教莆壘，专以是道诲人，学者确然知理义之可说。既有以兴起其志矣，可无书以开导而启发之乎？郡庠旧有《集注》，于是直取《集义》《或问》《通释》，别为一帙以足之。俾学官互观参考，且可以家有其书。此苏君汲汲诲人之意也，学者毋以易得而忽诸！④

陈宓记载透露，莆田郡庠已经出版《论语集注》，缺少《论语通释》。《论语通释》"不可多得"，苏思恭得知"士友"非常想观此书，取"《集义》《或问》《通释》，别为一帙以足之"，编成此书，希望此书在学官之间相互参阅、传播，

---

① （宋）洪迈：《书闽川名士传后》，《全宋文》第222册，卷4917，第64～65页。
② （宋）刘敞：《张氏杂义序》，《全宋文》第59册，卷1285，第206页。
③ （宋）蔡襄：《兴化军仙游县登第记序》，《全宋文》第47册，卷1014，第129页。
④ （宋）陈宓：《跋论语集义或问通释》，《全宋文》第305册，卷6963，第155页。

学士大夫收藏。

关于《论语通释》的编纂与传播情况，陈宓在《与苏教授思恭劄》中也有提及，"《通释》之误，不知有改本，《或问》能考正详密，足见用心之精，苟如此，何患不进，真某之所愧畏也"①，他谦虚表达自己学问的浅薄及对学问的敬畏。《论语通释》除莆田郡庠本，还有延平郡庠刻本，"勉斋黄先生幹作《论语通释》一书，所以绅绎文公朱先生之意尽矣。某尝版于延平郡庠，与学者共之"②。

莆田学宫还刊刻其他著作，陈宓跋文清楚地记录刊刻信息：

> 陈君汲既刻文公朱先生诸书于莆阳学宫矣，又谓《近思录》乃四先生名言要论，皆发六经所未明之旨，在学者尤不可缓。伊川先生尝谓"圣贤作文，有如制器，一言不立，则一器有缺"，是书六百余条，其殆类是。③

> 朱文公平生精力，尽于四子《章句》《或问》《集注》《辑略》，决择是正，精确详密，虽使孔孟复生，若合一契。盖以《大学》为学之始，《论》《孟》次之，《中庸》为学之终。使人自志学至成德，求之而不穷，自修身至平天下，用之而不尽，其有功于后世大矣。经生学士所宜家传人诵，幼习壮行，然而多尚词华，罕知讲习，间有能读者，口耳之外，未必体之于心。教之不明，道之不行，此其由也。是书邈陬远峤，或广其传，莆阳学宫顾未之有。三山陈君汲，笃信君子也，哀学余廪，慨然鸠工锓刻，以惠学者，俾知进学之门庭，造道之阃奥，可谓以文公之心为心矣。书成，属某识于卷末，用勉同志云。④

> 观此，则知世儒所说象数千条万绪，不可终穷，要皆蔽空，出于圣人所言之外，虽愈新奇，终无用也。莆阳学宫诸书略备，校官陈君森谓此书独缺，刻示好学者，俾某书于后。顾惟未学，何敢措词，辄刺文公语学者大意以塞其请云。⑤

---

① 《全宋文》第305册，卷6959，第34～35页。
② （宋）陈宓：《跋论语集义或问通释》，《全宋文》第305册，卷6963，第155页。
③ （宋）陈宓：《跋近思录》，《全宋文》第305册，卷6963，第155～156页。
④ （宋）陈宓：《跋四子章句或问集注辑略》，《全宋文》第305册，卷6963，第157页。
⑤ （宋）陈宓：《跋易学启蒙》，《全宋文》第305册，卷6963，第154～155页。

莆田学宫雕印《近思录》《四子章句或问集注辑略》《易学启蒙》，陈宓作为莆田出生和成长起来的大儒，分别给这些书籍作跋。

陈宓，陈俊卿之子，字师复，号复斋，少随朱熹学，长从黄榦游。曾知安溪、南康军、南剑州，创立延平书院。宝庆二年（1226），提点广东刑狱，三上章辞不就，以直秘阁主管崇禧观。著作有《论语注义问答》《春秋三传抄》《读通鉴纲目》《唐史赘疣》，现存《复斋先生龙图陈公文集》二十三卷、附录一卷。

《刘克庄文集》也是在莆田郡庠刊刻，《后村先生大全集序》载：

> 后村先生以文章名当世。初，集本未刊时，四方之士随所得，争传录之，而见者恨未广也。予戊申备数守莆，方得前集，刊之郡庠，于时纸价倍常。及后村两自京还，石塘、小孤山二友始求公近稿（下缺）二十年共成后、续、新三集。今此书传流遍江左矣，后村（下缺）任送终之责，各尽其心。季子季高既成负土之役，又（下缺）为一部而汇聚之，名以《大全》，共二百本。其本差小，将（下缺）诵也。将成，先以寄余。余曰：太白没，伯禽尚幼，遂以文稿（下缺）阳冰；乐天因佳儿蚤夭，自以文集录为三本，分寄圣善南（下缺）寺诸上人。珍爱其文如此，而不能有子以传之，死生之际。遗憾盖可知也。今先生之文既行于世，而季高又拳拳及此，先生之无遗憾，谪仙醉吟所不及多矣。季高名山甫，先生第三子也。咸淳六年岁庚午秋九月菊日，竹溪林希逸书。①

刘克庄的文章很受儒生欢迎，文集还没有出版之前，天下学者就"争传录之"，且"见者恨未广也"。林希逸守莆田时，在郡庠刊刻前集，"于时纸价倍常"。后石塘、小孤山二友整理后集、续集和新集。至此，刘克庄作品收集全备。儿子刘季高汇成《大全》，共二百本，寄给林希逸，林希逸为该书作序。林希逸认为刘克庄作品由其子传下来，可以无憾矣。

3. 泉州郡庠

陈应行，字季陆，建安（今福建建瓯）人。淳熙二年（1175）特奏名进士第一人，以迪功郎充泉州州学教授。著作有《读史明辨》《读史明辩续集》《杜诗六帖》《历代吟谱》等。陈应行《禹贡山川地理图跋》记载了《禹贡山川地理图》刊刻的来龙去脉：

---

① （宋）林希逸：《后村先生大全集序·咸淳六年九月》，《全宋文》第335册，卷7732，第346～347页。

  阁学尚书程公曩在经筵,进黑水之说,上动天听。因以《禹贡》为论为图,启沃帝心,且以东渐西被、教暨朔南为惓惓之忠尽在于此。呜呼,大哉言乎!其本藏之秘馆,天下学者欲见而不可得。岁在庚子,公以法从出守温陵,而编修彭公提舶于此,与公有同舍之旧,得其副本。应行一日抠衣彭公之门,质疑之余,出示书一编,曰:"此程公所进《禹贡论图》也,子见之乎?"因再拜以请,而三复其说。见其议论宏博,引证详明,皆先儒之所未及,乃请于公,愿刊之郡庠,以与学者共之。公曰:"是吾志也。"乃出公帑十五余万以佐其费,复请公序以冠其首。①

  彭公从程公那里获得《禹贡》,出示给陈应行过目,陈应行看后,觉得此书"议论宏博,引证详明",能够发先儒之所未发。于是,请求程公在郡庠刊板,希望此书"以与学者共之"。陈应行的倡议得到彭公附和,"出公帑十五余万以佐其费",使得此书得以传播,造福后生。程公为此书作序,陈应行作跋。另外,淳熙九年(1182)十月,陈应行《谦虚跋》记载了《潜虚》《发微》在泉州州学刊刻情况:

  右司马文正公《潜虚》。应行尝恨建阳书肆所刊脱略至多,几不可读。及得邵武本,虽校正无差,而繇辞多阙,淳熙九载,文正公曾孙待制侍郎出守温陵,应行备数芹泮,获忝门下士之列,亲得公家传善本,繇辞悉备。复以张氏《发微论》附之。应行再择以请曰:"愿广其传,以惠学者。"公曰:"是吾志也。"遂以邵武旧本参稽互考,刻之郡庠,使人人得见全书,抑何幸耶!淳熙壬寅孟冬朔日,迪功郎,充泉州州学教授陈应行谨跋。②

  《潜虚》在闽地有建阳书肆本、邵武本、家传善本以及泉州郡庠重编本四个版本。建阳书肆本和邵武本质量并不是不好,而是经过长时间传播,书籍脱漏颇多,导致不能阅读。司马光曾孙出守温陵(今福建泉州),泉州州学教授陈应行才有机会亲眼目睹家传善本。出于对此集的喜爱以及嘉惠后学需要,陈教授建议刊刻传播。这一建议也得到司马光曾孙的一致赞同。于是,在泉州郡庠付诸刊刻,并附有张氏《发微论》,使后人得以一窥书籍全貌。

---

  ① (宋)陈应行:《禹贡山川地理图跋·淳熙八年正月》,《全宋文》第274册,卷6212,第418页。
  ② 《全宋文》第274册,卷6212,第419页。

4. 临汀郡庠

韦骧,字子骏,曾任福建路转运判官,其文集《钱塘韦先生集》是乾道四年(1168)孙韦能定守汀州时所刻,"临汀有文集,盖其孙作守时刻之"①。之所以刻板,是因为担心时间久远,书籍亡逸,辜负先人心意。刻工在临汀郡庠锓板。该本为韦骧文集最早刻本。本来有二十卷,最后二卷遗失,所以最终定为十八卷,其中卷十八载词十一首。韦能定《钱塘韦先生集跋》道:

> 先大父文稿二十卷,家藏日久,中以季父参仪携往别墅,最后二卷遗失,不可复得。能定大惧岁月寝远,复有亡逸,以堕先志,谨命工锓木于临汀郡庠。时乾道四年五月中澣,孙右奉直大夫、知汀州军州,主管学事兼管内劝农使能定谨题。②

韦骧还有《赋集》(二十卷),在文集之前刊板行世,陈师锡《宋故左朝议大夫致仕上柱国陇西县开国子食邑五百户赐紫金鱼袋韦公墓志铭》明确记载:"料理平生文稿,示子孙曰:'吾之志在此耳。'集成二十卷,藏于家。赋二十卷行于时。"③韦骧十七岁时,就表现出作赋的才华,以《借箸赋》谒王安石,得到王安石大力推崇,王安石觉得"文士唯子(韦骧)与董顾行耳"。其赋作,"当时每一赋之成,学者争传诵之"④,赋作传播,提高了他在文人学士中的知名度。

此外,根据叶德辉《书林清话》统计,宋代福建学校刻书还有:南剑州州学刻孙甫《唐史论断》(三卷),兴化军学刻蔡襄《蔡忠惠集》(三十六卷),邵武军学刻廖刚《高峰集》(十二卷),泉州州学刻沈与求《沈忠敏公龟溪集》(十二卷),程大昌《演繁露》(六卷),真德秀《心经》(一卷),临汀郡庠刻晁说之《嵩山文集》(二十卷),福唐郡庠刻班固《汉书》(一百二十卷),宁化县学刻贾昌朝《群经音辨》(七卷)。⑤

---

① (宋)周必大:《跋黄鲁直帖》,《全宋文》第231册,卷5134,第5页。
② (宋)韦能定:《钱塘韦先生集跋·乾道四年五月》,《全宋文》第200册,卷4429,第329页。
③ 《全宋文》第93册,卷2031,第262页。
④ (宋)陈师锡:《宋故左朝议大夫致仕上柱国陇西县开国子食邑五百户赐紫金鱼袋韦公墓志铭》,《全宋文》第93册,卷2031,第261页。
⑤ (清)叶德辉:《书林清话》,上海世纪出版集团2012年版,第53~60页。

（三）各级郡斋

郡斋出版主要集中在建宁府郡斋、南剑州郡斋、邵武郡斋和同安郡斋。建宁府郡斋本《容斋随笔》由建宁府知府洪伋刊刻。南剑州郡斋本《朱文公校定昌黎先生集》由福州长溪人王伯大刊刻；《春秋传》由叶筠刊刻；《龟山年谱》由将乐县黄去疾刊刻，邵武郡斋本《梁溪先生文录》由邵武军知军姜注刊刻。同安郡斋本《楚辞辩证》由福州长乐人杨辑刊刻。

1. 建宁府郡斋

洪伋，洪适之孙，鄱阳人。淳熙间为奉议郎、荆湖南路提举茶盐司干办公事。嘉定间知广州、扬州。十六年（1223），由知建宁府除直敷文阁、知隆兴府，洪伋任建宁府知府时，在郡斋刊刻叔祖洪迈《容斋五笔》。《容斋五笔跋》道：

> 叔祖文敏公居闲日久，著述为多，《随笔》五书凡七十四卷，考覈经史，捃摭典故，参订品藻，精审该洽，学士大夫争欲传袭，伋顷守章贡，后公四十年，以其书锓于郡斋。揭来守建，又后公四十三年，于是复锓此书于建。方欲汇公之文，刻真祠下，适以移官未暇也，当嗣图之，以成山庄先生之志云。①

《容斋随笔》共五集，七十四卷，一千二百二十则，为洪迈读书笔记集合。该书包罗万象，博大精深，内容丰富，议论精当，是宋代具有学术价值的笔记小说。从上述材料可知，洪伋守章贡（今江西赣州）时，刻《容斋随笔》于章贡郡斋，后知建宁府，又刻于建宁。《容斋随笔》有章贡本和建宁本。从"学士大夫争欲传袭"语可以看出，洪迈作品传播广、受欢迎。此外，洪伋守宣州时，在郡斋还刊刻谢朓的《谢宣城集》。

朱熹《易说》在建阳刊印。淳祐十二年（1252）正月，《朱文公易说跋》道：

> 先文公于《易》有《启蒙》，有《本义》，皆所以发明往圣前民用之意，而《遗说》之辑，盖取诸门人记录问答之语，往往与《启蒙》《本义》交相

---

① （宋）洪伋：《容斋五笔跋·嘉定十六年八月》，《全宋文》第304册，卷6941，第123页。

发挥，则又鉴假守富川时所会粹者也。建阳赵令刊此编于县斋，鉴尝为之序。今复以付之书市，使锓梓以广其传，不复敢赘为之说云。淳祐壬子壬春正月朔，适孙朝请大夫、主管绍兴府千秋鸿禧观朱鉴谨识。①

"建阳赵令刊此编于县斋，鉴尝为之序"，说明《易说》刻于建阳县斋，朱鉴作序。后又在书坊重刻，广泛传播。此书是朱鉴守富川时所编，主要记录朱熹与门人讨论问题之语，与《易启蒙》《易本义》一起交相发挥，共同构成朱文公研究《易经》著作。

2. 南剑州郡斋

王伯大，字幼学，号留耕，长溪（今福建霞浦）人，嘉定七年（1214）进士。历知临江军、信阳军、池州、婺州、建宁府。《朱文公校昌黎先生集》（四十卷）、《外集》（十卷）、《遗文》（一卷），韩愈撰，王伯大集注。王伯大《朱文公校昌黎先生集序》载：

> 郡斋近刊《朱文公校定昌黎集》，附以考异，而音辩则旧所刊也。初读者未免求之音辩，质诸校本，既字不尽同，且音讹事多缺。此书有集注，有补注，有辩证，有全解，音通句释，引物连类，虽若加详，而于本文间亦牴牾，余颇病之。今悉从校本更定音训，因旁摭诸家注解，效本文用事者枚举而记，其凡有未备，则访诸士友博权此书者，并记之。意其阙逸尚多也。昔黄太史有云："杜诗韩文，无一字无来处。"窃谓必尽所云，而后可读二文公之书。过不自料，附所尝记录于逐卷之左，而空其下方，以待来者窜释，冀更相缉续，于音辩或有补云。宝庆三年季夏既望，承议郎、特添差通判南剑州军州兼管内劝农事王伯大谨书。②

从王伯大序文可知，《朱文公校昌黎集》南剑郡斋刊刻，附有考异，"而音辩则旧所刊也"。旧本用字不尽相同，注音错误颇多。王伯大对旧本并不看好，评价不高。因为"杜诗韩文，无一字无来处"，所以编辑他们书籍时，要更加负

---

① （宋）朱鉴：《朱文公易说跋·淳祐十二年正月》，《全宋文》第317册，卷7264，第67～68页。

② （宋）王伯大：《朱文公校昌黎先生集序·宝庆三年六月》，《全宋文》第323册，卷7420，第156页。

责、谨慎，不可掉以轻心。宝庆三年（1227），王伯大重新编订、集注和刊刻《朱文公校昌黎集》。

叶筠在南剑州时，刊印叶梦得《春秋传》。《石林先生春秋传后序》道：

> 先祖左丞著《春秋》谳、考、传三书，自序云："自其《谳》推之，知吾之改正为不妄也，而后可以观吾《考》。自其考推之，知吾之所择为不诬也，而后可以观吾《传》。"是以并刊三书于南剑郡斋。开禧乙丑岁九月一日，孙朝散郎、权发遣南剑州军州兼管内劝农事筠谨书。①

"先祖左丞"，指叶梦得。因其做过"尚书左丞"，故称。叶梦得《春秋谳》《春秋考》《春秋传》三书，其孙叶筠刻于南剑郡斋。胡安国和刘敞也著有《春秋传》。

黄去疾知将乐，刊印《龟山年谱》。咸淳六年（1270）三月，《龟山年谱序》载：

> 龟山先生之书，其《文集》《经说》《论语解》《语录》已刊于延平郡斋，《中庸义》已刊于临汀，独年谱闽中尚缺。去疾试令先生阙里，亦既建精庐，聚简册，与学子诵习其间，念此书不可无传，访故家得写本，因订正其纪年，增补其书文，又聚梁溪李丞相诸公祭文、谥议，及水心，东涧所作旧宅记而附入之，于是年谱遂为全书，而先生之嘉言善行，开卷可得其大概矣。然则此书之有功于世教。岂但以纪岁月、志出处，备本末而已哉？咸淳庚午清明节，邵武黄去疾谨书。②

根据黄去疾记载，杨时多数著作在福建已刊刻传播：延平郡斋刊刻《文集》《经说》《论语解》《语录》，临汀刊刻《中庸义》。唯独缺少《年谱》。黄去疾任将乐县令时，觉得"此书不可无传"。因此，访求家族传写本，在此基础上修改、完善，然后又附以李纲等人的祭文、谥议，还附以叶适、汤汉所作旧宅记，编成《年谱》。黄去疾还在将乐龟山创立龟山精庐，收集、保藏书籍，闲暇之余，

---

① （宋）叶筠：《石林先生春秋传后序》，《全宋文》第325册，卷7468，第136页。
② （宋）黄去疾：《龟山年谱序·咸淳六年三月》，《全宋文》第353册，卷8165，第76页。

与学子一起诵读。

3. 邵武郡斋

李纲，字伯纪，号梁溪，邵武（今福建邵武）人，政和二年（1112）进士，授承务郎，监察御史兼权殿中侍御史，太常少卿。因坚决反对先金人割地求和，被贬夔州。高宗朝时，他被重新任用。因再次坚决主张抗金，遭投降派排挤，又被贬谪到万安军，任宰相仅七十五天。虽然多次遭贬，但一直关心国事，不忘抗金之心。卒于福州。

李纲著作多在邵武刊刻。选择邵武，以示对其本地俊贤之敬重。《梁溪先生文集》就是其中一种。嘉定十三年（1220），姜注《梁溪先生文集跋》道：

> 注窃惟大丞相一代鸿儒，三朝元老，丰功伟烈，著在国史，炳若丹青。出处大致，名公巨卿记录尤备。邵武乃公之故乡，郡斋已刊《奏义》，独贻集尚缺，无以副邦人景行之思。注假守绣里，莅事之余，屡加搜访，了不可得。会丞相之孙制机与其族孙国录示以全帙，注盥手薰诵，至于再三。顾虽不肖，亦知兴起。鸠工刻梓，属泮师董其事，凡三月而后成。于以传示将来，启迪后学，注亦得以记名编末，与有荣耀。①

"邵武乃公之故乡，郡斋已刊《奏义》"，说明李纲的《奏义》在邵武郡斋刊刻。姜注嘉定间知邵武军，政事之余，多次搜集与访问李纲文集，未得。后"会丞相之孙制机与其族孙国录示以全帙"，才使得锓板广传，前后共花三月时间。

4. 同安郡斋

杨楫，字通老，号悦堂，长乐（今福建长乐）人，淳熙十五年（1183）进士，历莆田尉，司农寺簿，国子博士，转少卿。对朱熹理学很感兴趣，后为朱熹学生，以弘扬和传播理学思想为己任。与朱熹门下的杨方、杨简一同被称为"三杨"。绍熙五年（1194），朱熹因受权臣韩侂胄迫害，归隐建阳考亭，著书讲学，杨楫也赴考亭侍学。朱熹为《楚辞》作注之时，杨楫不但积极参与，还主动帮助刊印《辨证》，亲自撰写跋文。其跋文曰：

> 庆元乙卯，楫自长溪往侍先生于考亭之精舍，时朝廷治党人方急，丞

---

① （宋）姜注：《梁溪先生文集跋·嘉定十三年十二月》，《全宋文》第318册，卷7307，第363页。

相公谪死于道，先生忧时之意屡形于色。忽一日，出示学者以所释《楚辞》一编，楫退而思之，先生平居教学者，首以《大学》《语》《孟》《中庸》四书，次而六经，又次而史传，至于秦汉以后词章，特余论及之耳，乃独为《楚辞》解释，其义何也？然先生终不言，楫辈亦不敢窃有请焉。岁在己巳，忝属胄监，与先生嗣子将作簿同朝，因得录而藏之。今以属广文游君参校而刊于同安郡斋。嘉定四年七月朔日，门人长乐杨楫谨述。①

杨楫跋文交代《楚辞辨证》来龙去脉：朱熹平常教学都是先《四书》，次《六经》，后《史传》。看到朱熹突然为《楚辞》作注释，感到纳闷，遂请教朱熹，朱熹却"终不言"，"楫辈亦不敢窃有请焉"。嘉定二年（1209），"与先生嗣子将作簿同朝，因得录而藏之"。嘉定四年（1211），"属广文游君参校而刊于同安郡斋"。

福建地方郡斋刻书还有：嘉定十二年（1219）泉州县斋刻《资治通鉴纲目》、淳祐二年（1242年）刻《政经》、嘉定十四年（1221）莆田郡斋刻《复斋易说》、淳祐九年（1249年）刻《后村居士集》。

二、民间传播机构

民间传播机构主要包括私家、书院和寺观。私家刻本，质量往往较好。私家出版图书，是为了名声。书院刻本多为理学书籍。寺观刻本多为宗教书籍。

（一）私家刊行书籍

私家刻本中，较有代表性的人物有刘元起、魏仲举、黄善夫、蔡梦弼。他们所刻书籍一般会冠以"某某家塾"字样，这种字样作为一种标识，形成一种品牌，可以和其他图书区分开来。宋代福建私家刻书，一是出于家庭授习的需要；二是为了传之后世。

1. 私家刻书的目的

私家刻书，是私人出资、主持刊刻书籍。私家刻书的目的，肖东发《私家刻书的源流及特点》一文，给予明确说明：

---

① （宋）杨楫：《楚辞辨证跋·嘉定四年七月》，《全宋文》第282册，卷6411，第391页。

> 私家刻书的目的不是为了钱，更重要的在于名。这一点是私刻与坊刻的根本区别，尽管某些私刻也有售书活动，如毛晋等，但这不是私家刻书的主流。因为私刻主人多为官僚、地主、富绅，他们不需要依赖刻书来赚钱，刻书不过是为了提高名誉、声望、地位的手段。从中国封建社会的传统观念来分析，名门望族，士大夫阶层历来瞧不起营营逐利之辈，是不屑于与商贾合流的，这也是决定私家刻书非商业化的重要因素。我们从对古代著名私人刻书家的刻书内容及刻书活动的分析中，也不难看出私家为名而刻的特点十分鲜明。他们以刻书为荣，有的刊刻家集宣扬祖德，以示门第高贵；有的刊刻乡土文献，选辑邑文，以示地望之不凡；有的搜罗佚典秘本，校刻行世，以示学问之博雅；有的代官场名流刻书，抬高自身，也利名人荐举。①

肖东发对私刻目的的概括，高屋建瓴，一语中的。除为"名"，私家刻书有时也是为满足家庭成员授习需要。淳祐八年（1248）五月，叶采刊刻《近思录集解》，就是如此。其《近思录集解自序》曰：

> 时则朱子与吕成公，采撷四先生之书，条分类别，凡十四卷，名曰"近思录"。规模之大而进修有序，纲领之要而节目详明，体用兼该，本末弹举……采年在志学，受读是书，字求其训，句探其旨，研思积久，因成"集解"。其诸纲要，悉本朱子旧注，参与升堂纪闻及诸儒辩论，择其精纯，刊除繁复，以次编入。有阙略者，乃出臆说，朝删暮辑，逾三十年，义稍明备，以授家庭训习。②

这篇自序记载，刊刻《近思录集解》，是为了满足家庭训练和学习需要。叶采花三十余年时间研究所获心得，都在《集解》这本书中。这里也有叶采个人阅读《近思录》的经验和感受。《集解》这本书，见证着作者的阅读史、心态史和精神成长史。

有的家刻，是为了让家族书籍流传后世，传播文化。比如郑侠《西塘集》，

---

① 肖东发：《私家刻书的源流及特点》，《编辑之友》1991 年第 6 期。
② （宋）叶采：《近思录集解自序·淳祐八年五月》，《全宋文》第 341 册，卷 7871，第 149 页。

由其孙编纂刊刻，而编纂刊刻该书的目的，就是为了让此集传之后人。廖挺《西塘集题识》曰：

> 隆兴甲申，先生之孙出守盱江，挺承泛泮宫，一日辱宠示家集，挺伏读至《望阙台记》，乃知先生于流离困踬之余，而忧国爱君之心有加无已，其视遗佚则怨、厄穷则悯者，贤否何如也？既而贰车龚侯览之，谓先生之文，浑全博雅，片言单辞悉存教诫，乃白使君，请镂版以垂不朽。公从之，属挺参订舛讹，仍输赀鸠工。越三月告成，命以所刊版置之学。俾诸生获观前辈之言，知典刑之大略，而有所矜式，岂曰小补哉！①

郑侠孙守盱江时，廖挺在盱江泮宫任职。廖挺从郑侠孙那里读到郑侠文章，为郑侠举动和精神感染，建议郑侠孙将其家集刊刻，以垂不朽，使"诸生获观前辈之言，知典刑之大略"。可见，此集刊刻，就是为了让书籍历代传播下去，使后之学者读其文，知其人，既传播文化，又缅怀先人。《西塘集》刊刻共花三月时间，在盱江学宫刊成，书板置于学宫。

私家刻书普遍，刻书数量很多。根据后世传本以及各家书目考证，两宋私人刻书家见于著录者，40 位左右。私刻本底本完好，校勘细致，雕印质量较佳，"紧紧抓住选底本、校勘、书写、刻版（包括印刷装潢）等出版印刷过程中的主要环节，所以才印出高质量的书籍"②。

2. 福建家塾刻书

家塾本，是宋代福建私刻中较有代表性的一种版本。家塾是以家中子弟为教学对象的教育形式，为子弟的教育和培养起到重要作用。朱熹杰出弟子之一蔡元定的成才，就离不开蔡发的家塾教育。蔡发早年游学四方，后"杜门扫轨，专以读书教子为事。子元定生十岁，即教使读《西铭》。稍长，则示以《程氏语录》《邵氏经世》《张氏正蒙》，语之曰：'此孔孟正脉也'。晚号'牧堂老人'。朱文公称其所以教子者，不干利禄，而开之以圣贤之学，其志识高远，非世人所及"③。胡安国培养侄子胡寅很有办法，"少桀黠难制，安国闭之空阁中，其上

---

① （宋）廖挺：《西塘集题识》，《全宋文》第 220 册，卷 4873，第 46~47 页。
② 肖东发：《私家刻书的源流及特点》，《编辑之友》1991 年第 6 期。
③ （清）张琦等：《建宁府志·卷 28·蔡发传》，南平地区方志委 1994 年标点本，第 621 页。

有杂木，寅尽刻为人形。安国曰：'当有移其心。'别置书数千卷于其上。年余寅悉成诵，不遗一卷。寅早闻道于家庭，与弟宏磨砻熏染，所学粹然。"①其家塾还培养了胡宏、胡宪、胡宁等名震一时的大儒。

宋代各级统治者倡导尊师重教，知识分子地位高过历代王朝。许多名门大族、官僚士绅家里都设有私塾，聘请先生教育子弟。先生都是饱学之士，教书之余，还编书、校书。主人或出于对先生治学精神的敬佩，或出于附庸风雅，或出于培养子弟读书兴趣，往往出资赞助先生刊刻书籍。叶德辉认为："宋时家塾刻本，其名姓亦甚繁多，今所最著如岳珂之相台家塾刻《九经三传》，廖莹中之世彩堂刻《五经》、韩柳集，皆至今为人传诵。"②

> 世所传九经，自监、蜀、京、杭而下，有建余氏，兴国于氏二本，皆分句读，称为善本。廖氏又以余氏不免误舛，于氏未为的当，合诸本参订，为最精。板行之初，天下宝之。流布未久，元板散落不复存。尝博求诸藏书之家，凡聚数帙，仅成全书。惟其久而无传也，爰仿成例，乃命良工刻梓家塾。如字画、如注文、如音释、如句读，悉循其旧，且与明经老儒分卷校勘，而又证以许慎《说文》、毛晃《韵略》，非敢有所增损于前。偏旁必辨，圈点必校，不使有毫厘讹错，视廖氏世彩堂本加详焉。旧有总例，存以为证。③

岳珂对《九经三传》之流传，总结道："建余氏，兴国于氏二本……称为善本"，"廖氏又以余氏不免误舛，于氏未为的当，合诸本参订，为最精"。廖氏本刊刻之初，"天下宝之"，随着时间流逝，原板几不存在。岳珂访求诸多藏书之家，收集整理，重编此书，"偏旁必辨，圈点必校，不使有毫厘讹错"，编毕，"命良工刻梓家塾"。可以说，此书是一件非常完美的作品。

家塾本是富贵人家私塾教师依靠主人财力刊刻的书籍。"在封建社会里，官僚、地主及富商大贾，往往都设立家塾，聘师教授自己的后辈。这种被聘的教

---

① （清）张琦等：《建宁府志·卷28·胡寅传》，南平地区方志委1994年标点本，第616页。
② （清）叶德辉：《书林清话》，上海世纪出版集团2012年版，第63页。
③ （宋）岳珂：《相台书塾刊正九经三传沿革例序》，《全宋文》第320册，卷7359，第351页。

师虽未必有什么科第功名，但往往有真才实学。在教书的过程中，常常就自己的志趣和所长，或著述，或校勘、整理、注释、阐明前人的著作，并依靠主人的财力，刊刻成书，故家塾本也属于私刻之一种。而且是私刻中很有代表性的一种版本"①。

宋代福建家塾本一般都有"刘元起家塾""魏仲举家塾""黄善夫家塾""蔡琪家塾""蔡子文东塾""建溪三峰蔡梦弼东塾""陈彦甫家塾""建安曾氏家塾""建安虞氏家塾"字样，"在这些所谓私宅家塾中，有的也许不过是以家塾之名，行贩卖之实"。福建得天独厚的印刷条件，吸引制作木版的刻工们"直接来到原材料的产地，就地采购，现场加工……随着刻工的云集，其技术也流传开来，出版于是成为当地的固定产业，书商借此营利，家塾借此扬名"②。代表性私刻详述如下：

刘元起，字之问，庆元元年（1195）刻《汉书注》（一百卷）、《后汉书注》（一百二十卷），目录后均有"建安刘元起刊于家塾之敬室"牌记。据谢水顺、李珽先生考证，所刻《汉书注》与黄善夫所刻《史记》《后汉书注》，"很可能同出一家写刻工人之手，只不过是由刘、黄两家分别出资而已"，因为"黄、刘本同时人，又同居住在麻沙"③。

魏仲举，字怀忠，庆元六年（1200）刻《五百家注音辨昌黎先生文集》（四十卷）、《外集》（十卷）；《五百家注音辨柳先生文集》（二十一卷）、《外集》（二卷）。李致忠认为："至于所题'五百家注'，两书注者哪部也没有五百家。之所以要题五百家，乃是广告性质的宣传，目的是为拓展市场，扩大营销，牟取利润。"④

黄善夫，字宗仁，庆元年间刻《史记集解索引正义》（一百三十卷），合集解、索隐、正义于一书，是《史记》三家注的最早刊本，"将三家说解分别列于《史记》正文之下，使读者阅读能兼采诸家之说，大大方便了学习，故传播甚广"⑤。还刻《王状元集百家注分类东坡先生诗》。王状元即王十朋，字龟龄，号梅溪，乐清（今浙江乐清）人。《王状元集百家注分类东坡先生诗》为王十朋编

---

① 肖东发：《私家刻书的源流及特点》，《编辑之友》1991年第6期。
② （日）清水茂：《清水茂汉学论集》，《印刷术的普及与宋代的学问》，中华书局2003年版，第97页。
③ 谢水顺、李珽：《福建古代刻书》，福建人民出版社1997年版，第77页。
④ 李致忠：《昌平集》，上海古籍出版社2012年版，第561页。
⑤ 谢水顺、李珽：《福建古代刻书》，福建人民出版社1997年版，第73～74页。

纂，王十朋在《增刊校正百家注东坡先生诗序》中道：

> 况东坡先生之英才绝识，卓冠一世，平生斟酌经传，贯穿子史，下至小说杂记，佛经道书，古诗方言，莫不毕究。故虽天地之造化、古今之兴替、风俗之消长与夫山川草木禽兽鳞介昆虫之属，亦皆洞其机而贯其妙，积而为胸中之文，不啻如长江大河，汪洋闳肆，变化万状，则凡波澜于一吟一咏之间者，讵可以一二人之学而窥其涯涘哉！予旧得公诗八注、十注，而事之载者十未能五，故常有窥豹之叹。近于暇日搜诸家之释，裒而一之，划繁剔冗，所存者几百人，庶几于公之诗有光。虽然，自八而十，自十而百，固非略矣，而亦未敢以繁言。盖以一人而肩乌获之任，则折筋绝体之不暇，一旦而均之百人，虽未能舂容乎通衢，张王乎大都，而北燕南越亦不难到。此则百注之意也。若夫必待读遍天下书，然后答尽韩公策，则又望诸后人焉。①

王十朋谈到编纂《集百家注分类东坡先生诗》的目的，认为"虽未能舂容乎通衢，张王乎大都，而北燕南越亦不难到。此则百注之意也"。黄善夫所刻书籍是建本书籍的代表，为历代藏书家所推重。

蔡梦弼，字傅卿，号三峰樵隐，乾道七年（1171年）刻《史记集解索引》，是现存最早的《史记》集解和索引合刻本。开禧元年（1205）八月，俞成《校正草堂诗笺跋》一文，谈及对蔡梦弼的认识：

> 吾党蔡君傅卿，生平高尚，不求闻达，潜心大学，识见超拔。尝注韩退之、柳子厚之文，了无留隐。至于少陵之诗，尤极精妙。其始考异，其次辨音，又其次讲明作诗之义，又其次引援用事之所从出。凡遇题目，究竟本原；逮夫章句，穷极理致。非特定其年谱，又且集其诗评，参之众说，断以己意，警悟后学多矣。②

俞成，字元德，东阳（今浙江东阳）人。从俞成文献记载来看，蔡梦弼还做学问，尝注韩、柳之文，特别是对杜诗研究很有兴趣，造诣极深，专门撰有《杜工

---

① 《全宋文》第208册，卷4628，第392～393页。
② 《全宋文》第296册，卷6744，第117页。

部草堂诗笺》。嘉泰四年（1204）正月，《草堂诗笺序》详细记载此书编纂过程：

> 梦弼因博求唐宋诸本杜诗十门，聚而阅之，三复参校，仍用嘉兴鲁氏编次先生用舍之行藏，作诗岁月之先后，以为定本。每于逐句本文之下，先正其字之异同，次审其音之反切，方作诗之义以释之，复引经子史传记以证其用事之所出。离为五十卷，目曰《草堂诗笺》。凡校雠之例，题曰樊者，唐润州刺史樊晃《小集》本也；题曰晋者，晋开运二年官书本也；曰欧者，欧阳永叔本也；曰宋者，宋子京本也；王者，乃介甫也；苏者，乃子瞻也；陈者，乃无己也；黄者，乃鲁直也。刊云一作某字者，系王原叔、张文潜、蔡君谟、晁以道，及唐之顾陶本也。又如宋次道、崔德符、鲍钦止、暨太原王禹玉、王深父、薛梦符、薛苍舒、蔡天启、蔡致远、蔡伯世，皆为义说。其次如徐居仁、谢任伯、吕祖谦、高元之、暨天水赵子栎、赵次翁、杜修可、杜立之、师古、师民瞻，亦为训解。复参以蜀石碑。诸儒之定本，各因其实，以条纪之。至于旧德硕儒，间有一二说者，亦两存之，以俟博识之决择。是集之行，俾得之者手披目览，口诵心惟，不劳思索，而昭然义见，更无纤毫凝滞，如亲聆少陵之声馨欬，而熟睹其眉宇，岂不快哉！①

"嘉兴鲁氏"指鲁訔。鲁訔，字寄钦，号冷斋。蔡梦弼本以鲁訔十八卷本作为底本来编纂，最终编成，共五十卷。"录诗及校勘所用之本，多达二十六七个传本，显然是要编成一个最完备的会笺本"，"虽未明言为谁所刻，但蔡梦弼有丰富的刻书经历，故此本完全有可能由他自己梓行"②。蔡梦弼对杜氏家族族谱也做过精确考证，这在他的《杜氏谱系》一文中有详细叙述：

> 谨按《唐书·杜甫传》及元稹《墓志》，晋当阳县侯预下十世而生依艺，以监察御史令于河南府之巩县。依艺生审言，审言善诗，官至修文馆学士、尚书膳部员外郎。审言生闲，京兆府奉天县令。闲生甫，左拾遗、尚书工部员外郎。甫生二子：宗文、宗武。梦弼今以《杜氏家谱》考之，襄阳杜氏出自晋当阳县侯预，而佑盖其后也。佑生三子：师损、式方、从郁。师

---

① 《全宋文》第290册，卷6598，第234～235页。
② 李致忠：《昌平集》，上海古籍出版社2012年版，第540页。

损三子：诠、愉、羔。式方五子：恽、慜、惊、恂、惁。从郁二子：牧、颛。群从中惊官最高，而牧名最著。杜氏凡五房：一京兆杜氏；二杜陵杜氏；三襄阳杜氏；四洹水杜氏；五濮阳杜氏。而甫一派，又不在五派之中。甫与佑既同出于预，而家谱不载，何也？岂以其官不达，而诸杜不通谱系乎？何家谱之见遗也！东塾蔡梦弼因览其谱系而为之书。①

蔡梦弼兼具出版家和学者两种身份，"盖是学问家兼刻书家，既能严肃对待学问，又能敏锐捕捉市场需求，因而在南宋初中期能独树一帜"②。

3.朱熹刻书活动

朱熹，字元晦，号晦庵，成长于福建，一生主要活动在福建，晚年定居福建建阳考亭，以朱熹为代表的学派又称"考亭学派"，以他为代表的理学称闽学。朱熹既是哲学家、思想家和教育家，又是编辑家、出版家和传播家。朱熹著述很多，经、史、子、集都涉及，这些著作大多在闽地刊刻，通过书籍印刷和出版，使其学说以前所未有的速度和规模得到传播和普及。

朱熹创建书院，传播文化。在建阳天湖建寒泉精舍（云谷书院），崇安建武夷精舍、在建阳三桂里建竹林精舍（考亭书院），该精舍后扩建，更名为沧洲精舍，四方学者来者甚多。

朱熹重视书籍传播在文化普及方面的作用。担任同安主簿时，想方设法为同安县学添置书籍，明显看中书籍传播的功用。这在《泉州同安县学官书后记》中有明确记载：

> 绍兴二十有五年春正月，熹以檄书白事大都督府廷中，已事而言于连帅方公曰："熹为吏同安，得兼治其学事。学有师生诵说而经籍弗具，学者四来，无所业于其间。愿得抚府所有书以归，使学者得肄习焉。"公幸哀其愚，不以为不可，即日减省少府用度金钱，属工官椠以予县，凡九百八十五卷。熹与诸生既受赐，则相与群议所以敛藏守视、出内凉暴之禁戒以复于公，报皆施行如章。熹窃惟公之举是赐也，盖将以幸教此县之人，而非私于熹之请。熹乃幸得以菲薄奉承，惧不能称，且无以垂示久远，故敢具刻公所出教而并叙其指意如此揭之，以视县之父兄子弟与学官弟子

---

① 《全宋文》第290册，卷6598，第235页。
② 李致忠：《昌平集》，上海古籍出版社2012年版，第539页。

之有秩于典领者，使承公志，永永不怠。此熹之职守也。①

朱熹的书籍传播思想，还可从他给朝廷建议，乞求朝廷增修、刊刻与颁行《礼书》这一行为中看出。他在《乞增修礼书状》和《乞颁降礼书状》中说：

伏见本军昨准尚书礼部符下《政和五礼》祭祀仪式，窃尝参攷，其间颇有未详备处。方欲具状申审，今睹进奏官报，近者判部、侍讲、侍郎奏请编类州县臣民礼仪，镂版颁降，已奉圣旨依奏。此诚化民善俗之本，天下幸甚。然熹窃虑其间未详备处，将来奉行或致抵牾，今具如后，须至申闻者。②

照会《政和五礼新仪》州郡元有给降印本，兵火以来，往往散失。目今州县春秋释奠、祈报社稷及祀风雨雷师，坛壝器服之度，升降跪起之节，无所据依，循习苟简，而臣民之家冠昏丧祭，亦无颁降礼文可以遵守，无以仰称国家钦崇祀典，防范民彝之意，须至申闻者。

右，谨具申行在尚书礼部，欲乞特赐申明，检会《政和五礼新仪》内州县臣民合行礼制，镂板行下诸路州军。其坛壝器服制度，亦乞彩画图本，详著大小高低、广狭浅深尺寸行下，以凭遵守。

〔小贴子〕契勘王公以下冠昏丧祭之礼，鄂州见有印本，但恐其间或有谬误，只乞行下取索，精加校勘，印造给降，不须别行镂版。其州县祭礼及坛壝器服制度，即乞检会，抄写图画，别为一本，镂版行下。③

朱熹亲自编纂书籍，如《家礼》《名臣言行录》《上蔡先生语录》，其编纂情况如下：

近世大儒朱子订正《家礼》，于深衣之制则以衣四幅，各缀裳三幅，与《礼记》不同，殊不可晓……《家礼》虽晦庵成之，而深衣之制，往往没后

---

① 《全宋文》第252册，卷5651，第20页。
② （宋）朱熹：《乞增修礼书状·淳熙七年三月》，《全宋文》第243册，卷5449，第353页。
③ （宋）朱熹：《乞颁降礼书状》，《全宋文》第243册，卷5449，第352页。

门人续添,以足其书,非朱子订正故也。①

本朝《名臣言行录》,紫阳朱夫子所编也。惜此书止集于八朝之前,而未竟于中兴之后。南渡以来,忠臣义士声在人,项背相望,摭实采迹,得此失彼,岂惟朱夫子遗憾,亦学者觖观也。外孙李士英顷以宗人太平老圃所校《八朝名臣言行录》锓梓,大为学者便矣。今又于中兴四朝诸名臣蒐阅行事,集为全编。笔成示余,一览在目,不流不略,似欲希紫阳者也。然紫阳岂易希哉!希之者非僭则妄。余惟惜此书未竟于前时,而幸此编稍全于今日,故为识之。②

因念往时削去版本五十余章,特以理推知其决非先生语,初未尝有所左验,亦不知其果出于何人也。后籍溪胡先生入都,于其学者吕祖谦得江民表《辨道录》一篇读之,则尽向所削去五十余章者,首尾次序无一字之差,然后知其为江公所著而非谢氏之语益以明白。夫江公行谊风节固当世所推高,而陈忠肃公又尝称其论明道先生有足目相应之语,盖亦略知吾道之可尊矣。而其为言若此,岂差之毫厘,则夫千里之缪有所必至而不能已者耶?因书以自警,且示读者使毋疑。旧传谢先生与胡文定公手柬,今并掇其精要之语,附三篇之后云。③

朱熹订正《家礼》,编纂《名臣言行录》,校定《上蔡先生语录》。认为《名臣言行录》只不过"止集于八朝之前,而未竟于中兴之后"。赵崇砼外孙李士英收集中兴四朝名臣言行事迹,才"集为全编"。《上蔡先生语录》删去五十余章,认为其不是上蔡先生之语,而是江民表所著。还附录"旧传谢先生与胡文定公手柬"精要之语。

朱熹热爱编书事业,无书可编时,主动向朋友寻求。"御书古文《孝经》有墨本否?欲求一通。此书无善本,欲得此雠正也"④。朱熹觉得《孝经》无善本,

---

① (宋)车垓:《深衣疑义序》,《全宋文》第354册,卷8191,第95页。
② (宋)赵崇砼:《皇朝名臣言行录续集序·景定二年正月》,《全宋文》第353册,卷8176,第286页。
③ (宋)朱熹:《谢上蔡语录后记》,《全宋文》第252册,卷5652,第36~37页。
④ (宋)朱熹:《与向伯元》,《全宋文》第250册,卷5611,第159页。

主动向朋友向伯元索求,希望校正编纂此书。

朱熹也编纂选本,其具体史料如下:

> 右韩文三十有四篇,得于考亭门人,谓朱子所选,以惠后学。①

> 右欧阳文忠公,南丰曾舍人《文粹》合上下两集六卷,凡四十有二篇,得于考亭门人,谓朱子之所选。观其择之精,信非佗人目力所能到。抑又尝闻朱子取文字之法,文胜而义理乖僻者不取,赞邪害正者文辞虽工不取。释老文字,须如欧阳公《登真观记》、曾南丰《仙都观记》《莱园记》之属乃可入。此可以知其取舍之意矣。②

朱熹还刊刻书籍。比如:

> 敢昭告于先圣至圣文宣王、先师兖国公、先师邹国公:熹恭惟六经大训,炳若日星,垂世作程,靡有终极。不幸前遭秦火煨烬之厄,后罹汉儒穿凿之缪,不惟微词奥旨莫得其传,至于篇帙之次,亦复毂乱。遥遥千载,莫觉莫悟。惟《易》一经,或尝正定。而熹不敏,又尝考之《书》《诗》,而得其小序之失。参稽本末,皆有明验。私窃以为不当引之以冠本经圣言之上,是以不量鄙浅,辄加绪正,刊刻布流,以晓当世。工以具告,熹适病卧,不能拜起,谨遣从事敬奉其书,以告于先圣先师之廷。神灵如在,尚鉴此心。式相其行,万世幸甚!谨告。③

朱熹刊刻《四经》,完成之后,祷告先圣,写了上述文章。这篇小文中,流露出理学家朱熹鲜明传播思想。这从"不量鄙浅,辄加绪正,刊刻布流,以晓当世"等语句可以看出。"以晓当世",虽然说的是让"当世"学士大夫知晓,但是,书籍刊刻与传播事业本身就是功在当代、利在千秋的伟大事业,朱熹此举功莫大焉。

朱熹在长沙刊刻《稽古录》。《跋稽古录》曰:

---

① (宋)王柏:《跋昌黎文粹》,《全宋文》第338册,卷7797,第200页。
② (宋)王柏:《跋欧曾文粹》,《全宋文》第338册,卷7797,第202页。
③ (宋)朱熹:《刊四经成告先圣文》,《全宋文》第253册,卷5689,第274页。

右《稽古录》，文公朱先生刻于长沙，屡欲奏御，裨经筵讲读之缺，而卒不果。其语见于甲寅冬去国时遗郑公一书，甚拳拳也。岂欲以温公所以事列圣者事先帝乎！有志莫遂，识者恨之。又尝语学者读经书后当继以此，盖谓帝王之德业，古今之治乱，咸载是录，简而不遗，格言笃论，龟鉴万世。郡博士苏君思恭，从郑工之子外府丞寅得潭本，并摹其书，锲之学官，用广其传，庶几他日必有以是书酬先贤之志者。①

朱熹晚年定居建阳，生活清贫，讲学和著书立说之余，利用当地刻书条件，从事图书印卖活动，赚点文字钱，借以维持生计，弥补俸禄之不足。朱熹雕印图书维持生计这件事，张栻《答朱元晦秘书》载：

比闻刊小书版以自助，得来谕乃敢信。想是用度大段逼迫，某初闻之，觉亦不妨，已而思之，则恐有未安者，来问之及，不敢以隐。今日此道孤立，信向者鲜，若刊此等文字，取其赢以自助，切恐见闻者别作思惟，愈无灵验矣。虽是自家心安，不恤它说，要是于事理终有未顺耳。为贫之故，宁别作小生事不妨。此事某心殊未稳，不识如何。见子飞，说宅上应接费用亦多，更深加撙节为佳耳，又未知然否？②

朱熹在建阳刊刻很多书籍，地点就在崇化书坊。比如，乾道间刻印《论孟精义》《程氏遗书》《程氏外书》《上蔡语录》《游氏妙旨》《庭闻稿录》等。此外，还在武夷山编刻《南轩集》。

朱熹雕印图书，重视底本选择，反复比较底本优劣，择其善者而选之。底本确定后，请书工认真抄写，校对完毕，才予以付梓。板片刻成，还要多次校勘。发现错误，就请刻工立即修改。正是这种严肃认真的态度，朱熹所刻书籍错误较少、质量上乘。雕印的书籍，由儿子、女婿、门人负责售卖。大女婿刘学古、门人林用中等参与经营、管理。朱熹《与学古》道：

闻郡中此来纷纭殊甚，缪政致此，夫复何言？但累及诸贤，例为群小所辱，令人不平耳。新史君到，事当自定，但不知龙溪事竟如何耳。少恳，

---

① （宋）陈宓：《跋稽古录》，《全宋文》第305册，卷6963，第156页。
② 《全宋文》第255册，卷5724，第85页。

> 有纸万张，欲印经子及《近思》《小学》《二仪》。然比板样，为经子则不足，为四书则有余。意欲先取印经子分数，以其幅之太半印之，而以其余少半者印它书，似亦差便。但纸尚有四千未到，今先发六千幅，便烦一面印造，仍点对，勿令脱版乃佳。余者亦不过三五日可遣也。工墨之费，有诸卒借请，已恳高丈送左右，可就支给，仍别借两人送至此为幸。借请余钱却还，尽数为买吉贝，并附来。然须得一的当人乃佳，不然又作周昇矣。昨亦已恳高丈为根究此人，不知如何。库中墨刻亦各烦支钱买纸，打十数本。内《献寿仪》及《永城学记》多得数本不妨，《献寿仪》要者更多也。恐印不办，即续发来不妨。但吉贝早得御冬为幸耳。
>
> 所印书但以万幅之太半印经子，其余分印诸书，平分看得几本。此无版数，见不得多少也。临行时令库中刻一书目，如已了，幸寄来也。①

朱熹精通经营之道，注意根据市场需求来决定图书的印数。为扩大书籍宣传，还备有刻书目录，供读者检阅。

朱熹无论在何地任职，所到之处都从事图书雕印与传播活动，借用书籍这种文化载体来传播理学思想，是名副其实的书籍出版传播家。作为学者，其刻书具有自身显著特点。卢多松认为："学者刻印的图书多为自己的著作，在编辑、校勘、版式等方面体现出了强烈的文士风格，为福建刻书业起到示范作用，提高了福建刻本的学术品位。"②

朱熹编纂的书籍，质量有保证，受到大众欢迎，有些著作还没有编好，就已传播出去。淳熙四年（1177），朱熹在建阳编纂《论语集注》，在思考还未成熟之际，就被建阳书商窃去出版。朱熹对门人杨道夫说："《论语集注》，盖某十年前本，为朋友传去，乡人遂不告而刊。及知觉，则已分裂四处而不可收矣。其间多所未稳，煞误看读。"③编订《上蔡先生语录》，同样此种情况，还未完稿，就被传播出去，刊板"赣上"：

> 熹顷年校定《上蔡先生语录》三篇，未及脱稿而或者传去，遂锓木于赣上，愚意每遗恨焉。比因闲暇，复为定著此本，然亦未敢自以为可传

---

① 《全宋文》第 250 册，卷 5612，第 176～177 页。
② 卢美松：《八闽文化综览》，福建人民出版社 2013 年版，第 371 页。
③ 王懋竑：《朱熹年谱》，中华书局 1998 年版，第 77 页。

也。①

朱熹作品流布天下，传之四方。比如《延平答问》，"《延平答问》一编，始得当涂印本于黄岩赵师夏致道，携度剑阁，以示石照度正周卿。因得周卿所藏临川邹非熊宗望录本，与麻沙印本刊其误而阙其疑，可以传矣。锓本益昌学宫，与四蜀之士共焉。嘉定丙子冬至日，后学曹某谨识"②。仅上述所见，《延平答问》就有当涂本、麻沙本和益昌学宫本三个版本，更不要说其他地方刊刻的版本。

再比如《朱文公语类》，在当时也有多个版本，在多个地方传播：

> 开禧中，余始识辅汉卿于都城。汉卿从朱文公最久，尽得公平生语言文字。每遇余，相与孰复诵味，辄移晷弗去。余既补外，汉卿悉举以相畀。余届成都，度周卿请刻本以幸后学。余曰："余非敢靳也，所为弗敢传者，恐以误后学耳。"周卿艴然曰："奚至是？"余曰："子知今之学者之病乎？凡千数百年不得其传者，今诸儒先之讲析既精，后学之粹类亦广，而闽浙庸蜀之锓刻者已遍于天下。③

> 晚得池、鄱本参考，刊者固已多，然黄士毅所录朱子亲笔所改定者，已见于辅广录中，其所自录及师言，则亦三录所未有，若李壮祖、张洽、郭逍遥所录亦未有也。揭来闽中，重加会稡，以三录所余者二十九家及增入未刊者四家自为别集，以附续录后集之末。④

> 枢密又谓公所录已亡于建安之火，不复存，而汤氏乃有藏本，是皆不能使人亡疑焉者。靖德来盱江，枢密甫下世，恨不及质之也！近岁吴公坚在建安，又刊《别录》二册，盖收池、饶三录所遗，而亦多已见他录者，并参校而附益之，粗为定编。⑤

---

① （宋）朱熹：《谢上蔡语录后记》，《全宋文》第252册，卷5652，第36页。
② （宋）曹彦约：《跋延平答问》，《全宋文》第293册，卷6664，第37页。
③ （宋）魏了翁：《朱文公语类序》，《全宋文》第310册，卷7079，第28~29页。
④ （宋）吴坚：《朱子语类序·咸淳元年十二月》，《全宋文》第351册，卷8123，第247页。
⑤ （宋）黎靖德：《朱子语类跋·咸淳六年正月》，《全宋文》第353册，卷8165，第65页。

上面材料涉及书籍刊刻省份有福建、浙江、四川、安徽和江西。版本有闽本、浙本、蜀本、池州本、鄱阳本。黎靖德跋文所载，吴坚在建安刊刻《别录》二册，分别参照池州本和饶州本。朱熹《韩文考异》《诗集传》《语孟集注》等其他著作，同样广受欢迎：

> 南安韩文出莆田方氏，近世号为佳本。予读之信然，然犹恨其不尽载诸本同异，而多折衷于三本也。原三本之见信，杭蜀以旧，阁以官，其信之也则宜。然如欧阳公之言，韩文印本初未必误，多为校雠者妄改。亦谓如《罗池碑》改"步"为"涉"，《田氏庙》改"天明"为"王明"之类耳，观其自言为儿童时得蜀本韩文于随州李氏，计其岁月，当在天禧中年，且其书已故弊脱略，则其摹印之日，与祥符杭本盖未知其孰先孰后，而嘉祐蜀本又其子孙明矣。然而犹曰"三十年间，闻人有善本者必求而改正之"，则固未尝必以旧本为是而悉从之也。至于秘阁官书，则亦民间所献，掌故令史所抄，而一时馆职所校耳。其所传者，岂真作者之手稿，而是正之者，岂尽刘向、扬雄之伦哉？读者正当择其文理意义之善者而从之，不当但以地望形势为重轻也。抑韩子之为文，虽以力去陈言为务，而又必以文从字顺、各识其职为贵。读者或未得此权度，则其文理意义正自有未易言者。是以予于此书姑考诸本之同异而兼存之，以待览者之自择。区区妄意虽或窃有所疑，而不敢偏有所废也。①

朱熹认为，南安本《韩文考异》，"号为佳本"。此本由莆田方氏校定，综合杭本、蜀本和阁本内容。他同时指出，此书还有改进之处，即：若指出杭本、蜀本和阁本异同之处，则质量更佳。从这也可看出，朱熹具备一定版本学思想，能够对比不同版本优劣，总结版本理论，进而用于指导出版实践。

> 此集今世本多不同，惟近岁南安军所刊方氏校定本号为精善。别有《举正》十卷，论其所以去取之意，又他本之所无也。然其去取以祥符杭本、嘉祐蜀本及李谢所据馆阁本为定，而尤尊馆阁本，虽有谬误，往往曲从，他本虽善，亦弃不录。至于《举正》则又例多而辞寡，览者或颇不能

---

① （宋）朱熹：《韩文考异序》，《全宋文》第250册，卷5622，第351页。

晓知。故今辄困其书更为校定，悉考众本之同异，而一以文势义理及他书之可验者决之。苟是矣，则虽民间近出小本不敢违；有所未安，则虽官本、古本、石本不敢信。又各详著其所以然者，以为《考异》十卷，庶几去取之未善者，览者得以参伍而笔削焉。①

《韩文考异》版本众多，"惟近岁南安军所刊方氏校定本号为精善"。南安本还有一个特点，即后面附《举正》十卷，这是和其他版本书籍不同之处，而《举正》，主要"论其所以去取之意"。"去取"的标准就是：综合杭本、蜀本和馆阁本内容，尤重馆阁本，轻其他版本。即使馆阁本"有谬误，往往曲从"，而"他本虽善，亦弃不录"。

综合上面两则材料可以推断，《韩文考异》莆田方氏本，是最早版本。然后，根据莆田本所编纂之南安（今江西大余）本，是最好的版本。此外，还有祥符杭本、嘉祐蜀本和馆阁本。

再如：《诗集传》的传播：

> 先文公《诗集传》，豫章、长沙、后山皆有本，而后山本雠校为最精。第初脱稿时，音训间有未备，刻版已竟，不容增益。欲著补脱，终弗克就，未免仍用旧版，茸为全书。补缀攒那，久将漫漶。揭来富川，郡事余暇，辄取家本亲加是正，刻真学官，以传永久。②

《诗集传》有豫章本、长沙本、后山本三个版本，后山本校勘最佳。朱鉴守富川，闲暇之余，在家本基础上，充实内容，刊之学宫。富川学宫本是《诗集传》的第四个版本，此本经过精心雠校，相比其他版本，质量方面略胜一等，因为此本"取家本亲加是正"。

（二）书院刊行书籍

书院是藏书和祭祀的场所，也是学者和文人讲学的场所，是教育体系的重要组成部分，在教育史上占据重要地位。宋代有岳麓书院、白鹿洞书院、嵩阳

---

① （宋）朱熹：《书韩文考异前》，《全宋文》第250册，卷5622，第352页。
② （宋）朱鉴：《诗传遗说序·端平二年五月》，《全宋文》第317册，卷7264，第67页。

书院和应天府书院等全国性著名书院，奠定书院发展基础和规模。书院对教育传播、学术传播功不可没，楼钥《建宁府紫芝书院记》道：

> 今郡侯宝谟阁直学士谏议李公镇临以来，治行称最，百废具举，功利及物不可以数计周知。而尤笃意于教养，顾瞻府庠，悉加葺治。犹以为未能甚称乐育之意，谓晋范宁之守豫章，大设庠序，咨给众费一出私禄，心实慕之。乃捐俸钱三千余缗，度地于学之东西两隅，广为四斋。鸠工于嘉定三年，仲冬朔旦，讫役于明年二月之望。修廊广厦，翚飞跂翼，名斋以"志道""据德""依仁""游艺"。以其前挹紫芝之峰，扁曰"紫芝书院"，盖前所未有也……宝元中，诏建州立学，赐田五顷。至庆历四年，郡邑始得立学。熙宁设官分教，建州首置教授一员，诸郡亦未之有。元丰又赐田十顷。则知是邦之学，国家最所属意，尤在他郡之先也。或曰郡既有学，而复有书院，不既多乎？是又不然。潭之岳麓，衡之石鼓，南康之白鹿，皆此比也。古者家有塾，党有庠，国有学。以今准之，百里之邑，千里之郡，其为学当有几所？而谓此为多乎？姑诵所闻，以谢谏议及多士之意。若公余诣学，兴郡博士讲明经术，以训迪好学之士，则谏议之任也。钥何敢赘为之辞？①

宝谟阁直学士李公向往豫章太守范宁以私人俸禄兴修学校之行为，仿此行为，捐出俸禄三千余缗，在建宁府修书院。嘉定三年（1210）冬开工，四年（1211）二月完工。因书院紧靠紫芝山，故命名为"紫芝书院"。楼钥记载了书院讲学事迹，且认为，有了学校，再有书院，对教育活动和学术活动来说，并不显得多余。这是楼钥选择到书院讲学，而不推辞的理由，也是楼钥答应李公为此书院作记文的原因。

书院与太学、州、县学是两种性质不同的教育体系。书院原奉儒家学说，以学术为主，在性质上偏重私学；学校主要应付科举考试，在性质上属于公有。徐晓望《宋代福建史新编》云：

> 宋代的儒者一直不满于学校——这是因为：州县学校功利性太浓，不

---

① （宋）楼钥：《建宁府紫芝书院记》，《全宋文》第264册，卷5966，第374～375页。

论是教师还是学生,都是围绕着科举制转,将进士及第当作人生最大理想。虽然他们也以儒家著作作为教材,但这些人只是将儒家经书当作敲门砖,达到目的后,大多将之弃之脑后,儒学的本身并未受到真正的尊重。因此,宋代的儒者认为:只有超越科举体系,才能真正地研究儒家学说。于是,北宋的儒者有了讲学之风,他们相聚于一处,探讨儒家学说,这类讲学的场所,有的是寄托于寺院等公共场所。后来,感到不便的儒者自建讲学处,当时称为"精舍"。①

徐晓望实际上是从另外一个层面揭示书院兴起之内在动力与机制,即:学人对儒家学说的纯粹喜爱。这在某种程度上,推动和刺激了书院的兴起和发展。

书院除用来讲学、藏书和祭祀,有时,出于教学和研究需要,也出版书籍。"书院与书的血缘关系,使得修书、刻书成为书院一种与生俱来的功能……'书院本'以其精校,精工,易行'三善'成为中国古代出版史上的一大亮点"②。建安书院刊刻书籍,就是如此。相关史料列举如下:

> 揭来丞郡,适在先生里,而所得者益多,厘为十卷。噫,富矣!先生之曾孙市辖见之,慨然曰:"建安精舍有所谓《大全集》矣,是书当成一家言。且钩考赢余,犹足共锓费,而敢厘吾子乎?"于是精加雠校,楷书送似,而致餐钱薄少以相兹役云。③

> 愚以幼孤,先生念其外家子,数育于家塾。方易箦时,宝与童子执烛之列,追念当时所见,恍然如昨日事,谓宜刊正,而《年谱》摹板乃建安书院掌之。僭尝以此二疑白之富沙知郡实斋王公,许以更定而未果,辄私识之,庶几吾党之士尚有考焉。④

> 昔我文公会粹程氏门人所录之语以为《遗书》,且谓其于二先生之语

---

① 徐晓望:《宋代福建史新编》,线装书局2013年版,第504页。
② 吴永贵:《中国出版史》,湖南大学出版社2008年版,第310页。
③ (宋)余师鲁:《朱文公别集书后·景定四年三月》,《全宋文》第350册,卷8092,第55页。
④ (宋)祝穆:《朱文公易箦私识》,《全宋文》第325册,卷7469,第162页。

不能无所遗，复取诸家集录参伍相除，得十有一篇，以为《外书》，诚不忍儒先片言只字湮没无传，而天下之理有所欠缺也。文公先生之文，《正集》《续集》，潜斋、实斋二公已镂板书院，盖家有而人诵之矣。建通守余君师鲁好古博雅，一翁二季自为师友。搜访先生遗文，又得十卷，以为《别集》。其标目则一仿照乎前，而每篇之下必书其所从得，且无《外书》不能审所自来之恨，真斯文之大幸也。镛于君之长子谦一为同舍郎，亦尝预闻搜辑之意。兹来冒居长席，而余君适将美解，始刊两卷，余以见嘱。于是节缩浮费，以供兹役。盖又二年而始克有成。后之学者能于是书句句字字深思而熟玩之，庶有以知其无非精义密理之所存，毋使摹刻既多，束书不观，乃贻或者之诮云。咸淳元年六月朔，迪功郎、建宁府建安书院山长黄镛谨书。①

从上可知，建安书院所刻书籍有《大全集》《年谱》《正集》《续集》《别集》。根据程千帆考证，建安书院还刻有《周易玩辞》（十六卷）。②

建安书院在当时就已名声在外，曾得到皇帝亲笔题写书院名称的殊荣。赵汝腾《御书建安书院四大字谢表》载：

宸章云烂，肇锡珍题。圣敬日跻，力扶绝学。光躔精舍，喜溢潜藩。中谢。窃以建安为英哲之邦，朱熹续周程之学。于皇翰墨，昭揭源流。恭惟皇帝陛下居宽行仁，据德游艺。是道吾所谓道，纯一尚儒；兹文所以为文，雍容肆笔。固聿荣于先觉，实加惠于后来。臣涓吉奉迎，近光舞抃。嘉与多士歌《棫朴》"追琢"之诗，俾绍前修究《淇澳》"切磋"之业。③

除建安书院刻书，宋代福建书院刻书还有：淳祐八年（1248）龙溪书院刻《北溪集》和《外集》，景定五年（1264）环溪书院刻《仁斋直指方论》《小儿方论》《伤寒书活人总括》《医学真经》。④

---

① （宋）黄镛：《晦庵先生朱文公别集序·咸淳元年六月》，《全宋文》第356册，卷8246，第168～169页。
② 程千帆、徐有富：《校雠广义》（典藏编），齐鲁书社1998年版，第138页。
③ 《全宋文》第337册，卷7778，第297～298页。
④ 程千帆、徐有富：《校雠广义》（典藏编），齐鲁书社1998年版，第138页。

书院刊刻书籍，为书院教学、讲学所需书籍提供重要来源。书籍不用另外花钱购买，而是通过自己刊刻获得，保证教学正常进行。同时，书院刊刻书籍用来出售，增加书院经济收入，保证书院开支。另外，书院刊刻书籍，为图书收藏、保存及流通做出贡献。

（三）寺观刊行书籍

寺观刊刻书籍，以佛教、道教典籍为主。北宋、南宋之交，福建先后出版两部佛藏、一部道藏。与同时期全国其他地区宗教典籍出版相比，福建宗教典籍出版规模大，数量多，充分显示宋代福建雕版印刷技术之发达与传播力量之雄厚。

> 福州东禅寺等觉院主持、传法、赐紫智华与僧契璋等谨募众缘，恭为今上皇帝、太皇太后祝延至寿，国泰民安，开镂《大藏经》印板一副，计五百余函。元祐元年正月日谨题。[①]

此《大藏经》是为皇帝祝寿而刻，也为祈福而刻，祈求国泰民安、风调雨顺。崇宁三年（1104）刊刻完成，被称为《崇宁藏》。刊刻地点在福州东禅寺觉院。礼部侍郎陈旸主持，慧空大师冲真负责具体事宜，参与其事还有慧荣、智贤、普明等。

福州东禅寺还刻《大慧禅师语录》，文献记载如下：

> 福州东禅报恩光孝禅寺，本寺承知府安抚大观文公文备准御批，降《大慧禅师语录》十册，令寘之名山大藏中，以永其传。住持臣僧德潜谨刊为经板，计三十卷，入于毘卢大藏，用广流通。以此功德，恭为今上皇帝祝延圣寿无疆，仰愿皇图巩固，凤历长新，佛日增辉，法轮常转。乾道八年正月日，住持臣僧德潜。[②]

[①]（宋）释智华：《刻大藏经题记·元祐元年正月》，《全宋文》第121册，卷2622，第357页。

[②]（宋）释德潜：《刊大慧禅师语录题记·乾道八年正月》，《全宋文》第242册，卷5426，第421～422页。

福州开元寺也刊刻一部佛藏——《毗卢大藏》。蔡俊臣、陈洵发起，本明、宗鉴、了一主持。福州寺院开创民间募款雕印佛经的风气，为全国其他寺院仿效，影响深远。

开元寺还刊刻《传法正宗记》：

> 建炎间兵火散失，逮绍兴庚辰秋，福州太平寺正言长老因游东山龙首洞，得《正宗记》十二卷，仍以《辅教编》三册增之，重新校勘，谓开元解空明禅师曰："吾家之嵩辅教定慧操修，冬夏唯一衲，常坐不卧，日止一食。夜顶戴观音像行道，诵菩萨号十万声以为常。宋之高僧，北斗以南一人而已，虽殚竹帛不可纪其道行。"于是率诸禅同力刊板于福州开元寺。大藏流传，利益无穷。①

> 嵩明教之在释氏，扶持正宗，排斥异说，辞而辟之。咸有援据，所谓障百川而东之，回狂澜于既倒者也。诸老出力，共广此书，皆湜、籍辈用心也。随喜之缘，有大于此者乎！隆兴甲申十一月既望，左奉议郎、提举福建路市舶、晋安林之奇书。②

开元寺刊刻《华严合论》，其目的也是为"皇帝祝延圣寿，文武官僚同资禄位"。《大方广佛华严经题识》道：

> 福州众缘寄开元寺□都会蔡俊□□□□刘□□谊会□□□□今上皇帝祝延圣寿，文武官僚同资禄位，雕造《华严合论》经板一副，计一十三函。时政和癸巳正月日，化缘尼智觉谨题。③

徽宗时期，崇尚道教。全国道教盛行，但对于佛教，则明令禁止。徽宗专门下令禁止福建佛事：

---

① （宋）释法珊：《传法正宗记跋·绍兴三十年》，《全宋文》第219册，卷4862，第202页。
② （宋）林之奇：《福州开元寺刊印契嵩传法正宗记书后·隆兴二年十一月》，《全宋文》第207册，卷4606，第386页。
③ （宋）释智觉：《大方广佛华严经题识》，《全宋文》第141册，卷3039，第190页。

远方愚俗，残忍薄恶，莫此之甚，有害风教，当行禁止。仰本路走马承受密切体量有无实状以闻，候到，立法禁止。如有违犯，州县不切穷治，守倅令佐并当重行窜黜，吏人决配千里。①

在统治者崇尚道教风气影响下，天宁万寿观出版一部规模宏大的道教书籍——《万寿道藏》。政和三年（1113）开始刊刻，政和八年（1118）完成，前后共花五年时间。福州知州黄裳主持刊刻。

三、商业传播机构

商业传播机构主要集中在建阳，以书坊为代表。书坊出版与传播的图书，内容多样，数量繁多，影响巨大。其中有牌号可考者，就有三十多家，有的还是出版传播世家，实现了编、刻、印、产、销的一体化。所出书籍有理学著作、教材、科举考试备考用书等。书籍字体多为颜体和柳体，附有牌记，有些书籍上图下文，图文并茂。

（一）书坊出版概况

坊刻是书商在所设书坊、书肆、书铺、书堂刊刻书籍，以盈利为主要目的。坊刻范围很广，内容上以民间日用的历书、字书、韵书、佛像、年画、通俗唱本最多；其次就是童蒙读物、医药书、占卜书，还有适应科举考试需要的类书、制艺（八股文）、试贴诗；名气较大的书坊刻印正经、正史和子集类书籍。坊刻书籍以通俗书籍为主，一般是比较畅销的书，也是能赚钱的书。"在政府刻书、私人刻书和书坊刻书三大系统中，坊刻不仅兴起最早，分布最广，数量最多，而且影响最大"②。书坊出版在推进我国图书出版事业发展，传播和保存古代文化遗产，满足广大人民文化需求方面做出巨大贡献。

书坊出版是宋代福建图书出版主流。据资料记载，仅建阳书坊有牌号可考的有：余仁仲万卷堂、余彦国励贤堂、崇化书坊陈八郎书铺、虞平斋务本堂、麻沙刘氏书坊等三十多家，甚至出现刻书家族。比如余氏书坊，北宋就已达到一定规模，叶德辉《书林清话》评价，"夫宋刻书之盛，首推闽中。而闽中尤以

---

① （宋）宋徽宗：《禁福建事佛乐等愚俗御批·大观三年五月十九日》，《全宋文》第164册，卷3572，第201页。

② 肖东发：《民间坊刻与我国早期出版印刷业》，《编辑之友》1990年第4期。

建安为最，建安尤以余氏为最。且当时官刻书亦多由其刊印"，"余氏刻书为当时推重，宜其流传之书，为收藏家所宝贵矣"①。余氏刻书以余仁仲为代表，余仁仲生平无考，文士，绍熙年间，以"余仁仲万卷堂""余仁仲家塾"名号刻书甚多。刊刻很多经注本，有《礼记注》《公羊传解诂》《谷梁传集解》等，这些书，校勘精良、刻印精美，为历代藏书家视为珍宝。余氏书坊家族出版薪火相传，一直到清初，依旧繁荣。书坊经营六七百年，时间长，刻书多，影响大，全国罕见。建阳余氏是古代福建最著名的刻书世家。

建阳书坊实力雄厚，拥有刻工、印工和装订工等工匠及营销人员，还拥有自己的编辑、校对队伍，一些书坊主集编、刻、印于一身。书坊大量接受来自省内外的官、私委托刻书。咸淳三年（1267），建宁知府吴坚、刘震孙刻印祝穆《方舆胜览》，绍熙四年（1193），桂阳军学教授吴炎刻印《东莱标注老泉先生文集》等，就是此种模式。

建阳出版的书籍上自六经，下至训传，坟籍大备，且行四方，无远不至，供举子课读及场屋夹带用的科举类书籍，更是百倍于经史，出版书籍数量居全国之首。北宋元符、建中靖国年间，举子就已经知道"建本"，并能以此纠正州学教授在出题时使用版本的错误。北宋时期，建本就已经在全国各地传播。有些建本甚至传至高丽、日本。

建阳书坊出版主要集中在麻沙和崇化两地，这两地风景优美，景色怡人。刘克庄《崇化麻沙道中》道："经行爱此人烟好，面俯青溪背负山。半艇何妨呼渡去，小桥不碍负薪还。远闻清磬来林杪，忽有朱栏出竹间。此处安知无隐者，卜邻容我设柴关"。②说的就是此地宜人风景。两地书坊林立，热闹非凡，又称"两坊""书林"。祝穆《方舆胜览》载："麻沙、崇化两坊产书，号为图书之府。"③建阳出版的书籍又被称为"麻沙本"，"历史上，麻沙的声名远在崇化之上。但实际上，被称为'麻沙本'的刻本中，有相当一部分是在崇化刻印的。由于麻沙、崇化两地相距甚近，刻书家之间交流频繁，故两坊刻本在内容、形式上都有许多共同之处，如果刻本未署明刻印地点，实不易区分。因此，藏书家

---

① （清）叶德辉：《书林清话》，上海古籍出版社2012年版，第38页。
② （宋）刘克庄撰，王蓉贵、向以鲜校点，习忠民审订：《后村先生大全集》，四川大学出版社2008年版，第149页。
③ （宋）祝穆撰、祝洙增订，施和金点校：《方舆胜览》，中华书局2003年版，第181页。

往往以'麻沙本''建本'乃至'闽本'统称之。"①

建阳书坊之所以如此繁荣，与其所处地理位置和优越刻书条件有关。建阳地处江南丘陵地区，属于亚热带季风气候，群山包围，山高林密，森林资源丰富，盛产松、柏、杨、柳、樟、枫、楠、梨、枣、竹等。其中，樟、梨、枣是雕版所用优质材料。竹类品种繁多，可为印书提供丰富的造纸原料。建阳历来就是福建竹纸生产的中心，用于印书的竹纸，名"建阳扣"，当地人称"书纸"。松又是制作印墨的优良材料。书籍生产需要的竹木原材料能够就地取材，据有天然地理优势，为图书出版提供优越条件。与此同时，北方战事频繁，建阳相对比较安全，为图书出版提供安全保障。

（二）书坊传播内容

建阳书坊一项重要业务就是刊刻和传播理学家书籍。比如，刊刻《二程先生文集》：

> 《河南二程先生文集》，宪使杨公已锓板三山学宫，《遗书》《外书》，则庾司旧有之。乙未之火，与他书俱毁不存。诸书虽未能复，是书胡可缓？师耕承乏此来，亟将故本易以大字，与文集为一体，刻之后圃明教堂。赖吾同志相与校订，视旧加密，二先生之书，于是乎全。时淳祐丙午，古汴赵师耕书。②

赵师耕淳祐间知泉州，提举福建常平司（庾司）时，看见过三山学宫本《二程文集》和庾司本《二程遗书》《二程外书》，《二程遗书》和《二程外书》因为火灾和其他书籍一起焚毁。赵师耕认为，其他书籍可以不再刊刻。但是，"二程"书籍的刊刻与出版刻不容缓。于是，把《文集》《遗书》和《外书》合三为一，重新编辑、出版。从标题"麻沙本二程先生文集后序"可以看出，此书是在麻沙书坊雕印。

出版这些书籍，原因是：第一，宋代重科举，研读这类书籍是士子求取功名利禄的敲门砖。第二，闽北是朱子理学发祥地，这类书籍拥有大量读者。第

---

① 卢美松：《八闽文化综览》，福建人民出版社2013年版，第369页。
② （宋）赵师耕：《麻沙本二程先生文集后序·淳祐六年》，《全宋文》第356册，卷8247，第190页。

三，适应闽北书院发展需要。

书院文化、图书出版与理学传播关系紧密。据统计，两宋时期福建书院有85所，其中闽北44所，占全闽书院52%。这些书院绝大部分是朱熹及其后学所建，各地朱子门人先后汇聚这里，开展学术交流活动，形成历史上著名的"考亭学派"。学术发展为图书出版与传播提供动力，图书的传播与普及又进一步推动学术的繁荣。当地许多文人，如袁枢、宋慈、叶廷珪、魏庆之、黄善夫、祝穆等，也参与图书编辑、出版与传播事业，有的文人就是书坊主。文人和书坊之间关系密切，推动建阳图书出版事业繁荣。书院师生是书籍出版业稳定读者群，书坊出版书籍也是教学用书主要来源。书院办学水准较高，属于高等教育阶段，教学内容多为儒家经典和理学。朱熹所著《四书章句集注》和其门人所注《五经》，以及周、程、邵、张等理学先贤著作都是书院教学重要用书。

书院师生书稿、著作往往就近刊刻。朱熹看到书坊出版业之方便与快捷，《答黄商伯》说："《洪韵》当已抄毕，幸早示，乃此间付之书坊镂板，甚不费力。"[①]《答巩仲至》又说："此间匠者工于剪贴，若只就此订正，将来便可上板，不需再写，又生一重脱误，亦省事也。"[②]

书院师生既是书坊出版业读者群，又是书坊出版业作者群。书坊为传播理学人物学术成果提供印刷、出版便利，也为闽学中人进行交流提供书籍媒介。理学思想通过书籍媒介得到传播，书籍媒介广泛传播又扩大理学思想的影响。

建阳书坊大量出版科举考试书和范文选本，如状元策、翰林馆课、八股时文，还出版供夹带抄袭用的巾箱本。巾箱本出版是建阳书坊出版的一大特点。科举考试以诗赋、经义取士。为迎合广大学子求学、应试需求，麻沙书坊还雕印许多名人范本，投放市场，对其诗文按照内容进行分类，名曰"类编增广"，比如，《类编增广老苏先生大全文集》（八卷）、《类编增广黄先生大全文集》（五十卷）。这些文集在社会上广泛传播，颇受士人欢迎。

很多地方科举考试参考书籍还未出版，建阳民间书坊就已事先刊行，在民间传播。这一方面表明书坊主的市场眼光敏锐，敢为人先，做第一个吃螃蟹的人；另一方面也说明书坊编校成员对科举考试命题方向有所把握和研究，完全有能力编辑出版此类书籍。宝元元年（1038）正月，李淑所上《应考试进士只于国子监有印本书内出题奏》载：

---

①② （宋）朱熹著，郭齐、尹波点校：《朱熹集》，四川教育出版社1996年版，第1764页。

> 切见近日发解进士,多取别书小说、古人文集,或移合经注,以为题目,竞务新奥。臣以为朝廷崇学取士,本欲兴崇风教,反使后进习尚异端,非所谓化成之义也。况考校进士,但观词艺优劣,不必嫌避正书。至如近日学者编经史文句,别为解题,民间雕印,多已行用。考试之时,不须一一回避。其经典子书之内,有《国语》《荀子》《文中子》儒学所宗,六典通贯,先朝以来尝于此出题。只是国庠未有印本。欲望取上件三书,差官校勘刻板,撰定音义,付国子监施行。自今应考试进士,须只于国子监有印本书内出题。所贵取士得体,司业有方,稍益时风,不失淳正。如允所请,兼乞编入贡举条贯施行。①

李淑的奏章表明,科举参考书的巨大经济价值,连官方都还没意识到,而书坊主已经嗅出其广阔前景,提前刊刻,在士人间广泛流传。此类书籍之出版,既方便举子应付科举考试,又为书坊主带来利润,一举两得。

官方对民间流行的科举考试参考用书持宽容态度,认为评价进士,只需要考察"词艺优劣"即可,"不必嫌避正书"。《国语》《荀子》《文中子》为儒学所宗书籍,先朝以来经常围绕此类书籍出题,学校竟然没有印本。于是,上奏请求国子监雕印颁行。

(三)书坊图书特点

第一,字体多为颜体和柳体,正文横轻竖重,小注横竖一样,多为细笔。如黄善夫刊刻《史记》《后汉书》,结构方正,笔画严谨,锋棱峻峭,瘦劲有力。除颜体和柳体,还有其他字体。如黄三八郎刻本《钜宋广韵》就用褚遂良体,建本《周易注》《晋书》用宋徽宗瘦金体。

第二,刻有牌记。牌记又称书牌、刊记、木记,多出现在书名页、序文、卷末或目录后,主要记录刻书时间、地点、书坊主姓名和堂号信息。牌记有各种形状,如长方形、碑形、香炉形、钟形、炉形、亚字形,或者没有边框,随行书写。牌记既是版权保护手段,又是广告宣传形式。同时,牌记起装帧图书、美化版面的作用。

第三,上图下文、图文并茂。建本多为正文配置插图,以图补文,图文并

---

① 《全宋文》第28册,卷597,第229~230页。

茂。这种形式，赏心悦目。南宋建阳刻本《周礼》，有图三十六幅。其中有一幅《天子玉路图》，描绘周天子乘"玉路"出行，前呼后拥的情形，线条流畅，生动形象，充分体现宋代版画艺术的进步和雕版印刷技术的提高。朱熹在建阳讲学时见过此书，曰："书坊印得《六经》，前有篆图子，也略可观。如车图虽不甚详，然大概也是。"① 日用百科全书《事林广记》也配有多幅插图，构图适合。其中，《夫子杏坛之图》表现孔子及门下弟子"冠者五六人，童子六七人，浴乎沂，风乎舞雩，咏而归"的生动情景。

第四，出现句读。宋代建阳书坊刻书出现句读，这是一大创新。句读为读者阅读图书提供极大方便，也为文化传播提供便利。余仁仲刊刻《春秋公羊经传解诂》《春秋谷梁传》等，每句都有句读，阅读起来非常轻松。

> 旋晕之疾，正当静养。所需《仪礼》，殊非急务。且其本只两卷余是先人点，其后乃某续点。比更欲详考，则已惮其字小而不敢读矣。恐亦不能无误，不足传后也。细民艰食焦熬，奈何？气象不佳，令人不知措身之所，不谓事势急迫至此也。②③

第五，出现封面。淳熙十四年（1187），朱熹在武夷精舍编纂《小学》，与蔡元定通信，使用"封面"一词。其信曰：

> 示喻筮法如此，甚平正简便，不知何故本法却不如此？恐别有意指也。试更推之，如何？恐在老者阳多阴少，则终为阳者少；在少者阴多阳少，则定为阳者亦少。乃阳贵阴贱，吉少凶多之意，不知如何？《小学》误字再纳去数纸，封面只作《武夷精舍小学之书》可也。

宋前书籍，封面只有包纸，没有书名，不标作者名和出版机构，书名常常出现在版心或者卷端。建阳书坊所出版书籍，不仅出现封面，而且封面上标有书名、作家、出版机构和出版时间。此项发明，被后世竞相效仿，沿用至今。

---

① （宋）黎靖德：《朱子语类·卷138》，中华书局1981年版，第2959页。
②③ （宋）朱熹：《答蔡季通》，《全宋文》第249册，卷5598，第349页。

第三章　宋代闽本图书传播方式

闽本图书的传播方式，从横向方面来说，有手抄传播与印刷传播：手抄传播，是书籍通过抄写的形式，在读者与读者之间流通、阅读；印刷传播，是书籍通过雕版印刷的形式，以众多复本，在大众之间广泛传播。书籍媒介以手抄与印刷的方式传递信息。从纵向方面来说，有上行传播与下行传播：上行传播，通过向上"投献"图书的形式实现。下行传播，通过向下"赏赐"书籍的形式实现。书籍媒介以上行与下行的方式传播知识。另外，还有书籍的买卖式传播与跨文化传播的方式。

第一节　手抄传播与印刷传播

随着雕印图书逐渐普及，图书传播的社会功能日益凸显。可以说，没有图书传播，就没有知识、信息的传播。徐铉《翰林学士江简公集序》说"初无简编，文乃亡逸"[①]，书籍未产生之前，文字缺少记载媒介，很多作品不能流传下来。文字是书籍的内容，"媒介'内容'的影响之所以非常强烈，恰恰是另一种媒介变成了它的'内容'"[②]，"任何媒介的内容宛若'滋味鲜美的肉'，它支配我们的感知，分散我们的注意力，使我们感觉不到眼前这种媒介的深层冲击力。这种冲击力，正是此前的一种媒介，已经被驯化的、看不见的一种媒介，就像是已经被驯化了的狗，规规矩矩地躺在眼前的地毯上"[③]。文字是书籍、报纸的内容，小说是电影的内容，书籍的产生要以文字的发明作为基础。文字的发明是人类传播史上的重要事件，推动人类进入更高文明发展阶段。文字是在结绳记

[①] 《全宋文》第 2 册，卷 29，第 188 页。

[②] （美）莱文森著，何道宽译：《数字麦克卢汉：信息化新千纪指南》，北京师范大学出版社 2014 年版，第 102 页。

[③] （美）莱文森著，何道宽译：《数字麦克卢汉：信息化新千纪指南》，北京师范大学出版社 2014 年版，第 102～103 页。

事、原始图画基础之上逐渐发展而来的。"昔伏羲画八卦,而文字之端见矣;仓颉摸鸟迹,而文字之形成矣;史籀作大篆以润饰之,李斯变小篆以简易之,其美至矣"①,从伏羲、仓颉到史籀、李斯,文字的发展历程显而易见,文字也由模糊图形逐渐变得美观。文字发明、书籍产生,"则文字为之大辂,载籍为之六辔,先王教化所以行于百代,及物之功,与造化均,不可忽也"②。

一、手抄传播

手抄传播是最古老、最普遍的图书传播方式。唐以前,书籍都通过手抄方式,在小范围内传播。唐五代,随着印刷术的发明,书籍印刷逐渐兴起,但此时印书规模不大。宋代以来,虽然雕版印刷技术逐渐成熟,但抄写作为图书传播的传统方式并未退出历史舞台,仍然是图书传播的重要方式。

比如,抄写赦书德音,"今后每发赦书德音,差人到省抄写勘读。内川、广、福建、荆湖七路,并先以发遣"③。对于赦书德音,先是抄写,然后校勘,确定无误后,传播到各路,再由各路传播到各府、州、县。从抄传赦书德音能看出,宋代书籍手抄传播从中央到地方有一套完善和规范的体系。

作为传播方式,宋代书籍手抄传播具备一定的传播条件和物质基础,这种条件和基础就是笔墨纸砚要供应充足。"退食之室,图书在焉,笔砚纸墨,余无长物,以为此四者为学之所资,不可斯须而阙者也……士有能精此四者,载籍其焉往哉!"④笔墨纸砚是抄书者不可或缺的抄写工具,没有这些工具,抄书活动就无法顺利进行。

北宋初,韩琦曾道:"少年时家贫,学书无纸,时印板书绝少,文字皆是手写。"⑤韩琦见到的书籍几乎都是手写的,很少看到印本书。叶梦得称自己藏书三万卷,"其间往往多余手自抄"⑥,"予犹及见老儒先生,自言其少时,欲求

---

① (宋)徐铉:《韵谱前序》,《全宋文》第 2 册,卷 22,第 194 页。
② (宋)徐铉:《重修说文序·雍熙三年十一月》,《全宋文》第 2 册,卷 22,第 192 页。
③ (宋)宋真宗:《差人到省抄写勘读赦书德音诏·景德元年正月》,《全宋文》第 11 册,卷 221,第 100 页。
④ (宋)徐铉:《文房四谱序》,《全宋文》第 2 册,卷 22,第 197~198 页。
⑤ 张秀民:《中国印刷史》,上海人民出版社 1989 年版,第 57 页。
⑥ (宋)叶梦得:《避暑录话·卷 1·宋元笔记小说大观》,上海古籍出版社 2007 年版,第 2582 页。

《史记》《汉书》而不可得，幸而得之，皆手自书，日夜诵读，惟恐不及"①。苏轼说自己年轻时候读《史记》《汉书》，也是通过手抄方式。"不可得"，说明当时书籍传播范围有限，获取书籍的渠道很少，知识被少部分人所掌握，不像印本时代，知识普遍、广泛地向大众传播。"幸而得之"，表明苏轼获得他想读的书，感到很幸运，也很幸福，格外珍惜。因此，"日夜诵读，惟恐不及"。李昉在《二李唱和集序》中也希望诗集有朝一日能够被"传写"，"传写"就是抄写传播。且看原文：

> 淳化辛卯岁九月，余再承纶綍（绋）悖之命，复登廊庙之位，自兹厥后，无暇唱酬。昨发箧视之，除蠹朽残缺之外，存者犹得一百二十三首，因编而录之。他人亦有和者，咸不取焉，目为《二李唱和集》。昔乐天、梦得有《刘白唱和集》，流布海内，为不朽之盛事。今之此诗，安知异日不为人之传写乎？②

李昉整理、编纂《二李唱和集》，记载他和李至二人酬唱诗歌，总共123首。李昉把此集与《刘白唱和集》进行比较，认为自己编写的诗集，"安知异日不为人之传写乎"。他希望诗集能够像《刘白唱和集》一样广泛传播。这种传播，不仅是指空间上相互传抄流布，也指时间上一代又一代流传。关于宋代手抄传播的现象，还可以举出两例加以说明：

> 然自雒邑初迁，多从亡逸；建安重扰，半杂煨尘。近则散落间阎，远或流布海寓。繄是博雅君子，荐绅先生，踵尚风流，迭相传写。③

> 见编修四朝正史，合要名臣墓志、行状、奏议、著述等文字照使，今询问得吏部侍郎徐度有自着《国纪》一百余卷，其子行简见在湖州寄居，乞下所属给札抄录赴院，以备参照。④

---

① （宋）苏轼：《苏轼文集·李氏山房藏书记》，中华书局1996年版，第359页。
② （宋）李昉：《二李唱和集序》，《全宋文》第3册，卷47，第162页。
③ （宋）毛开：《遂初堂书目原序》，《全宋文》第224册，卷4971，第166页。
④ （宋）李焘：《乞抄录徐度国纪以备修史奏·淳熙三年五月》，《全宋文》第210册，卷4662，第192页。

材料所说"迭相传写""乞下所属给札抄录赴院"中的"传写""抄录"就是手抄传播的方式。

在宋代，抄书已经是固定职业，抄书人叫"书吏"。"右臣伏奉四月二十九日圣旨，令臣进所撰《周易集传》等书，仍命尚方给纸札书吏者"①，这里的"书吏"就是抄书人。

书吏的典型形象是：盘腿席地而坐，大腿上放着展开的纸张，手里拿着一支笔。书吏是古代具备读书识字能力、专门负责抄写的那类人，是统治机构不可缺少的组成部分，是官员与民众之间的桥梁和纽带。正是书史阶层的存在，中国古代社会这部国家机器才可以正常运转。

宋代书吏，每天多者可抄万字。陶宗仪《南村辍耕录》记载："江浙平章子山公，书法妙一时，自松雪翁之后便及之。尝问客：'有人一日能写得几字？'客曰：'闻赵学士言，一日可写万字。'公曰：'余一日写三万字，未尝以力倦而辍笔。'"②

抄书人通过自己的劳动，可以获得可观收入。景德二年（1005）十月，宋真宗《令起居院拣人抄写起居注》载：

> 起居院于见管守阙数内，拣有行止、无过犯、书札人材中者二人为承缺楷书，抄写起居注，月给钱二千，粳米一石三斗。无遗阙，奏补正名。③

选择有德行、没有犯过错误的人抄写起居注，按月付给报酬，"月给钱二千，粳米一石三斗"。宋真宗时期，给抄书人的待遇是"月给钱千五百，米二石，春冬衣赐"：

> 史馆别置楷书二人，专掌抄写日历，月给钱千五百，米二石，春冬衣赐，实五选，候年满日，授外官。勒留遇恩，重与迁转，永不出外官。④

---

① （宋）朱震：《进周易表》，《全宋文》第142册，卷3061，第185～186页。
② （宋）陶宗仪：《南村辍耕录·卷15·宋元笔记小说大观》，上海古籍出版社2007年版，第6328页。
③ 《全宋文》第11册，卷226，第202页。
④ （宋）宋真宗：《史馆别置楷书二人掌抄写日历诏·大中祥符二年十一月》，《全宋文》第12册，卷237，第19页。

从宋真宗诏书来看,史馆专门配备两个抄书人,负责抄写历书,所给奖赏也是不薄。郑丙在淳熙元年(1174)二月《乞募工书写会要奏》中道:

> 编修今上皇帝《会要》成书,乞依国史日历所已降指挥,每月支降钱一百七十贯文募工书写。①

从郑丙的上奏可看出,朝廷专门招聘抄书人来抄写《会要》,抄书人通过自己的抄写劳动,每个月可以获得酬劳"一百七十贯文"。

书籍这一传播媒介,使得知识、信息得以延续和传承,也使得古代文化呈现出欣欣向荣的局面。"书吏"抄书,对古代文化传播发挥着重要作用。有了"书吏",古代灿烂的文明才显得熠熠生辉。可见,"书吏"不仅读书识字,还在文化传播中扮演重要角色,属于古代知识分子阶层。

抄书有普通书吏抄写和书法家抄写两种类型。普通书吏由于知识所限,对书本内容不理解等原因,抄写时往往容易出现失误。相比普通抄工而言,书法家所抄书籍更具有欣赏价值和美学价值,也更有助于书籍传播,无形之中提高书籍价值。书法家抄书,相当于名人给书做广告,会产生品牌效应。比如,王羲之抄写《黄庭经》,就是如此。陶穀《王右军书黄庭经跋》载:

> 此换鹅经也。甲戌九月十一日,百计取得此书详观,诚无唐盛时,是铦锋笔行书,虽恐非右军,诚尔。界行有钟绍京书印,二字小印。卷末真写"胎仙"二字,用"陈氏图书印"印之。又有"钱氏忠孝之家"印纸,跋云:"山阴道士刘君以群鹅献右军,乞书《黄庭经》,此是也。"逸少真书,此经与《乐毅论》《太史箴》《告誓文》《累表》也;《兰亭》《洛神赋》皆行书,其他并草书也。草十行敌行书一字,行书十行敌真书一字耳。②

王羲之是著名的书法家,喜欢鹅,山阴道士为获得王羲之真迹,用群鹅作交换,让王羲之抄写《黄庭经》,使其流传。王羲之替山阴道士抄写的《黄庭经》,不仅具有书法价值、艺术价值,还具有历史价值和文学价值。陶穀《右军

---

① (宋)郑丙:《乞募工书写会要奏·淳熙元年二月》,《全宋文》第220册,卷4883,第224页。
② 《全宋文》第2册,卷11,第16页。

书黄庭经续题》道:

> 此乃明州刺史李振景福中罢任过浚郊,遗光禄朱卿。朱卿名友文,即梁祖之子,后封博王。王薨,予获于旧邸,时贞明庚辰秋也。晋都梁苑,因重背之。①

这则材料交代,作者从梁祖之子朱卿旧邸获得王羲之抄写的《黄庭经》,而此本《黄庭经》又是明州刺史李振景福中罢任后,过浚郊,遗留在朱卿那里的。可以看出,此书经过李振到朱卿,再从朱卿到陶穀三人之间的人际传播过程。

通过书法家抄书的方式来传播书籍,读书的同时,还可得到美的享受。此外,从书籍手抄传播活动中能够看到读书人爱书、读书、惜书的心态。比如,和岘在乾德二年(964)六月二十五日《窦氏联珠集跋》中写道:

> 甲子岁春初,中仪李公借此诗抄写,得无何,秘监尹公借去,云已失坠,不复相还。余尝读此集,寤寐思之。至夏末,忽投书于致政大夫,果蒙见借。所恨自少闲暇,令札吏抄录,故多谬误。躬亲勘校,颇亦改正。因得吟味,喜不自胜。②

这则史料说明,《窦氏联珠集》在当时非常流行,属于畅销书籍,很多人想读此书。李公去借来抄写,"得无何"。尹公借去,"云已失坠,不复相还"。作者本人则很想读此诗集,甚至"寤寐思之"。借到此书之后,开始整理、雠校,边校对、边赏玩、边品读,"因得吟味,喜不自胜"。从借书到抄书,再到校书、编书、品书,这一系列过程,本身就是书籍的人际传播过程,书籍传播具有过程性特点。

宋词是宋代文学的主要样式,这一时期涌现很多词人以及词作。这些词作往往会被汇聚一起,通过手抄方式,以词集形式广泛传播,客观上促进了宋词这一文体的完善和成熟,也促进了文学的兴盛与发展。

---

① 《全宋文》第2册,卷11,第16页。
② 《全宋文》第3册,卷55,第316页。

第三章 宋代闽本图书传播方式

别去一甲子,不与君相闻,君忽贻书,抄所作长短句三十余阕寄余。①

元至正十年,陶宗仪尝发见手抄《白石道人歌曲》,其中二十八首词,旁有减字谱。②

迨陶南村手抄本三百首出,玉田真貌,始传于世。③

近代词如《阳春白雪》集,如《绝妙好词》选,亦自有可观,但所取不精一,岂若周草窗所选《绝妙好词》为精粹。惜此版本不存,墨本亦有好事者藏之。④

上述材料所述,喜好宋词者,要么是抄写自己的词作,要么是抄写别人的词作,抄写完毕后,寄赠给亲友,让亲友品读、鉴赏。从抄写词作数量来看,几乎都是很多篇。

宋代印刷技术尽管已经相当成熟,但手抄书籍是书籍传播的主要方式,仍然相当普遍。"据统计,1177年,宋代的皇家藏书,包括主要藏书机构和皇家档案馆,有59.5%的抄本、32%的稿本,印本仅占8.5%"⑤,"仁宗嘉祐年间,一次抄书一万六千余卷,同时的刻印本是四千七百余卷,只及抄写本的四分之一强,也从侧面证明了抄本书的影响之广泛和深远"⑥。唐以前虽然出现"经生"或"书佣",但一直到明清,这一职业抄书人仍然大有人在。抄书人大多出身贫寒,抄书是为生活所迫。宋代抄书盛行,主要出于五个方面的原因:

第一,抄书工序简单。手工抄写只需人和笔墨纸砚即可,工序简单,操作容易。印刷传播,则工序复杂,操作起来十分烦琐。印刷传播需要刻工、写工、

---

① (宋)刘克庄:《翁应星乐府序》,张惠民编:《宋代词学资料汇编》,汕头大学出版社1993年版,第236页。
② 饶宗颐:《词集考》,中华书局1992年版,第410页。
③ 饶宗颐:《词集考》,中华书局1992年版,第254页。
④ (宋)张炎:《词源·词话丛编》,中华书局1986年版,第266页。
⑤ (美)周绍明著,何朝晖译:《书籍的社会史——中华帝国晚期的书籍与士人文化》,北京大学出版社2009年版,第50页。
⑥ 郑如斯、肖东发编著:《中国书史》,北京图书馆出版社1987年版,第218页。

印工、装订工、运输工以及编辑校对人员，而且是一系列的连续过程，中间任何一个环节都不可缺少。印刷传播在当时是新鲜事物，是新兴传播方式，在社会层面上普及和推广，仍然需要一定时间。

第二，抄书可以练字。宋代，从皇帝到文人学士，都崇尚书法，具备练习书法的氛围。宋太祖、宋太宗、宋真宗、宋仁宗、宋徽宗、宋高宗等皇帝，都喜欢书法。苏轼、黄庭坚、米芾和蔡襄，被称为"书法四大家"，他们的书法各有千秋。在这样一种书法氛围影响下，宋人更喜欢抄书。同时，名家抄本由于稀缺难求，而显得弥足珍贵，往往被人奉为至宝而沉醉其中。"大凡书籍安得尽有宋刻而读之，尤精刻而旧抄贵矣；旧抄而出自名家所藏，则尤贵矣"①，"不独其抄本可珍，其手迹尤足贵"②。从这个意义上说，精美的宋代抄本往往具有很高的美学价值和艺术价值。

第三，抄书可以谋生。宝元初，宰相吕夷简任人唯亲，范仲淹抨击其行为，后被指控，贬饶州，蔡襄作《四贤一不肖》诗，为范仲淹打抱不平，诗歌通过手抄传播，受到广大民众欢迎，一些抄书人甚至抄写后拿来出售获利。

第四，抄书可以祈福禳灾。宗教信仰者抄写佛教、道教经籍能够修炼功德。在这种观念指导下，抄写经书活动经久不衰。比如宋哲宗，"性庄重，从学颖悟，自皇帝（神宗）服药，手写佛书为帝祈福"③。

第五，抄书用来收藏。宋代许多私人藏书家都通过抄书这种方式来收藏书籍。"宋代私家藏书，多手自缮录，故所藏之书，抄本为多"④。原因有两个：一是科举制度推动，二是私人藏书家受著述立言理想影响。为了保证藏书质量，藏书家在抄书过程中，往往会对其中的错误进行校对。通过抄书，还可以留下副本。

二、印刷传播

印刷传播是随着造纸术与印刷术的发明而产生的新兴的知识信息传播方式。有了造纸术和印刷术，书籍才成为真正意义上的印刷媒介，才实现了真正意义上的大众传播。作为一种新的传播方式，无论是在书籍出版传播的效率方面，还是在数量方面，都具有传统手抄传播方式所不具有的诸多先天优势。

---

① （清）黄丕烈：《荛圃藏书题识》，上海远东出版社1999年版，第561页。
② （清）叶德辉：《书林清话》，上海世纪出版集团2012年版，第230页。
③ （元）脱脱等撰：《宋史》，中华书局1985年版，第317页。
④ 袁同礼：《袁同礼文集》，国家图书馆出版社2010年版，第89页。

（一）印刷传播特点

印刷传播，是书籍通过雕版印刷技术复制与制作出来，大面积、大范围传播。宋代文献中，印刷传播一般被冠以"镂板""镌板""锲木"等字眼。比如：

> 宗翰假守豫章，恩除鲁郡，将归之日，遂以旧谱命镂板，用广流传，或须□求，以待他日。①

> 余晚与其季子叔异游，乃悉得遗集而熟复之，文章真诀，尽在是矣。信乎，瑶林皆至宝，而丹穴无凡毛也。亟命工镌诸板，于以发千载不朽之幽光。②

> 某误持江西之宪节，获款赣帅薛公直老。一日，直老曰："顷幸见元宪公《紫微集》，尽广之以遗善学柳下惠者？"某既镌诸板，因妄论之如此。③

> 乡人杜仲容悉裒临川凡所论著，合为大成集，锲木以行于世，日抑有以也，谓："吾州里唯知尊苏氏，而不博取约守，以会仁智之归，彼自陋也。"予于是乐为之书。④

以上所说"镂板""镌板""锲木"，就是雕版印刷，印刷出来的众多复本，广泛流传。书籍印刷，从字号上来说，有小字本、中字本、大字本。"小字本"图书印刷如下：

> 右《李文公集》十八卷，以《唐·艺文志》校之，多八卷，盖常山宋次道所定也。建阳小本独多《答开元寺僧书》一篇，亦不著目。其辞反复温润，与他文相类，而集中又有所作钟铭，知其为习之文昭昭矣。既是正之，

---

① （宋）孔宗翰：《孔氏家谱序·元丰八年十一月》，《全宋文》第70册，卷1519，第55页。
② （宋）程敦厚：《晁氏崇福集序》，《全宋文》第194册，卷4288，第281页。
③ （宋）程敦厚：《晏元献公紫微集序》，《全宋文》第194册，卷4288，第284页。
④ （宋）程敦厚：《临川文集序》，《全宋文》第194册，卷4288，第283页。

冠以苏公序，附其传于后。①

其未曾经曾南丰校订者，舛误尤不可读。其浙、建原小字刊行者，皆南丰所校本也。括苍耿氏所刊，鲁莽尤甚。②

庆历五年，殿中省尚药奉御赵从古进《五运六气图》，上命天章阁侍讲王洙、曾公亮，知制诰余靖，龙图阁直学士高若讷详定……然独取从古所编者，盖爱其简而适用，初地人易以检阅。今作小字楼板，非特广其传而已，庶使一偏之士蔽于人而不知天者知此书之不可不读也。③

材料中所说，"建阳小本独多《答开元寺僧书》一篇，亦不著目"，"其浙、建原小字刊行者，皆南丰所校本也"，"今作小字楼板"，都是指"小字本"。"中字本"图书印刷如下：

仆乙未秋以罪去国，明年，就领宫祠以归。过方城，见同年范内翰云："《活人书》详矣，比《百问》十倍。然证与方分为数卷，仓卒难检耳。"及至濉阳，又见王先生，云《活人书》京师、成都、湖南、福建、两淛，凡五处印行，惜其不曾校勘，错误颇多。遂取善本，重为参详，改一百余处，命工于杭州太隐坊镂板，作中字印行，庶几缓急。易以检阅。然方术之士能以此本游诸聚落，悉为改证，使人诵读，广说流布，不为俗医妄投药饵，其为功德，获福无量。政和八年季夏朔，朝奉郎、提点洞霄宫朱肱重校证。④

材料中所说，"命工于杭州太隐坊镂板，作中字印行"，就是指"中字本"。"大字本"书籍印刷则如：

一日留身，奏言翰林学士范祖禹撰《唐鉴》十二卷，以谓唐三百年治日少，乱日多，其治未尝不由君子，其乱未尝不由小人，布在方册，显不

---

① （宋）洪适：《跋李文公集》，《全宋文》第213册，卷4739，第321页。
② （宋）姚宽：《战国策后序·绍兴三十年十一月》，《全宋文》第198册，卷4380，第201页。
③ （宋）朱肱：《运气图序》，《全宋文》第129册，卷2790，第233页。
④ （宋）朱肱：《重校类证活人书序·政和八年六月》，《全宋文》第129册，卷2790，第235页。

可掩……不过岁年，尽见唐君臣善恶得失之迹，实有补于治道。渊圣欣然嘉纳，方议施行，旋被夷狄之祸。后十余年，三衢镂板，巨编大字，老眼豁然。会故人张犟作州掾，遂驰书乞一本，得之。①

"后十余年，三衢镂板，巨编大字，老眼豁然"中，"巨编大字"指的就是"大字本"。宋朝书籍印刷很注重避讳，即府州军监等名称以及官称等都不能和先祖相同。宋仁宗两次下诏谈到避讳事宜：第一次在天圣元年（1023）五月庚午，《改易犯皇太后父讳官名州县名诏》规定："官名及州县名与皇太后父名相犯者，悉改易之。"②第二次在嘉祐六年（1061）五月庚戌，《府号官称犯父祖名许回避诏》规定："凡府号，官称犯父祖名而非嫌名及二名者，不以官品高下，并听回避。"③

宋徽宗也两次下诏，专门强调避讳问题。第一次是政和八年（1118）二月十二日，《禁止不得用君字为名字御笔》道：

> 君出命以尹众，主道也。古之人言圣君、明君、人君以尊天子，帝君、大君、元君以严高真，循名而敩实，岂人臣可得而称者？今则或以制名，或命字，或相谓为君。紊上下之分，乖君臣之义，不可以训，宜行禁止，以诏万世，违者以大不恭论。④

第二次是宣和七年（1125）七月一日，《罢苛细不根忌讳诏》载：

> 朕惟王者之法易避而难犯，若苛举细故，使人拘畏而忌讳，非所以示大体也。臣僚建请士庶名字有犯"天""王""君""圣"及"主"字者悉禁，既非上帝名讳，及无经据，谄佞不根，贻讥后世。并壬戌日宰执烧香，住断刑、释轻罪，至留系佚罚，皆非朕意，可并勿行。⑤

---

① （宋）孙觌：《读唐鉴》，《全宋文》第160册，卷3477，第329页。
② 《全宋文》第44册，卷942，第17页。
③ 《全宋文》第45册，卷983，第426页。
④ 《全宋文》第165册，卷3599，第262页。
⑤ 《全宋文》第166册，卷3621，第235页。

宋高宗绍兴十四年（1144）九月一日，《士庶与国姓同单名偏旁并连名相犯者令改正诏》曰："士庶与国姓同，单名偏旁并连名相犯之人，令刑部遍牒州军，限一月改正，如违，从杖一百断罪。"①关于避讳的这些规定，在书籍印刷与出版活动中得到充分体现：

> 校勘律文《邢统》，窃见前代国讳皆以他字。详律文系古法书，比拟经传不当改易外，其《邢统》前后详定不一，既非古书，兼建隆四年详定，庙讳御名既曾易以他字，止缘后来有司失于申明，循习开雕，尚仍旧本。②

> 得旨，将《邢统》内有本朝圣祖名、庙讳，各随文义拟易他字，缮写为三册，乞下国子监刊印。③

"校堪律文《邢统》，窃见前代国讳皆以他字"，"得旨，将《邢统》内有本朝圣祖名、庙讳，各随文义拟易他字"表明，为了避讳，《刑统》内文字作了校订与改动。

印刷传播相比传统抄写传播而言，效率更高。宝元二年（1039）十二月，施昌言《唐文粹后序》道："古之藏书者，必芟竹铲木，殚缃竭毫，盛其蕴，宏其载，乃能有之。今是书也，积之不盈几，秘之不满箧，无烦简札而坐获至宝，士君子有志于学，其将舍诸？"④施昌言对比古今图书传播方式的变化，看到印刷媒介给当今士子读书活动带来的方便，语气中明显流露出对这种方便持支持和肯定态度。徐铉对书籍的两种传播方式也有清醒认识，他在《韵谱后序》中写道：

> 前序犹谓学者殊寡，而今之学者益多，家蓄数本，不足以供其求借。颍川陈君文颢，宠列侍祠，见人为学，如己之诲子弟焉。因取此书，刊于

---

① （宋）宋高宗：《士庶与国姓同单名偏旁并连名相犯者令改正诏·绍兴十四年九月一日》，《全宋文》第204册，卷4519，第83页。
② （宋）梁总：《律文邢统开雕未避庙讳奏·淳熙七年五月十一日》，《全宋文》第274册，卷6213，第430页。
③ （宋）梁总：《将邢统内有本朝庙讳拟易他字刊印奏·淳熙七年五月十一日》，《全宋文》第274册，卷6213，第430页。
④ （宋）施昌言：《唐文粹后序·宝元二年十二月》，《全宋文》第19册，卷392，第101页。

第三章　宋代闽本图书传播方式

尺牍，使模印流行，比之缮写，省功百倍矣。①

"家蓄数本，不足以供其求借"，指的是手抄传播时代。这个时代，读者很少，书籍数量也不多。到了印刷传播时代，书籍广泛传播，读者也随之增多。印刷传播相比手抄传播，"省功百倍矣"。印刷传播媒介是大众媒介，具有强大功能。关于印刷传播媒介优势，苏轼在《书楞伽经后》一文中也有明确说明：

> 公以为可教者，乃授此经，且以钱三十万使印施于江淮间。而金山长老佛印大师了元曰："印施有尽。若书而刻之则无尽。"轼乃为书之，而元使其侍者晓机走钱塘。求善工刻之板，遂以为金山常住。②

材料中，"印施有尽"，指印本书数量有限。"若书而刻之则无尽"，指把书籍刊板，板不磨灭，不损坏，书籍就可以无尽地印刷、传播下去，数量无限。金山长老佛印大师了元的话语，是从传播的数量、范围方面指出印刷传播相比手抄传播的优势。

印刷传播时代与手抄传播时代知识传播与接受完全不同。印刷传播时代，印本书数量增多，传播范围增广，知识也逐渐向下层迁移。手抄传播时代，书籍数量少，秘而不传，知识往往被少数精英所控制。以下材料可以为证：

> 次功旧有《国体论》十卷，《唐史诛奸发潜论》五卷，《统要监今论》五卷，《渝南集》十卷，补正《楚书》十三篇，乐府歌诗千余篇，皆秘而不传于人，而《春秋》最后出。显甫好事，密购以归，予因为刊行，以广其传。昔人得王充《论衡》藏之以自衒其辩，岂予之志哉！③

> 是书也，甲寅岁尝进御于神宗皇帝，备乙夜之览，当时颇蒙称奖，子平秘而不以示人。予病近时儒者笃于穷经，而未皇及传记简策之学，间有从事于斯者，如前之云云。因募工镂板以广其传，庶几读之者，用力甚少

---

① 《全宋文》第1册，卷20，第384页。
② 《全宋文》第89册，卷1934，第234页。
③ （宋）陆昭迥：《蜀梼杌后序》，《全宋文》第72册，卷1580，第322～323页。

而收功弥博。①

本朝宋景文公重修《唐书》，仍列于《隐逸传》。今蜀中惟《松陵集》盛行，《笠泽丛书》未有。是书家藏久矣，愚谓贮之篋笥，以私一人之观览，不若镂版而传诸好事，庶斯文之不坠，而鲁望之名复振，亦儒者之用心也。②

三则材料中，"皆秘而不传于人"，"子平秘而不以示人"，"是书家藏久矣，贮之篋笥，以私一人之观览"，都是批评图书收藏者不具备书籍传播与知识共享观念。这样做的后果，使得知识被少部分人所垄断。随着印刷术的强大魔力逐渐展示，书籍刊刻者以及传播者也逐渐对这种新的传播技术持宽容甚至欢迎态度。"显甫好事，密购以归，予因为刊行，以广其传"，"因募工镂板以广其传，庶几读之者，用力甚少而收功弥博"，"不若镂版而传诸好事，庶斯文之不坠，而鲁望之名复振，亦儒者之用心也"，句中所传达出来的，对印刷传播功能的认识，表明印刷媒介作为一种新兴媒介，在产生之初，就已显示出强大魔力。

印书多，获书易，并不意味着学风就好，学习氛围就浓。苏轼痛批过书多而不读的现象："近岁市人，转相摹刻诸子百家之书，日传万纸，学者之于书，多且易致如此，其文词学术，当倍蓰于昔人，而后生科举之士，皆束书不观，游谈无根，此又何也？"③"日传万纸"，显出图书传播之盛；"束书不观"，突出阅读风气之衰。两者形成强烈反差，这与整个宋代文化传播环境完全不相吻合。不读书，畅谈、切磋学问就没有根底，这怎么可以呢？苏轼发出了深刻之问。

同时，印本时代校勘质量往往得不到保证，会出现差错更多的情况：

某家有写本一，印本一，写本不纪其时，而印本乃天圣间益州市所摹刻者。大抵皆差牾，而印本尤甚，衍文助语，乱布错置，往往不可句读。或又增以子注音切，并非所当有。④

上文所说，写本也好，印本也罢，都会出现或多或少的错误，且印本里面

---

① （宋）章粢：《编年通载序》，《全宋文》第72册，卷1569，第156页。
② （宋）樊开：《甫里先生文集序·元符三年》，《全宋文》第130册，卷2821，第375页。
③ （宋）苏轼：《李氏山房藏书记》，《全宋文》第90册，卷1968，第397～398页。
④ （宋）李焘：《汉纪跋》，《全宋文》第210册，卷4664，第233～234页。

错讹尤甚，不是作者心目中的"善本"。传播方式的变革对学者藏书和读书带来的不利，叶梦得也有所理解和领悟："唐以前，凡书籍皆写本，未有摹印之法。人以藏书为贵……学者以传录之艰，故其诵读亦精详。五代时，冯道奏请始官镂六经板印行。国朝淳化中，复以《史记》、前后汉付有司摹印，自是书籍刊镂者益多，士大夫不复以藏书为意，学者易于得书，其诵读亦因灭裂。"① 叶梦得认为，印刷术产生，导致书籍数量增多，获得书籍太容易，反而不利于收藏，也不利于诵读和品鉴。手抄书籍数量少，校勘精，且在抄书过程中，可加入自己的阅读和理解，便于学习和记忆。

（二）印刷传播类型

福建编纂刊刻与传播的图书类型多样。既有文集，又有儒家经典；既有医书，又有地方志。文集以唐宋文人的集子为主，儒家经典以宣传教化为宗；医书传播医学专业知识，地方志承载地方历史文化。书籍媒介印刷传播，扩大了信息传播的范围。

1. 文集

（1）唐人集。北宋时期，宋人集刊刻较少，唐人集刊刻较多，唐人集占据文集出版主流。"窃勘三馆、秘阁、集贤库唐人文集至多。本朝名臣，大抵以文章显，罕得与秘府之藏，盖由自来不曾取索"②。陆游《跋樊川集》中的记载也可以充分说明这一点：

> 唐人诗文，近多刻本，亦多经校雠，惟牧之集误缪特甚。予每欲求诸本订正，而未暇也。书以示子遹，尚成吾意。③

"唐人诗文，近多刻本"，表明唐人诗文集在市面上大量出版发行，社会上流传甚广。"亦多经校雠，惟牧之集误缪特甚"，表明唐人诗文集虽然经过校雠，但在所见唐人集中，唯有杜牧的集子错讹颇多，影响阅读。宋代唐人集的刊刻与传播状况，现列举如下：

---

① （宋）叶梦得：《石林燕语》，中华书局1984年版，第116页。
② （宋）翁彦深：《乞秘书省收藏本朝名臣文集奏·宣和三年九月》，《全宋文》第156册，卷3346，第13页。
③ 《全宋文》第223册，卷4939，第51页。

> 临川晏公知止字处善守苏之明年，政成暇日，出李翰林诗以授于渐曰：白之诗历世浸久，所传之集，率多讹缺。予得此本，最为完善，将欲镂板以广其传。渐切谓李诗为人所尚，以宋公编类之勤，而曾公考次之祥，世虽甚好，不可得而悉见。今晏公又能镂板以传，使李诗复显于世，实三公相与成始而成终也。①

毛渐在该跋中指出重新雕版印刷《李太白文集》的缘由，是因为李白诗歌集经过长期传播，多所缺漏，希望其诗集能够重新修订刊板，复传于世。毛渐所见本于，来自晏知止（字处善）本，而晏知止本又是来自宋敏求、曾巩所编本。可见，《李白文集》在此之前就已经实现从宋敏求、曾巩到晏知止再到毛渐之间的人际传播。

> 予每读其文，窃苦其难晓。如《义鹘行》"巨颡拆老拳"之句，刘梦得初亦疑之。后览《后勒传》，方知其所自出。盖其引物连类，掎摭前事，往往而是。韩退之谓"光焰万丈长"，而世号"诗史"，信哉！②

> 杜少陵诗世号诗史，自笺注杂出，是非异同，多所抵牾。至有好事者掇其章句，穿凿附会，设为事实，托名东坡，刊镂以行，欺世售伪，有识之士所为深叹。因辑善本，得王文公、宋景文公、豫章先生、王源叔、薛梦符、杜时可、鲍文虎、师民瞻、赵彦材氏九家，属二三士友，各随是非而去取之。如假托名世，撰造事实，皆册削不载。精其雠校，正其讹舛，大书镂板，置之郡斋。以公其传，庶几便于观揽，绝去疑误。若少陵出处大篇，史有本传，及互见诸家之叙，兹不复云。淳熙八年八月，成都郭知达谨序。③

> 右《杜集》，建康府学所刻板也。初教授刘亘常今，当兵火瓦砾之余，便欲刻印文籍，得府帅端明李公行其言，继而枢密赵公不废其说。未几，

---

① （宋）毛渐：《李太白文集跋·元丰三年四月》，《全宋文》第85册，卷1847，第98页。
② （宋）王得臣：《增注杜工部诗集序》，《全宋文》第84册，卷1833，第231页。
③ （宋）郭知达：《九家集注杜诗序·淳熙八年八月》，《全宋文》第277册，卷6265，第29～30页。

赵公移帅江西，常今亦以病丐罢，属府倅吴公才德充、察推王闇伯嗣成之。德充、伯言为求工外邑，付学正张共、学录李鼎，要以必成。踰半年，教授钱寿朋耆朋来，乃克成焉。盖方督府宣帅鼎来，百工奔走，趋命不暇，刀板在手，夺去者屡矣。一集之微，更岁历十余君子始就。呜呼，事业之难兴如此……虽然，子美诗如五谷六牲，人皆知味，而鲜不为异馔所移者，故世之出异意、为异说以乱杜诗之真者甚多。此本虽未必皆得其真，然求不为异者也。他日有加是正者重刻之，此学者之所望也。①

序文指出，王得臣读杜甫诗歌时，"窃苦其难晓"，要查阅很多资料，才能弄清出处。他赞同世人对杜甫"诗史"的评价。郭知达序文，一方面说明杜甫诗集很畅销，另一方面也说明读者喜欢阅读名人编纂、整理的杜甫诗集。正因为如此，市面上出现托名为苏东坡的所谓"好事者"编纂的诗集。托名刊印书籍，只是为了赚钱，丝毫不顾书籍质量，这是名副其实的"盗版"，这种盗版现象为当时有识之士所深恶痛绝。吴若之记文，详细交代了《杜工部集》编纂与刊刻的来龙去脉。再比如，《元稹集》的雕印：

> 微之以文章鼓行当时，谓之元和体。在越则有诗人入幕府，故镜湖秦望之奇益传，所谓兰亭绝唱，陈迹犹可想。《唐志》著录有《长庆集》一百卷，《小集》十卷，传于今者惟闽、蜀刻本，为六十卷。三馆所藏，独有《小集》，其文盖已杂之六十卷矣……元、白才名相埒，乐天守吴财岁余，吴郡屡刊其文；微之留越许久，其书独阙可乎？予来踵后尘，盖相去三百三十七年矣，乃求而刻之，略能雠正脱误之一二，不暇复为诠次也。书成，置之蓬莱阁。②

从洪适的跋文看，元稹文集最初有《长庆集》一百卷本和《小集》十卷本，流传到宋代，则只有闽刻本和蜀刻本，这两个刻本都只有六十卷。可见，随着时间的推移，元稹作品逐渐减少和散佚，读者不能窥得元稹作品全貌。这对于当时和今天研究元稹的学者来说，不能不说是极大的遗憾。从"传于今者惟闽、

---

① （宋）吴若：《杜工部集后记·绍兴三年六月》，《全宋文》第182册，卷3990，第141页。
② （宋）洪适《跋元微之集》，《全宋文》第213册，卷4740，第328页。

蜀刻本"看，此集在福建和四川刊刻过与传播过。再比如，《唐百家诗选》的刊刻：

> 臣相荆国王公，道德文章天下之师，于诗尤极其工，虽婴以万务而未尝忘之，是知诗之为道也，亦已大矣。公自历代而下无不考正，于唐选百家，特录其警篇，而杜、韩、李所不与，盖有微旨焉。噫！诗系人之好尚，于去取之际，其论犹纷纷，今一经公之手，则帖然无复以议矣。合为二十卷，号《唐百家诗选》。得者几希，因命工刻板以广其传，细字轻帙，不过出斗酒金而直挟之于怀袖中，由是人之几上往往皆有此诗矣。予将会友以文，共求昔人之遗意而商榷之，有观此百家诗而得其所长及明荆公所以去取之法者，愿以见告，因相与哦于西湖之上，岂不乐哉！①

《唐百家诗选》这部唐人总集由王安石编写。王安石是唐宋八大家之一，社会名人，他编撰的书籍受到读者普遍欢迎。杨蟠参与该书的印刷出版工作，高度评价王安石本人，称其为"道德文章天下之师"，对王安石此书编撰过程也做了交代，对该书给予很高评价。"诗系人之好尚，于去取之际，其论犹纷纷，今一经公之手，则帖然无复以议矣"，说王安石是"意见领袖"，起引导舆论的作用。诗家的选取，历来看法不一，选取不当，读者就会议论纷纷，舆论哗然，对选者不利。王安石选本出来之后，则舆论结束。

王安石《唐百家诗选》出版，"其后此书盛行于世"②。据朱弁《风月堂诗话》记载："王介甫在馆阁时，僦居春明坊，与宋次道宅相邻。次道父祖以来藏书最多，介甫借唐人诗集日阅之，过眼有会于心者，必手录之，岁久殆遍。或取其本镂行于世，谓之《百家诗选》。"③

> 余尝选唐绝句诗，既板行于莆，于建，于杭，后十余年，觉前选太严而名作多所遗落。或徼余曰："子徒知病野处之详，而不知议者病后村之略也。"余曰："谨受教。"乃汇诸家五七言，各再取百首，名《续选》。内五

---

① 《全宋文》第 48 册，卷 1045，第 242～243 页。
② （宋）徐度：《却扫编·宋元笔记小说大观》，上海古籍出版社 2007 年版，第 4500 页。
③ （宋）惠洪等撰：《冷斋夜话·风月堂诗话·環溪诗话》，中华书局 1988 年版，第 107 页。

言仅得七十首,以六言三十首足之,盖六言尤难工,柳子厚高才,集中仅得一篇,惟王右丞、皇甫补阙所作绝妙。今学古者所未讲也,使后世崇尚六言自余始,不亦可乎?前选未收李、杜,今并屈二公印证。①

王安石选唐百家诗,刘克庄则选唐绝句,二者都是唐选本。刘克庄所选唐绝句传播甚广,当时就有莆本、建本、杭本行世。后过十余年,刘克庄觉得,之前选本标准太高,要求太严,导致许多名作遗漏。于是,又选取唐绝句百首,命名《续选》。此本和前本不同,增收李白、杜甫诗作。另外,还特别提到收六言绝句三十首,是想通过此集的传播,"使后世崇尚六言自余始"。可以说,刘克庄此标新立异之举在诗歌选本史上具有开创意义。

> 权知吴县事葛蘩等所校雠《唐苏州韦刺史集》凡十卷,以相校除,定著五百五十九篇,皆以辨析,可缮写。刺史洛阳人,姓韦氏,名应物,贞元中以左司郎中出为苏州刺史,其详不载于正史,不可得而考也。其为文峻洁幽深,词意间远,指事言情,格力闲暇,下可以凌颜谢而上可以薄风骚。摆去陈言,纤浓合度,而自成一家,想似其为人也。繇贞元逮今,三百余年,而刺史之文传于世者,寥寥不知其几也……方是时,天子平交趾,定河隍,而四方有庆,公于间宴之际,视学校,讲书史,以文会友,赋诗今咏,而乐道人之体,于是得晁文元公家藏韦氏《全集》俾僚属宾佐参校讹谬,而终之于蘩,始命镂板,将以传之于后世。②

唐人韦应物,原为洛阳人,担任苏州刺史时,有多篇文章行世,经过几百年流传,所存文章不多。葛蘩驻守此地,当是时,"天子平交趾,定河隍,而四方有庆"。葛蘩也在闲暇之余,"以文会友,赋诗今咏",得到晁文元公家藏《韦应物全集》,嘱托臣僚校勘,葛蘩最终统稿。最终搜集整理文章"五百五十九篇"镂板行世。葛蘩认为,韦应物"其为文峻洁幽深,词意间远,指事言情,格力闲暇,下可以凌颜谢而上可以薄风骚。摆去陈言,纤浓合度,而自成一家,想似其为人也",文同其人,文章可以自成一家,对其人、其文

---

① (宋)刘克庄:《唐绝句续选序》,《全宋文》第329册,卷7569,第142页。
② (宋)葛蘩:《校刻韦应物集后序·熙宁十年》,《全宋文》第81册,卷1762,第39页。

评价甚高。

（2）宋人集。宋人编刻文集，较早可以追溯到李觏。李觏编辑过两部集子，一部为《退居类稿》，另一部为《皇祐续稿》，自己作序：

> 李觏泰伯以举茂材罢归。其明年，庆历癸未秋，因料所著文。自冠迄兹十五年，得草稿二百三十三首。将恐亡散，姑以类辨为十二卷，写之。间或应用而为，未能尽无愧，闵其力之劳，辄不弃去。至于妖淫刻饰尤无用者，虽传在人口，皆所弗取。噫！天将寿我乎，所为固未足也；不然，斯十二卷庶可籍手见古人矣。故自序云。①

> 觏庆历癸未秋，录所著文曰《退居类稿》十二卷。后三年，复出百余首，不知阿谁盗去。刻印既甚差谬，且题《外集》尤不韪，心常恶之，而未能正。于今又六年，所得复百余首，暇日取之，合二百三十八首，以续所谓《类稿》者。噫！行年四十四，疾疹日发作，其于文字间，尚克有进也欤！《续稿》凡八卷，时又有《周礼致太平论》十卷孤行焉。②

《退居类稿》共十二卷，收作品二百三十三首，成书于庆历三年(1043)。《皇祐续稿》共八卷，收作品二百三十八首，成书于皇祐四年(1052)。两书在作者生前是否刊刻，情况不明。但据《皇祐续稿序》载，李觏编完《退居类稿》后，过了三年，又有作品百余首问世，不知被谁盗去印刷出版，在市场上传播。李觏自己的作品还被擅自命名为"外集"，此书错讹百出，李觏对此非常不满，"心常恶之"。此外，他还有"《周礼太平论》十卷孤行"。

李觏所见《外集》，应该是民间书坊出版商刊刻的，拿来赚钱。"但是不管怎么说，李觏《外集》的刊行是一件象征性事例，显示民间出版业开始以同时代作家的作品集为营业对象。"③李觏之后，宋人编刻文集逐渐增多，现列举如下：

其一，《艾轩集》的印刷与传播：

---

① （宋）李觏：《退居类稿自序·庆历三年秋》，《全宋文》第42册，卷896，第39页。
② （宋）李觏：《皇祐续稿序·皇祐四年八月》，《全宋文》第42册，卷896，第40页。
③ （日）内山精也著，张渊译：《媒体变革前后的诗人和诗集——从初唐到北宋末》，《长江学术》2016年第2期。

艾轩先生道最高，名最盛，而其后最微。传其学者，再世网山、乐轩二师，又皆以穷死。先生平生既不著书，遗文仅数卷耳，殁五十年，未有全稿。余同舍方君岩仲，先生外诸孙也，每相与振腕此事。壬辰成进士南还，余别之汇征，曰："太史公遗书，今责在杨恽矣。"岩仲归而求之，凡数年方克集，刊于莆，而四方学者未尽见也。春来鄱，过象山，友人汤君伯纪相与语曰："昔艾轩使东广，道饶之余干，宿相岭，有乡耆儒李恕轩名兴宗者，尝侍先生谈一夕，至今吾里能传艾轩之言。若以公之书锓之鄱，邦人之愿也。"余喜曰："是吾心也。"……方先生在时，世号"南夫子"，于经于道，超悟独得若此，与孔、颜旦暮之遇，于数千年因革之故，如语昨日事。今学既不传，而所可传者，数卷仅耳。茫茫宇宙，不知几何年又有此人物，呜呼，惜哉！①

绍定壬辰，岩仲初解褐，余方补上庠，与岩仲饮别汇征，曰："兄老艾外诸孙也，先生遗文散落殆尽，兄之责也。"岩仲得尉尤溪，需食数载，搜猎残缺之文，不遗余力。乙未，余成进士归，方尽见其所得者，搜猎犹未已也。每得一纸，虽三数行，亦必驰以见质，其间亦有诸生传录而论议失真者，余稍能辨之，遂不以入集，已刊之莆鄱两郡矣。年来，诸友又有得于故家，而集所无者，或以见遗，大抵有若似夫子，俳优效叔敖，益信岩仲所选之精，可无遗憾。今性仲访余溪上，又出此数则。余谓太史公之书，必杨幼安所传为真，诸先生虽为补遗，或者未免疑之，古今之事皆然。敬书遗文之后，以俟具大眼目者。②

《艾轩集》为林光朝的集子。林光朝，兴化军莆田（今福建莆田）人，号艾轩。此集最初由其外孙方岩仲收集与整理，在莆田刊刻并传播。虽然以印刷方式传播，但"四方学者未尽见也"。后来，林希逸知鄱阳，路过象山，朋友汤伯纪告诉他，林光朝曾路过余干，与当地一个有名望之人李兴宗交谈一宿，至今人们还在传播艾轩的言论，建议林希逸在鄱阳刊刻林光朝著述，以满足当地人民愿望。汤伯纪这一想法刚好和林希逸一拍即合。随即，在鄱阳刊刻此书，此

---

① （宋）林希逸：《鄱阳刊艾轩集序·淳祐十年十月》，《全宋文》第335册，卷7732，第341～342页。

② （宋）林希逸：《老艾遗文跋》，《全宋文》第335册，卷7733，第371页。

书所包含的林光朝作品也只有留存下来的数卷。可以看出,作者对艾轩作品流传不多的情况,甚为惋惜。后来,又增补林光朝的遗文。从上述情况可知,《艾轩集》有两个版本,一个是莆田方岩仲本,另一个是鄱阳林希逸本。

其二,《龙云集》的印刷与传播:

>庐陵郡自欧阳文忠公以文章续韩文公正传,遂为本朝儒宗,继之者龙云刘公也。公讳弇,字伟明,居安福县之龙云乡。文忠薨于颍,公方冠,不及从之游。然斯文未丧,何害为韩门籍、湜也。先是汴京及麻沙刻公集二十五卷,绍兴初,予故人会昌尉罗良弼遍求别本,手自编纂,增至三十二卷,凡六百三十余篇。①

>其平生所为文漫散莫考,浦城所锓才二十有五卷耳,雄篇大册尚多不著。良弼惜其流落,冥搜博访,得彭德源,曾如晦等手编数十卷,又得宏词时议诸编于内相郭明叔家。合而次之,得古律赋三、宏词四、古诗一百四十、律诗一百二十一、绝句一百一、生辰诗一十一、挽诗一十三、总三百九十三首,印本止有三十九首。乐府六、表一十七、启五十二、郭本黜,今附。书四十四、序一十四、时议六、策问四十五、记十、杂著五、疏语十、祭文一十一、碑志一十二,总六百三十一篇,为三十有二卷,而先生之文略尽矣。②

从上可知,刘弇《龙云集》有汴京本、麻沙本和浦城本三个版本,这三个本子都是二十五卷。后来,其乡人罗良弼广搜博访,从彭德源、曾如晦得到手编本数十卷,从内相郭明叔家得到宏词、时议诸编,合而为一集,变成六百三十一篇,增加到三十二卷,这三十二卷,可以说,囊括了龙云先生(刘弇)的作品。显然,罗良弼刊本内容要更加丰富和详尽。

其三,《梁溪集》的印刷与传播:

>然武阳者乃公之父母邦也,闻提干将以其书之板归于三山,其何以慰乡人之恩。不然,他日当告于乡郡守之好事者,取其书重锓木焉,并续其家藏文集附益之,庶使吾熏之后进,有以稽其典型云。嘉定三年九月朔,

---

① (宋)周必大:《龙云先生文集序》,《全宋文》第230册,卷5120,第183页。
② (宋)罗良弼:《跋龙云集后》,《全宋文》第201册,卷4433,第13~14页。

朝请大夫、充宝文阁待制、知泉州军州事兼管内劝农事邹应龙谨书。①

李纲,字伯纪,号梁溪,邵武人(今福建邵武)。材料中,"三山"就是今天福建福州。可以看出,《梁溪先生文集》应在福州刊刻过,有福州本传播。邹应龙希望李纲的文集能在故乡重新出版,以教育后进之士。

其四,《临川集》的印刷与传播:

> 绍兴重刊《临川集》者,郡人王丞相介甫之文,知州事桐庐詹大和甄老所谱而校也。艺祖神武定天下,列圣右文而守之,江西士大夫多秀而文,挟所长与时而奋。王元之、杨大年笃尚音律,而元献晏公臻其妙;柳仲涂、穆伯长倡古文,而文忠欧阳公集其成。南丰曾子固、豫章黄鲁直,亦所谓编之乎诗书之册而无愧者也。丞相早登文忠之门,晚跻元献之位,子固之所深交,而鲁直称为之不朽。近世诸贤旧业,其乡郡皆悉刊行,而丞相之文流布闽浙,故此郡独固因循不暇,子詹子所为奋然成之者也。纸墨既具,久而未出,一日谓客曰:"读书未破万卷,不可妄下雌黄;雠正之难,自非刘向、扬雄莫胜其任。吾今所校本,仍闽浙之旧尔,先后失次,讹舛尚多,念少迟之,尽更其失,而虑岁之不我与也,计为之何!"客曰:"不然。皋、苏不世出,天下未当废律;刘、扬不出世,天下未当废书。凡吾所为,将以备临川之故事也,以小不备而忘其大不备,士夫披阅终无时矣。明窗净榻,永书清风,日思误书,自是一适。若览而不绝其误,误而不能思,思而不能得,虽刘、扬复生,将如彼何哉!"詹子曰:"善。客其为我志之。"②

黄彦平认为,"江西士大夫多秀而文,挟所长与时而奋"。宋代江西出过晏殊、欧阳修、曾巩、黄庭坚等文人学士,这些名士都有文章编集流传。他的这篇序文表示,希望王安石的文集能够和这些文人的文集一样,得到编纂与传播。"丞相之文流布闽浙",说王安石的文章传到福建、浙江等地,"吾今所校本,仍闽浙之旧尔",说明王安石著作在闽浙出版。

---

① (宋)邹应龙:《梁溪先生文集跋·嘉定三年九月》,《全宋文》第306册,卷6976,第12页。
② (宋)黄彦平:《王介甫文集序》,《全宋文》第181册,卷3977,第303~304册。

2. 经部书籍

宋代朝廷通过儒家经典的刊刻来宣扬和灌输儒家思想，使这种思想能够迅速地传播给民众，从而控制社会舆论和民众的思想。儒家经典书籍的编纂与刊刻，一般由最高统治者下诏执行。比如，宋真宗下诏雕印《公羊传》：

> 国家钦崇儒术，启迪化源，眷六籍之垂文，实百王之取法，著于缃素，皎若丹青。乃有前修，诠其奥义，为之疏释，播厥方来。颇索隐于微言，用击蒙于后学。流传既久，讹舛颇多，爰命校雠，俾从刊正。历岁时而尽瘁，探简策以惟精。载嘉稽古之功，允助好文之理。宜从雕印，以广颁行。①

儒家经典书籍的编纂与刊刻，有时候也由臣子向朝廷上奏，以上奏的方式请求或者建议。兹列举孔维、刘崇超、汪勃、王之望四人上奏为例，以见其一斑：

> 臣维等言：臣等先奉敕校勘《五经正义》，今已见有成，堪雕版行用者……既释不刊之典，愿垂永代之规。傥今雕印以颁行，乞降丝纶之明命。②

> 本监管经书六十六件印板，内《孝经》《论语》《尔雅》《礼记》《春秋》《文选》《初学记》《六帖》《韵对》《尔雅释文》等十件，年深讹缺，字体不全，有妨印造。昨礼部贡院取到《孝经》《论语》《尔雅》《礼记》《春秋》，皆李鹗所书旧本，乞差直讲官重看楷本雕造。内《文选》只是五臣注本。切见李善所注该博，乞令直讲官校本别雕李善注本。其《初学记》《六帖》《韵对》《尔雅释文》等四件，须重写雕印。③

> 切观陛下万机之余，亲写《孝经》，近颁之诸郡，皆止奉安于泮水，虽

---

① （宋）宋真宗：《颁行公羊传敕·景德二年》，《全宋文》第11册，卷226，第213页。
② （宋）孔维：《校勘五经正义请雕版表·端拱元年三月》，《全宋文》第3册，卷49，第205页。
③ （宋）刘崇超：《乞重雕孝经等书印板奏·天禧五年七月》，《全宋文》第13册，卷268，第275页。

卿大夫多有不获藏蓄为恨，而况于庶人乎？乞令诸郡募工摹刻，自郡达县，自县达乡，皆使家藏而户晓，庶几普天之下，风俗旷然而大变。①

皇天未丧斯文，陛下绍开景运，内建太学，外置官师，亲书石经，以幸多士，圣道焕然复兴，中外承风，皆知好尚儒雅。古今书籍，刊印略备，万世永赖，甚盛德之举也。但诸经疏义部帙颇多，远方寒生未易可得。恭闻端拱初太宗皇帝命国子司业孔维等校勘《周易》《尚书》《春秋》《毛诗》《礼记正义》，雕版布行。咸平中真宗皇帝命国子祭酒邢昺等刊定《周礼》《仪礼》《公羊》《谷梁》传疏及别修《孝经》《论语》《尔雅》正义，遣国子直讲王焕齋诣杭州刻板，送国子监。臣愚欲望陛下仿端拱、咸平故事，悉取近地所刊群经疏义并《经典释文》付国子监印数百部，颁其书于四方，诏郡县以赡学或系省钱各市一本，置之于学。未有板者，令临安府速行雕造，期以一年，周遍遐迩，则偏州下邑，皆知朝廷存尚古学，于以开道术之源，广经籍之路，而仰副陛下崇儒右文，追法祖宗之意，不其韪欤！②

孔维奉命校勘《五经正义》，校成之后，上表请求雕版印刷。作为儒家经典训释之作，孔维希望该书成为不刊之典，世世代代流传下去。刘崇超看到经书印板经过多年存积，已经破陋不堪，严重影响经书印刷出版，乞求朝廷重新雕版。汪勃具有自觉的传播意识，希望经书刊刻出版后，可以传播到县、乡一级。这种下行传播，可以使得儒家经典书籍家喻户晓。阅读这些经典，可以使得"普天之下，风俗旷然而大变"。

王之望要求仿照端拱、咸平年间宋太宗和宋真宗刊印经书的做法，依然印刷出版此类经书。从"古今书籍，刊印略备，万世永赖，甚盛德之举也"这话可以看出，此时印刷技术已经相当普及，所印书籍也是相当普遍。尽管技术已经普及，但市场上见到的图书，仍不能涵盖经书所有种类，比较偏远的贫困学子仍然不能读到。所以，王之望上奏：请求国子监印刷群经疏义并《经典释文》数百部，颁行四方，还规定各郡学必须购买一部，以方便后学。

在福建出版的经部书籍以朱熹作品为代表，比如《中庸集解》《语孟要义》

---

① （宋）汪勃：《乞令州县摹刻御书孝经奏·绍兴十四年七月》，《全宋文》第179册，卷3925，第217页。
② （宋）王之望：《乞颁行群经疏义奏》，《全宋文》第197册，卷4357，第215页。

等书，都是在福建编纂与传播。文献记载如下：

> 此书始刻于南剑之尤溪，熹实为之序其篇目。今建阳、长沙、广东、西皆有刻本，而婺源宰三山张侯又将刻之县学，以惠学者。熹故县人，尝病乡里晚学见闻单浅，不过溺心于科举程试之习，其秀异者又颇驰骛乎文字纂组之工，而不克专其业于圣门也，是以儒风虽盛而美俗未纯，父子兄弟之间，其不能无愧于古者多矣。今得贤大夫流传此书以幸教之，固熹之所欲闻而乐赞其成者也。是书所记虽本于天道性命之微，而其实不外乎达道达德之粲然者。学者诚能相与深究而力行之，则先圣之所以传与今侯之所以教者，且将有以自得之，而旧俗之未纯者，亦可以一变而至道矣。①

> 熹顷年编次此书，锓版建阳，学者传之久矣，后细考之，程、张诸先生说尚或时有所遗脱。既而加补塞，又得毗陵周氏说四篇有半于建阳陈焞明仲，复以附于本章。豫章郡文学南康黄某商伯见而悦之，既以刻于其学，又虑夫读者疑于详略之不同也，属熹书于前序之左，且更定其故号"精义"者曰"要义"云。淳熙庚子冬十有一月己丑朔旦，江东道院拙斋记。②

> 故河南程夫子之教人，必先使之用力乎《大学》《论语》《中庸》《孟子》之书，然后及乎六经。盖其难易远近、大小之序固如此而不可乱也。故今刻四古经，而遵乎此四书者以先后之。且考旧闻，为之音训，以便观者。又悉著凡程子之言及于此者，附于其后，以见读之之法，学者得以览焉。抑尝妄谓《中庸》虽七篇之所自出，然读者不先于《孟子》而遽及之，则亦非所以为入道之渐也。因窃并记于此云。绍熙改元腊月庚寅，新安朱熹书于临漳郡斋。③

从材料得知，朱熹的作品主要在福建各地刊刻与传播。同时，在福建以外其他地方，如长沙、广东、婺源等地，也有刻本传播。朱熹书籍在全国各地遍

---

① （宋）朱熹：《书徽州婺源县中庸集解板本后》，《全宋文》第 250 册，卷 5625，第 393～394 页。
② （宋）朱熹：《书语孟要义序后》，《全宋文》第 250 册，卷 5625，第 405 页。
③ （宋）朱熹：《书临漳所刊四子后》，《全宋文》第 251 册，卷 5629，第 55 页。

地开花，充分说明他的书很畅销，很受欢迎。

字书出版也很常见。要读书，首先要会认字。字书的重要性不言而喻。比如，刊刻《说文》：

> 牒，奉敕："许慎《说文》，起于东汉，历代传写，讹谬实多，六书之踪，无所取法。若不重加刊正，渐恐失其原流。爰命儒学之臣，共详篆籀之迹。右散骑常侍徐铉等，深明旧史，多识前音，果能商榷是非，补正阙漏。书成上奏，克副朕心。宜遣雕镌，用广流布。自我朝之垂范，俾永世以作程。其书宜付史馆，仍令国子监雕为印版，依九经书例，许人纳纸墨价钱收赎。兼委徐铉等点检书写雕造，无令差错，致误后人。"①

从这则牒文可以看出，从东汉到宋代，《说文》历经传写和传抄，出现很多错误。随着印刷技术的成熟，宋朝官府委派徐铉编辑、校对和出版、发行该书，以备流传。同时，这则材料也说明，在印刷传播之前，书籍经历了长期手抄传播阶段。宗真宗在景德四年（1007）下诏，颁行《切韵》，这是官方印行字书行为。其诏文如下：

> 四声成文，六书垂法，经籍资始，简册攸存。自吴楚辨音，隶古分体，年祀寖远，功习多闻。偏旁由是差讹，传写以之漏落，讨论未备，教授何从？爰命刊修，务从精富。俾永代而作则，庶后学之无疑。宜令崇文院雕印，送国子监依九经书例施行。②

印刷出版《切韵》，是为了永世流传，作为后代的准则，方便后学。即"俾永代而作则，庶后学之无疑"。因此，编辑出版此书时，"务从精富"。

3. 医书

北宋时期，朝廷设立校正医书局，这是首次由官方设立的医书管理机构，专门负责医学书籍的编辑、校对、出版与传播活动，命掌禹锡、林亿、孙兆等

---

① （宋）辛仲甫：《委徐铉等雕造说文牒·雍熙三年》，《全宋文》第3册，卷49，第203页。

② （宋）宋真宗：《颁校定切韵诏·景德四年十一月戊寅》，《全宋文》第11册，卷231，第331页。

人负责编辑工作。比如掌禹锡、林亿参与《神农本草》校正工作：

> 唐显庆中，监门卫长史苏恭，又摭其差谬，表请刊定，乃命司空英国公李世勣等与恭参考得失，又增一百一十四种，分门部类，广为二十卷，世谓之《唐本草》。国朝开宝中，两诏医工刘翰、道士马志等相与撰集；又取医家尝用有效者一百三十三种而附益之，仍命翰林学士卢多逊、李昉、王祐、扈蒙等，重为刊定，乃有详定、重定之目，并录板摹行。由此，医者用药，遂知适从……是书自汉迄今甫千岁，其间三经撰者，所增药六百余种，收采弥广，可谓大备。而知医者犹以为传行既久，后来讲求，浸多参校，近之所传，颇亦漏略，宜有纂录，以备颐生驱疾之用。嘉祐二年八月，有诏臣禹锡、臣亿、臣颂、臣洞等再加校正。臣等亦既被命，遂更研覈。①

《神农本草经》是一部经典中医典籍，流传至今。后人对其注解很多。掌禹锡《补注神农本草序》可知，唐朝印刷术发明以来，该书就已印刷出版。到宋代，掌禹锡、林亿等人又重新加以校定。关于《本草》类图书的传播情况，还可从下面序文中略见一斑：

> 非圣主抚大同之运，永无疆之体，其何以改而正之哉！乃命尽考传误，刊为定本……仍采陈藏器《拾遗》、李含光《音义》，或穷源于别本，或传效于医家，参而较之，辨其臧否……去非取是，时立新条。自余刊正，不可悉数。下采众议，定为印板……义既判定，理亦详明。今以新旧药合九百八十三种，并目录二十一卷，广颁天下，传而引焉。②

在宋代，《本草》类书籍流行甚广，版本众多，内容也不尽相同，官方专门派人考订社会上流行的各种版本的错讹，重新刊定此类书籍，成为"定本"。这种"定本"，更加符合实际情况，也更具权威性和指导性。再比如，孙兆参与修订《唐王焘先生外台秘要方》：

---

① （宋）掌禹锡：《补注神农本草序》，《全宋文》第19册，卷394，第134～135页。
② （宋）李昉：《开宝重定本草序》，《全宋文》第3册，卷47，第159～160页。

> 国家诏儒臣校正医书,臣承命以其书方证之,重者删去,以从其简;经书之异者,注解以著其详。鲁鱼豕亥,焕然明白。臣谓三代而下,文物之盛者必曰西汉,止以侍医李柱国校方技。亦未尝命儒臣也。臣虽滥吹儒学,但尽所闻见以修正之,有所阙疑,以待来哲。总四十卷,并目录一卷。恭惟主上盛德承统,深仁流化,颁此方论,惠及区宇,赞天地之生育,正万物之性命,使岁无疵疠,人不夭横,熙熙然歌乐于圣造者也。前将仕郎、守殿中丞、同校正医书臣孙兆谨上。①

孙兆希望所编之书的刊刻与传播能够"惠及区宇""使岁无疵疠,人不夭横"。医书传播关系人的生命健康,编纂时应十分用心,这样才能"鲁鱼豕亥,焕然明白"。在宋代,医书或方书编纂工作相当普遍。还可举出两例,加以说明:

> 因推仲景书作《伤寒证治》,发明隐奥,杂载前救人议论,相与折衷。又恐流俗不可编晓,复取其简直明白,人读而可知者,刊为《治要》,曰:"苟能原疾之所从来,而验之以候,按吾书而用之,虽不问医,十可得八九。"以仁人之用心也。余尝病东南医尤不通仲景术,乃为镂版,与众共之。使家藏此书,人悟此术,岂持无冤人而已;洞护之不失其宜,服饵之不失其节,虽使至于无刑可也,贤者尚无忽。②

> 予历官不啻数十载,或遘奇杰,或韬巾衍,所得方录,较然神异者,用以济人,至今未尝少懈。居常患不能家至户晓,使天下之人皆获其利,以是汲汲然有不足者。今春钱塘酒官王君惠然见过,出方书三编示予,且曰:"衮平素善医诊,所摭精要方若干首,不敢自爱,欲刊摹以周施四方,冀人人得遂其生。"予乐听所云,顿起夙昔之愿,称叹者久之。雅闻其人好奇博涉之士也,因自录素所奇异方有验于人者,得二十余通,请附于类例之类,以助成一家。噫!救灾恤患,阳秋之大谊也;博施济众,仁者之首善也。惟冀一圆一剂,有瘳有喜,使幅员之众,无札瘥,无疵疠,胥考终命,是所愿也。予既嘉其秉心,赞厥美事,辄举崖略,庸纪于末。③

---

① (宋)孙兆:《校正唐王焘先生外台秘要方》,《全宋文》第48册,卷1044,第233页。

② (宋)叶梦得:《书伤寒治要后》,《全宋文》第147册,卷3182,第316页。

③ (宋)郎简:《博济方序》,《全宋文》第13册,卷268,第277页。

皇帝重视医书编纂工作，通过编纂医书来普及和传播医学知识。比如，宋太宗在雍熙四年（987）十月颁布的《贾黄中等纂神医普救方令付史馆刊板并赐器币诏》中写道：

> 卢、扁之方，雷、桐之术，伫之以十全之效，言之于七日之前，古法在焉，人命所系。朕纂承大宝，抚育兆人，每念夭伤，思伸救疗。而方书舛误，编帙繁多，因命分人部居，条其类例。黄中等思穷精诣，识本疏通，集彼群方，著成千卷，垂于后世，所利益多，克副朕怀，深嘉乃绩。宜加颁赉，以示优恩。仍宣付史馆，令刊板流布天下。黄中等赐器币有差。①

黄中编纂的方书，符合宋太宗的心意。宋太宗对此下诏，命令史馆印刷传播，赐黄中"器币有差"。黄中搜集各种方书，编辑此书，花费很多精力，最终"著成千卷"。

医书如此重要，朝廷十分重视医书的编撰、印刷与传播，专门召集人员编写和整理医书。

> 然犹慊然忧下民之急疹无良剂以全济，于是诏太医集名方，曰《简要济众》。凡五卷，三册，镂板模印，以赐郡县，俾人得传录，用广拯疗，意欲锡以康宁之福，跻之仁寿之域。②

召集太医，收集名方，编成《简要济众》。从书名可以看出，这是一本面向大众的医学读物，内容上通俗易懂，简明扼要地向大众普及传统医学知识和文化，广济大众、救济大众。该书共五卷、三册，通过印刷向各郡县传播。借此广泛地传播"锡以康宁之福，跻之仁寿之域"。

不仅官方重视医书的刊刻与传播，出版能力较强的民间书坊，比如建阳书坊，也雕印医书。陈孔硕《重刻脉经序》记载：

> 予少时，母多疾，课医率不效，因自誓学为方，求古今医书，而穷其原。得所谓王叔和《脉诀》者，怪其词俚而指浅。更访老医，得《脉经》十

---

① 《全宋文》第 4 册，卷 70，第 212 页。
② （宋）苏轼：《书济众方后》，《全宋文》第 89 册，卷 1933，第 217 页。

卷，盖祖黄帝岐伯扁鹊经，以及于张氏《伤寒论》，条贯甚明，真王氏书也。验之乃建本。自是求之建阳书坊，绝无鬻者，板亦不存。嘉定己巳岁，京城疫，朝旨会孔硕董诸医，治方药，以拯民病。因从医学求得《脉经》。复传阁本校之，与予前后所见者同一建本也。乃知《脉诀》出而《脉经》隐，医者不读，鬻者不售，板遂亦不存。今之俗医，问以王氏书，则皆诵《脉诀》以对。蜀人史堪以儒生名能医，其所著方书，脾胃条引《脉诀》中语，而议之曰："此叔和知之而未尽也。"予每叹曰："冤哉叔和，如史载之之工，尚引《诀》而罪《经》，余又何怪焉。"因思今世俗医，知有朱氏《伤寒百问》，而不知有《伤寒论》。俗儒知诵时文，而不知诵经史，其过一律也。因取所录建本《脉经》，略改误文，写以大字，刊之广西漕司，庶几学者知有本原云。然恨无他本可校，以俟后之仁者。长乐陈孔硕。①

陈孔硕在京城馆阁所见《脉经》，也是建阳书坊出版。可见，建阳书坊出版的医书，已经传播至朝廷。校正此书，也以建本作为底本，"略改误文，写以大字"，然后，"刊之广西漕司"。

医学书籍的整理、出版与传播，使得许多濒临亡佚的重要医籍得以保存，起到统一和定型版本的作用，对促进中国传统医学的进步和发展做出重大贡献。特别是重要医学书籍的校正，为后世古典医籍的校正提供了方法，做出了示范，对学的发展产生极大作用。医书在这里发挥着承前启后、继往开来的历史作用。

4. 地方志

宋代福建方志书籍整理频繁，刊刻众多，各府州地方志编纂活动大力展开，方志图书数量和种类可观，这是从事地方文化传播研究的一大遗产。宋代刊刻、流传下来的方志有梁克家《三山志》，胡太初、赵与沐《临汀志》和赵与泌、黄岩孙《仙溪志》三部。利用方志，先要整理方志。以漳州、泉州、莆田和福州四地方志书编纂、刊刻情况来加以说明：

漳州最早见于著录的方志为《漳州图经》，吴与编纂。吴与，字可权，漳州漳浦（今福建漳浦）人，元丰五年（1082）进士，历四会、余干令，移知怀安县，官终广南东路提点刑狱。吴与刚正不阿，不喜阿谀奉承权贵。家里藏书丰富，达到三万余卷，郑樵称其为"海内四大藏书家"。该书编纂时间为元丰五年

---

① （宋）陈孔硕：《重刻脉经序》，《全宋文》第282册，卷6391，第55页。

（1082）以后，他在《漳州图经序》中道：

> 谨按，本州在《禹贡》为扬州之南境，周为七闽之地，秦汉为东南二粤之地。汉武平粤，为会稽治县，并南海揭阳之地。晋、宋以来，为晋安、义安二郡之地。皇唐垂拱二年十二月九日，左玉钤卫翊府左郎将陈元光平潮州寇，奏置州县，敕割福州西南地置漳州。初在漳浦水北，因水为名，寻以地多瘴疠，吏民苦之，耆寿余恭讷等乞迁他所。开元四年，敕移就李澳川置郡，故废绥安县地也。自初置州，隶福州都督府，开元二十二年四月二十二日，敕割隶广州，二十八年敕复隶福州。州本二县，一曰漳浦，即州治也；二曰怀恩，二十九年十一月二十二日，敕以户口逃亡，废之，并入漳浦。又割泉州龙溪县隶本州。大历十一年，福建观察使皇甫政奏割汀州龙岩县来属，十二年五月二十七日，敕从之。天宝元年，改为漳浦郡，乾元元年复为漳州。兴元二年，刺史柳少安请徙治龙溪，福建观察使卢惎录奏，贞元元年十一月十六日，敕从之。遂以龙溪城为州，定管龙溪、漳浦、龙岩三县。山川清秀，原野坦平。梁山记董奉之游，九侯传夏后之祀。赵佗故垒，越王古城。营头之雉堞依然，岭下之遗基可识。陈将军忠贞冠代，王使君勋烈标时。周先辈之奇才，潘侍郎之重德。大同有九虬之瑞，开元出祥云之符。灵迹应祈，筋山屏盗。遗芳未泯，胜概可寻，蔚为江外之名邦，不特闽中之要地而已。①

吴与在序文中详细记载了漳州自古以来的地理所属以及区域分合情况，为研究和辨明漳州这座历史文化古城的源流提供了详实史料。淳熙五年（1178）戊戌，漳州知州赵绸主持编修《临漳志》，成员有李纶、翁亢、许懋等。李纶在《淳熙临漳志序》中有记载：

> 阖十馆之士以其意见告纶，转以之驰谒于公，公曰："惟山水城郭宫室景物人贤之书则可，在政事则不必书。夫以漳士纪漳俗，书所美而无隐，恐后人莫之信。或有远来之贤能，习漳俗始末者，得一二人以秉笔，虽大画深刻，后世必无敢议者，漳之美庶乎其无毫发湮矣。"纶退而编寻诸郡县

---

① （宋）吴与：《漳州图经序》，《全宋文》第122册，卷2638，第244～245页。

学，得二人焉，曰甫阳翁亢，三山许楸，遂以淳熙五年秋月成书。①

宋代福建李纶同名者有三个，一个是邵武人，名臣李纲的弟弟；第二个是晋江人，李邴的儿子，官至提举广东常平；第三个则是该书编纂者之一，莆田人，字维之，绍兴三十年（1160）庚辰梁克家榜进士，淳熙二年（1175）任漳州州学教授。

嘉定四年（1211），漳州州学教授敖陶孙请求知州赵汝说编修方志。嘉定六年（1213），《清漳新志》编成，共十卷，赵汝说主持，司理参军方杰编纂，黄桂作序，黄桂在《嘉定清漳志序》中道：

> 方舆图志古也。漳州自唐始得为郡。宋兴，天下一统，郡国悉以图书来上，累朝熙洽，礼乐事备。中兴以来，生齿日繁，漳之事物，益非昔比。图书所载尚矣，顾今增之，不已多乎？曰，是不然……淳熙丁酉，颜定肃公师鲁作《漳州重建州厅记》，尚叹惜四百年间，漫无所考，抑漳之图经昔犹略乎哉。今距淳熙初元四十年矣，户数人物视古繁阜，城池学校、驿馆舆渠、道涂阡陌，变迁废置总总也。前后出守是邦者类皆名公卿，或因旧而更新之，或昔未有而创为之，或前未毕而续成之，或已废绝而振起之，其关风教、补治道不少也，前政皆未及耳。失今不记，恐后之视今，犹今视昔也。嘉定六年夏，黄堂寺丞赵公以其事委秋官方杰，本之唐宋之经，参之淳熙之志，旁摭公牍，远采碑刻，或文籍所载，或故老称传，及耳目所睹，记皆摭其实，诠次之。三阅月书成，属桂为之序，桂不得辞也。中元日，郡从事三山黄桂敬序。②

从序中可以看出，此次编修漳州地方志，搜罗广泛，编修精当。在参阅唐宋《图经》和淳熙《方志》的基础上，补充公牍、碑铭、文籍、传说等内容，加入眼睛可以看到、耳朵可以听到的信息，核实信息真伪，然后编入方志。此方志编纂显著特点是：更新陈旧的内容，增加原来没有的内容，澄清前人语焉不详的内容，使之更加清楚。黄桂，字云卿，福州侯官（今福建福州）人，嘉定元

---

① （宋）李纶：《淳熙临漳志序》，《全宋文》第242册，卷5427，第452～453页。
② （宋）黄桂：《嘉定清漳志序·嘉定六年七月》，《全宋文》第308册，卷7043，第352～353页。

年（1208）进士，嘉定六年（1213）任漳州推官。淳祐末，《清漳志》在知州章大任的主持下，由州学教授赵崇垟增修，通判王南一作序，该序写道：

> 淳祐己酉冬，郡文学赵君崇垟请于郡侯寺承章公曰："公自下车，若学校，若贡闱，若沟渠城关之类，靡不修举，独《清漳志》板老字漫，若何？"公曰："余始至，欲修故府所藏《南北史》，夺于剿山寇而未遑行。将受代，不及事矣。是举适契予心，君其主之。"赵君力董厥事，旁搜博采，正讹补阙，易而新之。①

纵观上述材料可知，宋代《漳州志》共刊刻四次，分别在元丰年间、淳熙年间、嘉定年间和淳祐年间。虽然这些志书都已散佚，但我们能够从另外一个侧面感受到漳州编纂史志图书的繁盛景象，也充分表明，此类书籍在历史上曾经得到传播。这种传播尽管昙花一现，但为深入了解宋代福建书籍传播史提供了目录线索，也为还原和呈现宋代闽地出版活动和出版人物等情况提供了可资借鉴的资料。

宋代泉州成规模编纂《清源志》，具体可考的有两次：一次是在嘉泰年间，"清源郡志成于嘉泰之初元，山川封域，人物风俗，登载盖略备矣"②。嘉泰版方志由刘颖主持，刘颖在庆元五年（1199）以中奉大夫、集英殿修撰知泉州。戴溪参与具体编辑工作。戴溪，字肖望，永嘉（今浙江永嘉）人，庆元年间任泉州通判。此次编纂的《清源志》，共七卷。第二次则在淳祐十年（1250），共十二卷。刘克庄《跋清源新志》非常明确地记载了这一切：

> 温陵郡自南渡有属籍、屯兵二费，始犹支吾，久益乏绝。佩二千石印绶而来者类汲汲鲜欢，有不可为之叹，由是郡多阙典。相台韩侯既建牙开府，纲纪肃，条教清，曾不数月，昔所谓不可为者皆刃解冰释，坐以无事。暇日对宾客曰："郡志五十年不续，亦阙典之一也。"以属寓士徐君仲晦、王君无逸。二君订旧闻之尤讹舛者、失记载者，撷近事之有考据者、未流传者，为《新志》十二卷。起嘉泰辛酉，迄淳祐庚戌。事之终始，政之沿

---

① （宋）王南一：《淳祐增修清漳志序》，《全宋文》第341册，卷7878，第276~277页。
② （宋）真德秀：《清源文集跋》，《全宋文》第313册，卷7169，第142页。

革、循良之遗爱、耆旧之绪言，网罗略尽。前辈谓本朝郡国图经惟宋次道《河南志》最善，以其简而备也。留丞相序《旧志》，稍病其繁，《新志》增五十年之事情，名益五卷而文实损于昔，庶几得次道遗意。二君橐其书，且以韩使所作序示莆人刘某。莆于温陵，故附庸也，因题卷末。韩侯名识，仲晦名明叔，无逸名稼。仲晦弟茂功名茂叔，于是书尤有劳。①

刘克庄认为，当时志书以宋次道所编《河南志》为最佳。该书编成后并未刊刻，而是在宋次道去世四年后，其子宋庆曾请求文彦博刊印，遂以传播。《清源新志》"起嘉泰辛酉，迄淳祐庚戌""增五十年之事情"，可以和《河南志》相媲美。《清源新志》由泉州郡守韩识主持，徐明叔、王稼具体参与编纂工作，徐明叔弟弟徐茂叔，"于是书尤有劳"。

宋代乾道年间，在知兴化军钟离松主持下，军学教授陆琰编纂了《莆阳图经》。林光朝作序，其序道：

> 莆之为邦，壤地褊迫，由蒜岭而南，有为谏大夫者居漆林，以能称诗……莆之大略唯是耳。太守钟离公以淮海之隽，有古昔之闻，尝出河朔，涉燕蓟，所历为甚多。其于治郡，如治剧邑，穷日之力为不足，以火继之。以县之北三里有故家，为林氏门安绰楔。出南郭可五里，端明蔡公有旧第，熟视双阙者，不觉敛容。过蔡公之门，或立马低回不忍去。公以南北通途数里中乃得此，若求之井邑聚落，所得又益多，此《图经》所由出也。前时书未成，公属我叙其大略，不敢辞。是书访之名山，酌之故老，取之佚人，得之残牒、遗编、续稿、旧志。论次先后，惟出一手，乃为军学教授长乐陆琰也。②

林光朝在序中交代了《图经》的编纂缘由、过程及资料来源。林光朝，字谦之，号艾轩，谥曰文节，兴化军莆田（今福建莆田）人，隆兴元年（1163）登进士第，曾知永福县，南渡后在东南开伊洛之学先河，从学者有数百人，时称"南夫子"。

据郑宝谦《福建省旧方志综录》载，约乾道九年（1173），兴化军知军潘畤也曾主持编修《莆阳志》③。另外，赵彦励任知军时，也曾编修此志书，林枅作

---

① （宋）刘克庄：《跋清源新志》，《全宋文》第329册，卷7583，第374页。
② （宋）林光朝：《图经序》，《全宋文》第210册，卷4653，第35～36页。
③ 郑宝谦：《福建省旧方志综录》，福建人民出版社2012年版，第270页。

序。林枅，字子方，兴化军莆田（今福建莆田）人，绍兴二十一年（1151）登进士第，知福清县，淳熙十三年（1186）知泉州，淳熙十四年（1187）以朝奉大夫、直秘阁除福建转运判官。他在《莆阳志序》一文中道：

> 子产相郑，晋、楚之大，不能以非意加焉。莆之于闽，犹黑子之著面。自赵侯之至，政修而废起，蠲除租赋，修利关梁，导达沟渎，审端径术，凡前政所欲为而力不逮者，以次毕举。将去之日，不留遗恨，又属吾邦之彦，类成此书，其编集之富，隐然如一大都。地无大小，有其人则虽小而大；事无远近，有其书则虽远而近。然循良之吏，流风善政之犹存，宏达之士，往行前言之可法，多阙不载，若加裒益，广记备录，庶后学者知所尊尚，无怃然不满之意。夫以先圣多闻之杞之宋，犹有文献不足之叹，《春秋》鲁史，圣人笔削，犹有所阙所传之异，是亦难矣哉！①

材料中，"自赵侯之至，政修而废起"之"赵侯"，就是知军赵彦励。赵彦励主政莆田时，视邦如家，视民如子，重视当地文教事业。"赵侯兹来，家视其邦，子弟视其民，民不忍欺，讼以裒息。既乃月一视学，登诸生课其所业以劝奖之，又为缮其居之宫室，饬其祭之器服以新之……财计既充，百废具举，文物改观，三邑人士风动，以不得升堂揖逊为耻矣……莆之来学者，今当益盛，侯之仁学者，亦益以无穷……侯名彦励，字懋训，历官所至有声，诸司再以治行闻于朝矣。所有学司岁入之数，详具于后"②，说的就是赵彦励治莆政绩。

赵彦励即将离开莆田之际，为了不留下遗憾，专门召集儒士编修《莆阳志》，即"将去之日，不留遗恨，又属吾邦之彦，类成此书，其编集之富，隐然如一大都"。据郑宝谦考证，此书于绍熙三年（1192）编成，编纂者为林选③。林选，字耸之，闽县（今福建福州）人，淳熙十四年（1187）进士，绍熙间为兴化军学教授。

宋代福州长乐县和福清县也编修过方志。《长乐图经》由闽人林通博编纂，反映长乐县风俗地理。袁正规为其作序，其序文道：

---

① （宋）林枅：《莆阳志序》，《全宋文》第219册，卷4866，第282页。
② （宋）林选：《仙游县军学钱粮记》，《全宋文》第294册，卷6705，第319～320页。
③ 郑宝谦：《福建省旧方志综录》，福建人民出版社2012年版，第270页。

> 嗟夫！人每失于因循，事或忘于持久，知此则其于事几希矣。长乐在十二邑之中，地非沃壤，鱼盐之利，岁上于公家者，常居诸邑之最。其如文物之盛，山川之美，《闽记》遗落多矣。乃属邑人林通博采其事为之《图经》。或有未完，以待好事者补之可也。①

袁正规认为，长乐县的"文物之盛，山川之美"，《闽记》都没有记载，林通博《长乐图经》可以弥补这一缺陷。

《福清图经》由知县范处义主持编修，邑人林亦之具体撰写，林栗为《福清图经》作序，其序文道：

> 州之东南可以宿舂而至，其初曰万安县，乃唐圣历二年析长乐万安乡为之，距今四百七十有年矣。天宝元年，改曰福唐。黄巢之乱，版宇分裂，王氏据有此土，尝改为永昌矣，是岁梁开平二年也。后唐同光中，复为福唐，长兴四年，始更今名，盖二百四十有三矣……知县事、东阳范公既视事，问山川所从出，人物氏族所自来，告之不能十之一二，慨然曰："县如是，顾无图牒以贻来者，独非阙欤？"暇日过里居，奉常林君求士大夫之可语者，公以予对，乃因诸生之请，馆学可林君于学舍，属以兹事。学可谢曰："予寓旁郡岁久，足迹所历，未能遍于邑境，况耳目所不到处，安得无脱略抵牾耶？"公曰："姑试为之，倘有阙遗，后来子云，宜任其责。"图成，余不揣，谨论次而为之叙云尔。②

材料中，林栗交代了福清县的名称更替。天宝元年（742），福清县从最初的万安县改为福唐县，再到黄巢起义后改名永昌县，县名经过多次更换。每一次变化，都有一段与之相关的历史。可见，一座城市的名称变化史，就是这座城市的文化传播史。林栗，字黄中，福州福清（今福建福清）人，绍兴十二年（1142）进士，历知兴化军、南剑州、泉州。

综上所述，手抄传播和印刷传播是宋代福建图书传播的两种主要方式。宋代

---

① （宋）袁正规：《长乐县图经序·元祐三年》，《全宋文》第117册，卷2525，第201页。
② （宋）林栗：《福清图经总叙》，《全宋文》第219册，卷4869，第323～324页。

以来，虽然雕版印刷技术逐渐发展和成熟，但传统手抄图书传播方式并未消失，而与印刷传播共存共荣。天圣二年（1024）十月，燕肃《乞赦书德音雕板发递奏》道："每赦书德音，即本部差书吏三百人誊写，多是差错，致外州错认刑名，失行恩赏。乞自今宣讫，勒楷书写本，详断官勘读，匠人雕板印造发递。"① 书吏三百人抄写赦书德音，错误很多，导致"外州错认刑名"。接着请求用楷书书写，请详断官检读，付匠人雕板印刷。这是典型的手抄传播与印刷传播并行不悖、同时进行的传播格局。此种传播格局，还可举例如下：

> 史书之传信矣，然浩博而难观。诸子百家之小说，诚可悦目，往往或失之诬。要而不烦，信而可考，其《世说》之毗欤。旧本分纂前言，以为要览，略而未备。爰有博雅君子效而增广之，此《续世说》之所以作也。学士孔君毅甫平仲，囊括诸史，派引群义，疏剔繁辞，拨叙名理，厘为十二卷。可谓发史氏之英华，便学者之观览，岂曰小补哉？惜其书成，未及刊行，转相传写，不无乌焉成马之弊。今兹善本，从义郎李君敏得之于前靖守王君长孺，相与镂板而藏焉。王亲授于孔，知其不谬。李今为沅人，徒有其本，而所传盖未广也。绍兴丁丑春，洛阳王公无染擢守沅之明年，郡学鼎新，人材益进，尝顾谓僚佐曰："沅为郡僻远，史书犹不易备。会史之要，莫善于《世说》，《续说》又尽善也。"俄李氏以其书板来售，即加是正，复命镂刻，以补其不足。将俾人得其传，其利薄哉！此书载言行美恶，区以别之，学者博古考类，择善而从，去古人何必有间，不但资谈说而已。然后知公措意，岂苟然哉？后之为政者能谨其藏，勿靳其传，是亦公之用心也。②

> 吉州致政周少傅府，昨于嘉泰元年春，选委成忠郎、新差充筠州临江军巡辖马递铺、权本府使臣王思恭，专一手抄《文苑英华》，并校正重复，提督雕匠，今已成书，计一千卷。其纸札工墨等费，并系本州印匠丞揽，本府并无干预。今声说照会，四年八月一日，权干办府张时举具。③

---

① 《全宋文》第 9 册，卷 188，第 243 页。
② （宋）秦果：《续世说序·绍兴二十七年三月》，《全宋文》第 209 册，卷 4648，第 375～376 页。
③ （宋）张时举：《刊印文苑英华声说·嘉泰四年八月》，《全宋文》第 272 册，卷 6156，第 274 页。

臣谨缘圣恩，哀次前后所被诏令，与夫所费之要，凡器凡目，庐之号名，地之阡陌，辑而成书，目曰"政和重建军铺录"。缮写奏御，以待诏旨颁焉。庶使来者知圣训之所自，时葺岁缮，毋敢不恭。他日吏欲因缘为奸，有所诋欺，而按籍求之，可以辄得。虽至于千万年可也。臣革谨序。①

小子修习既久，取疏义标指，科行线路，合经而集之，兼采吴兴岳师集解，名曰"楞严义海"……余乃宗徒，而于此二初无适莫，故综而收之。恭请姑苏神照讲师较证其文，照师著语发明处凡数段，谓"姑苏曰"者是也。总三十万言，分三十卷，手自书写，入版流通，聊以弊文记其缘起云尔。时距宋乾道乙酉，福唐灵风兰若禀释迦遗教比丘咸辉谨序。②

上述材料充分说明，手抄传播和印刷传播共同存在，共同繁荣。媒介进化理论认为，新媒介与旧媒介是在相互竞争和相互补充之中发展起来的。新媒介出现，开始并不会完全改变原有媒介格局，但会与旧媒介发生冲突和竞争，通过竞争和冲突，彼此之间取长补短、相互补充、相互调整，形成新的媒介体系。新媒介也会促使旧媒介发生变化，促使旧媒介借鉴新媒介的形式，完善旧媒介不合适的形态和特性，甚至分担或覆盖旧媒介的功能。新旧传播媒介既各自独立，发挥自己特殊的功能，产生不同的效果，又相互渗透、相互融合，共同发挥作用，形成新的媒介格局。

第二节　上行传播与下行传播

宋代图书传播，从纵向看，有臣子向上"投献"和君王向下"赐予"两种方式，二者延伸出宋代图书传播的上行模式和下行模式。所谓"投献"式传播，就是臣僚或者士子将自己编著的图书投递给朝廷，这是书籍和信息自下而上传达的过程。所谓"赐予"式传播，就是朝廷将图书恩赐给臣僚或者士人，以便观

---

① （宋）王革：《政和营缮军铺录序·政和六年三月》，《全宋文》第145册，卷3126，第196页。
② （宋）释咸辉：《首楞严经义海序·乾道元年》，《全宋文》第224册，卷4970，第149页。

览、鉴赏、品读和珍藏,这是书籍和信息自上而下传达的过程。

一、书籍向上"投献"

宋朝统治者对图书格外珍视,历任统治者都热心访求与搜索图书,大开献书之路,鼓励臣子、学士呈献典籍。皇帝重视官员对图书的进献,把进献图书作为朝廷图书储备的重要途径。由于皇帝重视和提倡图书进献活动,使得宋朝官员进献书籍之路畅通无阻。

宋朝官员进呈图书的时候,往往会不自觉地流露出图书传播思想,希望朝廷将书籍颁行天下。比如,窦材《进医书表》道:

> 臣于此处消息五十余年,乃见正道,自古扁鹊、俞跗、仓公、华佗,皆此书也,惜不广传于后世。臣今尽传此法于人,以救苍生夭横。伏乞陛下大展圣裁,悯诸末世,将此书颁行天下,试之有验,臣死无憾。若试之不效,即置臣于法,以彰诳君之罪。①

官员进呈书籍得到皇帝御批,对本人来说,则荣幸之极。王安石、胡可顺就得到过这一殊荣:

> 得卿所上《三经义序》,其发明圣人作经大旨,岂复有加!然望于朕者,何其过欤!责难之义,在卿固所宜著,传于四方,贻之后世,使夫有识考朕所学所知及乎行事之实,重不德之甚,岂胜道哉!恐非为上为德之义也。其过情之言,可速删去,重为修定,庶付有司,早得以时颁行。②

> 敕胡克顺:省所上表,进新印徐铉文集两部,计六十卷共二十二册事,具悉。徐铉生于江介,早著时名,历事祖宗之朝,尝居文翰之任。发挥诰命,有温雅之风;备预咨询,见该通之学。矧惟素履,无谢古人。汝克慕前修,尽编遗札,俾之摹印,庶广流传。睹奏御之爱来,谅恪勤之斯至。

---

① (宋)窦材:《进医书表》,《全宋文》第148册,卷3200,第313页。
② (宋)宋神宗:《王安石上三经义序御批·熙宁八年元月》,《全宋文》第114册,卷2464,第181页。

览观之际，嘉叹良深，故兹奖谕，想宜知悉。五日。①

宋代，印刷术尽管已经十分普及，但官员投递图书仍然多选写本而非印本。官员编写、投递的图书，除了传统的经史等典籍，大部分与皇帝言行起居、经筵学习有关（包括先朝皇帝和本朝皇帝）。

> 本所昨承指挥，编修宣祖皇帝以后宗派，除已于淳熙五年进呈第六世《仙源类谱》外，所有第七世《仙源类谱》已及三十余年，未经进呈。今来编修并已成书，并今上皇帝玉牒，除自诞圣即位至庆元六年已行修进外，今续自嘉泰元年修至开禧元年，计五年，亦已成书。伏睹近承指挥。刊正《玉牒辨诬》之书，缮写附进，欲乞许令本所进呈。②

> 宗正寺条例，皇帝玉牒十年一进修，玉牒官并以学士典领。玉牒自熙宁中翰林学士范镇等一进之后，神宗玉牒至今未修，《仙源类谱》自翰林学士张方平庆历年进书之后已五十年，并无成书。自奉行官制，别隶宗正寺官，又复累年未果成。其神宗朝以上文字，臣近已进成奉安奉，今合修皇帝玉牒、类谱等。臣以十年进书之期尚远，恐寺官因循，异时复成旷坠。请别立法宗正寺，修撰成书。其玉牒官每二年一具草缴进。如会问未足，不得过进期两季。类谱等亦二年一具草，候及十年，类聚修撰成书进呈，奉安如故事。庶几国朝大典，永无废坠。③

> 左右史所修《起居注》，每月分轮投进。自政和间及渡江后来，因循积压，虽有自绍兴三年正月一日为始先次修纂指挥，然见今止是修纂到绍兴五年，其日逐所书，未能率由旧制。不唯今日之力徒穷于往岁所间，而后之所闻必不若今日之审。乞令左右史轮当侍殿者法所合书，退而书之。与

---

① （宋）宋真宗：《胡克顺进徐骑省文集表批答·天禧元年十一月五日》，《全宋文》第12册，卷255，第423页。
② （宋）范之柔：《乞许令进呈玉牒辨诬之书奏·嘉定六年二月》，《全宋文》第280册，卷6354，第271页。
③ （宋）王蘩：《乞修玉牒类谱奏·元祐元年十月》，《全宋文》第84册，卷1840，第342～343页。

见行修纂五年积压事件,并须每月投进,庶俾言动之法,举无所遗。①

日历所修纂钦宗皇帝一朝日历,缘渡江之后,简编散逸,前来官吏冥搜博采,今已成书,凡七十五卷,今承国史院画降指挥,令本所将已修成《钦宗日历》,发赴本院。缘本所绍兴三十二年闰二月十七日已降指挥,从本所纂录缴进,降付国史院,以备将来修纂实录。②

爰自陛下即位以来,临朝听政,一言一动,则左右史书之。延英漏下,每对宰臣,所得圣语,则有《时政记》载之。至于诏令谟训,赏罚邢政,降受拜罢,则有日历所记之。独于皇帝始生符瑞,潜邸圣德事迹,顾乃阙而未备。恭睹国史,列圣相承,皆是登大位后割付潜邸臣僚,俾之讨论,纂日修呈,然后付之玉牒所,史馆特书大书,将使镂之玉牒,藏之金匮,以为子孙万世之大宝。③

经筵讲学时,讲读官会编写一些书籍,供讲读和皇帝学习。编写的书籍,先要上呈皇帝过目,书籍在皇帝与讲读官间流传,这是经筵背景下的书籍传播之路。比如,尹焞绘声绘色地讲述为经筵侍读编纂书籍的过程:

焞绍兴七年十一月被召到阙,赐对,押赴经筵,承续讲说《论语·卫灵公》之末一章。次日有旨,给笔札解《论语》以进。念以说书为职,不敢以固陋辞。方以病困,殆蒙赐宽假,病安日解进。明年二月驾还钱塘,焞以病从百司先行,三月病少愈,力疾日赴经筵。是月十三日,诏促成书以进。时手颤目昏,心思荒错,深惧稽命之久,遂勉强为之,姑塞上命。四月二十一日进至,而学者祁宽、吕稽中、坚中在焉,书成皆三子之助也。④

---

① (宋)李易:《乞左右史所修起居注每月投进奏·绍兴十年十一月》,《全宋文》第190册,卷4195,第299页。
② (宋)汪大猷:《乞钦宗日历依以前指挥从本所缴进降付国史院奏·乾道元年十二月五日》,《全宋文》第219册,卷4861,第177页。
③ (宋)张叔椿:《乞命纂修潜邸事迹奏·庆元二年九月二十一日》,《全宋文》第280册,卷6354,第266页。
④ (宋)尹焞:《题论语解后》,《全宋文》第142册,卷3053,第42页。

第三章 宋代闽本图书传播方式

像尹焞一样的讲读官，宋朝很多。侍读、侍讲过程中，他们会编纂大量教材式的书籍进献，主要供皇帝学习之用。

> 元祐八年八月十九日，端明殿学士、兼翰林侍读学士、左朝奉郎、守礼部尚书苏轼同顾临、赵彦若状申，昨准内降宰臣吕大防劄子奏："臣每旬获侍经筵，窃见进读《五朝宝训》，将欲了毕，自来多用前代正史进读，窃谓其间有不足上烦览者。欲乞指挥讲读官同将汉、唐正史内可以进读事迹抄节成篇，遇读日进呈敷演，庶裨圣治。取进止。"奉御宝批依奏。右，轼等今已抄节缮写，稍成卷帙，于将来开讲日进读，即未审与《五朝宝训》并进，为复间日一读。谨具申尚书省。伏候敕旨。①

> 某时为右史，奏曰："臣今月十五日侍迩英阁，切见资政殿学士韩维因读《三朝宝训》，至真宗皇帝好生恶杀，因论皇帝陛下在宫中不忍践履虫蚁，其言深切，可以推明圣德，益增福寿。臣忝备位右史，谨书其事于册，又录一本上进，意望陛下采览，无忘此心，以广好生之德，臣不胜大愿。"②

苏轼等人将汉唐正史内可以进读的事迹挑选出来，手抄成篇，和《五朝宝训》一同进呈，还将真宗皇帝好生恶杀事迹编书成册向上进呈，供皇帝学习和讲读官进讲。

> 臣等近进讲《尚书·说命》，窃以为君治天下国家，钦天稽古，修身务学，任贤之政，至言要道，备在此书。诚能法之，可为尧舜。昔太宗皇帝尝曰："《尚书》主言治世之道，《说命》最备。"特诏孙奭讲此三篇。伏望陛下详览深思，必有启迪圣学之益。臣等虽罄竭谫闻讲解于前，谨辄记录所言，编写成册，以备寻绎，或赐顾问，庶几少助聪明之万一。其《说命讲义》三册谨具上进。取进止。③

> 臣今月七日，准入内供奉官李偁传圣旨：今日迩英阁讲过《无逸》义，

---

① （宋）苏轼：《申省读汉唐正史状》，《全宋文》第87册，卷1883，第162页。
② （宋）苏轼：《书韩维读三朝宝训》，《全宋文》第90册，卷1954，第163页。
③ （宋）范祖禹：《进尚书说命讲义劄子》，《全宋文》第98册，卷2129，第59页。

> 令详备录进。臣今写录进呈。二月八日，侍讲臣范某劄子。①

> 臣近于迩英阁面奏，乞候讲《无逸》毕，录《无逸》全篇讲义上进，以备圣学温寻。臣等今编写成一册，谨具进呈。②

讲读背景下，官员还会将前朝皇帝和讲读官之间探讨学问、争鸣学术的故事编写成册，进献给当朝皇帝观览。这种书籍，主要是为了供当朝皇帝借鉴。记载前朝皇帝对一些问题的研究和看法，表明前朝皇帝虚心问学、触类旁通，促使当朝皇帝学习。

二、书籍向下"赏赐"

书籍由朝廷向臣僚"赏赐"，是书籍的下行传播。下行传播是组织传播另外一种重要传播形式。它是以最高层统治者为信息起点，各级臣僚为终端的自上而下的信息流动活动，是信息的"上情下达"。皇帝赐给大臣书籍，这种"赏赐"，也是古代书籍传播的方式之一。

> 医药之书，人命攸系，将疾之是疗，必学术之至精。故太医之职，以十全而为能；聚毒之家，非三世而不饵。朕轸念黎庶，虑其夭枉，爰下明诏，购求名方，悉令讨论，因而缀缉，已成编卷，申命雕镂。宜推流布之恩，用彰亭毒之意。其《圣惠方》并目录共一百一卷，应诸道州府各赐二本，仍本州选医术优长、治疾有效者一人，给牒补充医博士，令专掌之。吏民愿传写者并听。先已有医博士，即掌之，勿更收补。③

宋太宗下令刊刻《圣惠方》，出于两个原因：一是医书和医学知识重要，关系人的生命与健康，二是刊刻医药书籍可以传播医学知识。此书出版后，"诸道

---

① （宋）范祖禹：《进无逸讲义劄子·元祐五年二月八日》，《全宋文》第98册，卷2134，第110页。
② （宋）范祖禹：《进无逸讲义劄子·元祐五年十月二十八日》，《全宋文》第98册，卷2134，第120页。
③ （宋）宋太宗：《行圣惠方诏·淳化三年五月己亥》，《全宋文》第4册，卷74，第303页。

州府各赐二本"。诸道州府还任用医术精湛的"医博士"专门管理此类图书，之前任命的"医博士"则专门负责图书传写工作。

宋初，印刷术还不普及，刊布《圣惠方》这么浩大的工程，只有动用中央官府力量，而民间根本无力支应。《圣惠方》刊刻完成，宋太宗下令分付各路州府，各路州府的官员若要阅读、研究此书，需从专门掌管医书工作的"医博士"那里传抄。在媒介技术还不发达的条件下，从中央到地方建立一套全方位、立体化的书籍传播系统，实属不易。

宋代朝廷赏赐各级臣僚图书，包括朝廷主动赐书和向朝廷请求赐书两种类型。朝廷主动赐书，可从杨亿所写系列《谢赐书状》略见一斑：

> 臣伏见国子学印本九经书并释文、史记、前后汉书、三国志等，盖圣人之垂教，或良史之立言，咸经校雠，早备刊刻。臣面墙有素，阅市无闻，徒坚学古之心，欲望赐书之宠。上件等书，伏乞圣慈各赐一本，所冀韦编屡绝，获探典籍之言；木铎载扬，无辱文明之化。臣之鄙愿，实在于斯。①

> 右，臣等伏蒙圣慈，赐臣等印本《三国志》各一部者。鼎国三分，备存于事迹；麟台四部，具列于签题。初成镂板之功，据荷赐书之宠。此盖皇帝陛下先天合德，乙夜留神，小大必示于躬亲，今古咸归于指掌。以为方策所纪，皆可以劝惩；鱼鲁相传，渐多于讹谬。俾尽校雠之妙，载加刊刻之工。雕镂才毕于有司，颁赉首沾于近列。仰认好文之旨，附循懵学之咨。窃位公台，已共惭于尸禄；服膺载籍，庶或免于面墙。曲承覆帱之仁，永佩君亲之赐。②

> 右，臣等昨日伏蒙圣慈，各赐臣等新印《道德经》并《释文》各一部者。伯阳立言，首天地而称四大；马迁约史，先黄老而后六经。是开众妙之门，足助天为之化。恭惟皇帝陛下功侔亭育，德合希夷。清明在躬，盖凝神于姑射；慈俭为宝，爱跻俗于华胥。稽古训以惟精，访遗编而大备。乃复钦崇妙道，绅绎微言。以为柱下史之书，匀为教父；河上公之注，未

---

① （宋）杨亿：《代驸马王都尉乞书史状》，《全宋文》第14册，卷289，第280~281页。

② （宋）杨亿：《代宰相谢赐新印三国志状》，《全宋文》第14册，卷288，264页。

洞玄关。或因唐室之讨论，早在虞庠而流布。岁时寖远，颇多鱼鲁之讹，方策维新，盖出丝纶之旨。已成功于刊刻，忽命使以颁宣。臣等徒庆逢时，俱惭昧道。心希汉相，但清净以为师，学谢蜀严，岂指归之能测？惟荷记怜之造，弥坚报效之诚。①

　　右，臣今日中使至，奉宣圣旨，赐臣印本《晋书》一部，计六十九册者。两晋遗编，具列秘书之目；九重稽古，新成镂板之功。夫何寡闻，仰膺蕃锡。伏惟皇帝陛下缵戎御极，执器临人。负将圣之多能，尚观文而阐化；以史笔之所记，有龟鉴以具存。鲁鱼特命于校雠，方胾更加于摹印，俾前言之不坠，亦副本之广传。臣谬预持衡，实惭昧道，辄上干于宸扆，果垂锡于策书。学古无功，固已嗟于扞格；传家知幸，但永誓于缄藏。恭承临照之私，益励倾输之节。②

从杨亿《代驸马王都尉乞书史状》《代宰相谢赐新印三国志状》《代宰相谢赐新印道德经状》《代集贤寇相公谢赐晋书状》等状文可以看出，朝廷主动赏赐图书给臣僚，臣僚请杨亿代写感谢状。

有时候，皇帝还将自己的《御集》和《御注》赐给大臣，起阐扬教化和垂示典范的作用。比如：

　　恭惟神宗皇帝学本六经，治超两汉。无情应物，运乎精神者一十九年；有义建功，有乎篇章者八十八策。虽去道揆，尤为绪余。文思之生，自乎杳杳冥冥；体要之立，归乎浩浩噩噩。秘以箧笥，传之子孙。恭惟皇帝陛下考欲广声，学怀贻典。深惜一言之散失，旁求百辟之收藏。遂致成书，已名延阁。莫能测海，体夸金鉴之文；曾辱赐诗，如见琼林之使。畏高明而百过，究微妙以三思。虽默默以怀恩，但区区而望圣。③

　　淳熙十年二月乙丑，圣旨赐臣宝印《御注大圆觉经》一部。臣九顿首熏香伏读，如在灵山亲闻，无有少异。臣具表谨谢，仍进山颂歌咏圣德，

---

① （宋）杨亿：《代宰相谢赐新印道德经状》，《全宋文》第14册，卷289，第278页。
② （宋）杨亿：《代集贤寇相公谢赐晋书状》，《全宋文》第14册，卷290，第294页。
③ （宋）黄裳：《谢赐神宗皇帝御集表》，《全宋文》第103册，卷2246，第19页。

乞就径山开板，流通四方，使天下衲子发明心地，同泛如来大圆觉海……臣谨按：佛法流入中国，唯唐太宗皇帝亲制序文，冠于《大般若经》，而未尝注释。今我皇帝陛下显示一心之法，注释《大圆觉》，以悟群迷，真冠乎百王，超出前代，一人而已。昔圭峰禅师宗密附以疏钞，但具文浩繁，今陛下所注，言简而义丰，词约而理尽，自有圆觉以来，盖未有此书也。臣谨以赐本锓板，传之无穷，上以祀延两宫圣寿无疆，次以均福四海，亦使见者闻者知云门即离，离幻即觉，如是开悟，永断轮回。①

向朝廷请求赐书，又包括三种形式：一是为自己请赐，二是为他人请赐，三是为机构请赐。为自己请赐，比如苏颂：

所有新印《唐六典》，欲望圣慈特许依例宣赐臣一部，庶得披览前载，习熟旧闻。时亮天工，倘获观于众职之治；日恪位著，庶自效于一官之勤。②

苏颂请赐表，获得朝廷批复后，他又作《谢赐表》：

恭惟皇帝陛下躬亲万务之微，损益百王之际，谓成周之治典，可举而行；以有唐之职仪，最得其要。时书不布。后学罕知。命鸿都之直官，定兰台之善本。模传镂版，尽刊鱼鲁之讹；宣布在庭，使识云龙之纪。③

为他人请赐，以范祖禹为代表。范祖禹《乞赐故修书官资治通鉴劄子》道：

臣先与故秘书丞刘恕同编修《资治通鉴》，恕在职十余年。臣昨受诏校定板本，奉御颁行，校对官皆蒙赐书。恕有子前池州华容县尉义仲，见丁母忧，有书与臣，以不被赐为其先人之辱，欲臣奏请，仪不可抑。臣检会故中书舍人刘攽及恕皆自英宗朝开置书局，即预编修，不幸亡殁，不及受赐。伏望圣慈特降指挥下国子监，印造《资治通鉴》并《目录》《考异》二

---

① （宋）释宝印：《谢赐御注大圆觉经表·淳熙十年二月》，《全宋文》第206册，卷4574，第204～205页。
② （宋）苏颂：《乞赐六典表》，《全宋文》第61册，卷1327，第162～163页。
③ （宋）苏颂：《谢赐六典表》，《全宋文》第61册，卷1327，第163页。

部，赐其家子孙，则泽及渊泉，存殁荣感，他人并难以援例。取进上。①

范祖禹向朝廷表示，希望朝廷赐《资治通鉴》给刘恕子孙。刘恕和范祖禹一起编修过《资治通鉴》，共事十余年，后去世。范祖禹受诏校定板本后，出版发行。校对官都获得朝廷赐书，唯独已故的刘恕没有得到。刘恕的儿子刘义仲写信给范祖禹，告知未获赐书，使先人受辱。于是，范祖禹上书请求赐予刘恕子孙书籍。

为机构请赐，这种现象也很常见。如司马光、钱彦远为谏院请赐：

> 本院旧有国子监所印书籍粗备，惟阙《唐书》。以国家政令多循唐制，得失之鉴，近而易行。臣等备位谏臣，职在献纳，考寻前载，旦夕所资，乞依学士、舍人院例，特赐新修《唐书》。②

> 本院除赐到九经、三史、《册府元龟》外，别无书籍。乞于国子监应见管印本书籍，除本院已有外，其余自九经正义、子史传记，下至今文，各赐一部充公用。及三馆、秘阁见管四库书籍，特许供借。③

国子监印刷的书籍，谏院几乎都有，唯独缺少《唐书》。司马光乞求朝廷赐予谏院最新编修的《唐书》，这是因为"国家政令多循唐制，得失之鉴，近而易行"，谏院谏臣"职在献纳，考寻前载，旦夕所资"。司马光认为，谏臣阅读此书，谏院收藏此书，十分必要。钱彦远也请赐"本院"没有的书籍，要求"各赐一部充公用"。晏殊道："本院书籍残缺，帷帐什物多弊，公用钱亦少。望赐国子印本群书，令仪鸾司供帐，冬季三司给炭，仍增赐公用钱。"④晏殊不仅请求朝廷恩赐舍人院图书，还向朝廷申请增给舍人院财物。

---

① （宋）范祖禹：《乞赐故修书官资治通鉴劄子·元祐八年正月二十一日》，《全宋文》第98册，卷2139，第172～173页。
② （宋）司马光：《乞赐谏院新修唐书奏·治平元年五月六日》，《全宋文》第55册，卷1208，第323页。
③ （宋）钱彦远：《谏院乞赐借书籍奏·皇祐元年七月》，《全宋文》第20册，卷410，第34页。
④ （宋）晏殊：《请赐舍人院书籍增给财物奏·天禧三年十二月》，《全宋文》第19册，卷397，第207页。

第三节　买卖式传播

买卖式传播是把书籍作为商品，在市场上销售、出卖的传播方式。书籍的雕印售卖，唐五代就已开始。宋代商品经济发展，为书籍商业化传播提供了市场条件。科举制度改革以及学校教育的蓬勃发展，导致图书需求量进一步增加，刺激了图书的销售。印刷技术逐渐成熟，直接导致书籍传播成本降低，推动了书籍市场的繁荣。图书作为文化商品，逐渐平民化。

书籍售卖，主要目的是赚钱。要赚钱，首先要考虑书籍的印刷成本问题。宋代书籍印刷成本，周郁在《黄州雕造小畜集后记》一文中有明确记载：

> 契勘诸路军州间有印书籍去处。窃见王黄州《小畜集》文章典雅，有益后学，所在未曾开板，今得旧本计一十六万三千八百四十八字。检准绍兴令：诸私雕印文书，先纳所属申转运司选官详定，有益学者听印行。除依上条申明施行，今具雕造《小畜集》一部共八册，计四百五十二板，合用纸墨工价等项：
> 印书纸并副板四百四十板。
> 表楷碧纸一十一张，大纸八张，共钱二百六文足。
> 赁板棕墨钱五百文足。
> 装印工食钱四百三十文足。
> 除印书纸外，共计钱一贯一百三十六文足。
> 见成出卖，每部价钱五贯文省。
> 右具如前。绍兴十七年七月日校正。承节郎、黄州巡辖马递铺周郁。①

刊刻书籍成本问题一目了然，计算成本后，才会考虑拟定价格。

出售书籍者，有政府机构，也有书坊书商。政府机构卖书，主要是国子监。元祐三年八月（1088），郑穆《国子监雕印伤寒论等医书牒》曰：

---

① （宋）周郁：《黄州雕造小畜集后记》，《全宋文》第200册，卷4424，第241页。

国子监准尚书礼部元祐三年八月八日符:"元祐三年八月七日酉时准都省送下当月六日敕:中书省勘会:下项医册数重大,纸墨价高,民间难以买置。八月一日奉圣旨:令国子监别作小字雕印。内有浙路小字本者,令所属官司校对,别无差错,即摹印雕版,并候了日广行印造,只收官纸工墨本价,许民间请买,仍送诸路出卖。奉敕如右,牒到奉行,前批八月七日未时赴礼部施行。"续准礼部符:"元祐三年九月二十日准都省送下当月十七日敕:中书省、尚书省送到国子监状,据书库状,准朝纸雕印小字《伤寒论》等医书出卖,契勘工钱约支用五千余贯,未委于是何官钱支给应副使用。本监比欲依雕四了等体例,于书库卖书钱内借支。又缘所降朝旨,候雕造了日令只收官纸工墨本价,即别不收息,虑日后难以拨还,欲乞朝廷特赐应副上件钱数支使。候指挥。尚书省勘当:欲用本监见在卖书钱,候将来成书出卖每部只收息一分,余依元降指挥。奉圣旨:依。"国子监主者一依敕令指挥施行。①

国子监印刷小字本医学类图书,先是只收"官纸工墨本价""别不收息"。书籍出版后,将其分付全国各路出售。等各路书库书籍售罄,有了资金,再象征性地拿点提成,即"只收息一分"。郑穆认为,即使读者公认质量较好的浙本,也会出现错误,需要校勘,然后才能出版。郑穆,福州侯官(今福建闽侯)人,与陈襄、陈烈、周希孟并称为"古灵四先生"。

《荀子》《扬子法言》等书也在国子监出售。司马光《乞印行荀子扬子法言状与馆阁诸君同上》道:

> 臣等伏以战国以降,百家蜂午,先王之道,荒塞不通。独荀卿、扬雄排攘众流,张大正术,使后世学者坦知去从。国家博采艺文,扶翼圣化,至于庄、列异端,医方细伎,皆命摹刻,以广其传。顾兹二书,猷有所阙。虽民间颇畜私本,文字讹误,读不可通,诚恐贤达之言,寖成废缺。今欲乞降敕下崇文院,将《荀子》《扬子法言》本精加考校讫,雕版送国子监,

---

① (宋)郑穆:《国子监雕印伤寒论等医书牒·元祐三年八月》,《全宋文》第51册,卷1114,第271~272页。

依诸书例印卖。臣等愚懵，不达大体，不胜区区，贪陈所见。①

司马光看到，《荀子》《扬子法言》二书，虽在民间有私自印刷，但文字错误很多，读起来字句不通，显得费力，对学者也不利。国家印行诸子、医学类书籍，唯独未颁行《荀子》《扬子法言》二书。因此，司马光请求以国家的名义来出版这两部书，在国子监"依诸书例印卖"。这说明国子监既印书，又卖书。

国子监出版的书籍，质量较其他机构要高，售价所以不菲。陈师益《论国子卖书状》道：

> 右，臣伏见国子监所卖书，向用越纸而价小，今用襄纸而价高，纸既不迨而价增于旧，甚非圣朝章明古训以教后学之意。臣愚欲乞计工纸之费以为之价，务广其传，不以求利，亦圣教之一助。伏候敕旨。
>
> （贴黄）臣惟诸州学所卖监书，系用官钱买充官物，价之高下何所损益；而外学常苦无钱而书价贵，以是在所不能有国子之书，而学者闻见亦寡。今乞止计工纸，别为之价，所冀学者益广见闻，以称朝廷教养之意。及乞依公使库例，量差兵士般取。②

陈师益指出，国子监出售的书籍，价格太高，不便于家庭贫寒的学子购买、学习；他还指出，价格偏高，是因为使用的纸张不同，"越纸而价小，今用襄纸而价高"，用襄纸导致国子监版书籍价格增高。陈师益认为，价格过高，"甚非圣朝章明古训以教后学之意"。

官府在出售图书时，为进一步扩大监本传播影响力，取得更好的市场销量，往往根据市场变化和读者需求，对价格进行干预。比如，天禧元年（1017）九月癸亥，宋真宗下《国子监经书更不增价诏》：

> 曩以群书，镂于方版，冀传函夏，用广师儒。期于向方，固靡言利。将使庠序之下，日集于青襟；区域之中，咸勤于素业。敦本抑末，不其盛

---

① （宋）司马光：《乞印行荀子扬子法言状与馆阁诸君同上》，《全宋文》第54册，卷1176，第183页。
② （宋）陈师益：《论国子卖书状》，《全宋文》第123册，卷2664，第278～279页。

钦！其国子监经书更不增价。①

宋真宗下诏，国子监版经书不能加价出售，免得士子因为价格太高而无力购买，被拒在知识的大门之外。宋真宗看重书籍的文化传播功能。除国子监，榷货务及地方政府机构也卖书。

> 秘书省辖下太史局每岁笺注到大小历日，小本依年例令榷货务雕印出卖，大本止是印造，颁赐毕，发送太史收管，便为无用之物。其漕司雕造上件印板，费用不赀，又缘印匠递年循习衷私印造出外，侵夺官课。乞自今后大本历日颁赐数足，将上件历板下太史局，候历日进呈毕，牒送榷货务措置定价出卖施行。②

> 国学见印经书，降付诸路出卖，计纲读领，所有价钱于军资库送纳。③

以上所举，主要是地方政府机构售书。书坊是民间卖书机构。绍熙三年（1192）三月，洪迈《容斋续笔序》道："迈起谢，退而询之，乃婺女所刻，贾人贩鬻于书坊中，贵人买以入，遂尘乙览。书生遭遇，可谓至荣。"④洪迈《容斋随笔》被婺州一女子雕印，然后书商在书坊中贩卖，通过贩卖传播图书。这也从另外一个层面证明，《容斋续笔》市场销量很好，普及程度很高，深受学士大夫欢迎。

> 先大父敷文平居自号省心，《杂言》一编，皆箴规训诫之辞，耆冈儿童时尚及见其手稿，板行于蜀，名公钜卿书其前后者非一。士大夫爱重之，以其刊于池阳，于新安，皆以为大父之文也。嘉定戊辰，耆冈调官都城，见书坊有刊小本鬻于市，以为林和靖之作……耆冈通守邵阳，敬以旧本摹

---

① 《全宋文》第12册，卷255，第420页。
② （宋）陈岩肖：《印造历日事奏·乾道元年八月》，《全宋文》第192册，卷4245，第359页。
③ （宋）宋真宗：《国学见印经书降付诸路出卖诏·大中祥符五年九月十五日》，《全宋文》第12册，卷243，第151页。
④ （宋）洪迈：《容斋续笔序·绍熙三年三月》，《全宋文》第222册，卷4916，第43页。

写锓木，以广其传，可以破流俗之惑，使来世《鹖冠》《晏子春秋》之疑尚于是乎可考。①

类书之编，何所昉乎？自《尔雅》载虫鱼之名，陆氏疏草木之辨，沿而下之，至于孔白《六帖》出而类书备矣。虽然犹未备也，两坊书市以类书名者尚矣，曰《事物纪原》，曰《艺文类聚》，最后则《锦绣万花谷》《事文类聚》出焉，何汗牛充栋之多也。②

"见书坊有刊小本鬻于市"、"两坊书市以类书名者尚矣"，都是民间书坊刊刻和售卖书籍的情况。

书坊售书方式灵活多样，书坊主往往想尽办法降低销售价格，拓宽销售渠道，扩大销售区域，这些措施对书籍的推广与传播起到至关重要的作用。

第四节　跨文化传播

书籍的跨文化传播指书籍在不同文化背景的国家、地区和社会成员之间传播以及以书籍为媒介在不同文化之间交往与互动。这种跨文化传播，往往通过翻译的方式来进行，"夫翻译者，译翻梵天之语，转成汉地之言。音虽似别，义则大同"③。书籍由他国语言翻译成本国语言，在本国出版，这是典型的书籍跨文化传播。本国著作直接在外国刊刻，也是书籍的跨文化传播。

宋代书籍的跨文化传播，包括境内向境外传播和境外向境内传播两种情况。图书境内向境外传播，即向辽、西夏、高丽、日本传播。

诏夏国主：省所奏："伏为新建精蓝，载请赎大藏经帙、签牌等，其常例马七十疋充印造工直，俟来年冬贺嘉祐四年正旦使次附进，至时乞给赐

---

① （宋）李耆冈：《省心杂言跋·嘉定五年八月》，《全宋文》第283册，卷6438，第419页。

② （宋）谢维新：《古今合璧事类备要序·宝祐五年》，《全宋文》第352册，卷8153，第334页。

③ （宋）释法云：《翻译名义集序·绍兴十三年八月》，《全宋文》第179册，卷3925，第220页。

藏经。"事具悉。封奏荐来,秘文为请。惟觉雄之演说,推善利于无穷。嘉来纯诚,果于笃信。所宜开允,当体眷怀。所载请赎大藏经帙、签牌等,已令印造,候嘉祐四年正旦进奉人到阙,至时给付。故兹诏示,想宜知悉。春寒,比平安好否?书指不多及。①

诏夏国主:省所奏:"请赎佛经一大藏、签牌经帙等,欲乞特降睿旨,印造灵文,以俟至时,幸垂给赐,所有旧例纸墨工直,马七十匹,续具进上以闻。"事具悉。大雄流教,善利无方;信土笃缘,群迷释趣。喜观心于法境,愿绎理于迷文。载省控陈,所宜开允。其请赎经文,以指挥印经院印造,候嘉祐十一年正旦人到关给付。②

西夏多次向宋朝请赎《大藏经》。朝廷为了宣扬文德教化,也乐意赐予典籍。赐予典籍后,西夏以"马七十匹"作为回报。宋神宗给西夏乞赎《大藏经》专门下诏:

诏夏国主:省表"乞收赎释典一大藏并签帙复帕。前后新旧翻译经文,惟觊宸慈,特降旨命,令有司点勘,无至脱漏卷目。所有印造装成纸墨工直,并依例进马七十疋,聊充资费,早赐近年宣给",事具悉。维是佛乘,著为象教。载览需章之奏,恳求具译之编。已降允俞,特行赐予。眷言信向,良用叹嘉!所请赎经文已指挥印经所,应有经本,并如法印造给赐,令保安军移牒宥州,差人于界首交割,至可领也。所有马七十疋,更不用进来。故兹诏示,想宜知悉。春寒,比平安好,遣书指不多及。③

宋朝不仅赐予西夏《大藏经》,还免去西夏所要进献的马匹。这一切体现宋朝君王在跨文化传播与交流方面的包容气度和开阔胸襟。

近者高丽人使乞赐书籍,此乃祖宗朝故事,且屡尝赐书与之矣,轼乃

---

① (宋)欧阳修:《赐夏国主赎大藏经诏》,《全宋文》第31册,卷669,第278~279页。
② (宋)王珪:《赐夏国主乞赎大藏经诏》,《全宋文》第52册,卷1122,第38页。
③ (宋)宋神宗:《赐夏国主乞赎大藏经诏·熙宁元年十二月癸巳》,《全宋文》第114册,卷2455,第9页。

拒违诏旨,及言不可。①

今准敕节文,检会《国朝会要》:淳化四年、大中祥符九年、天禧五年曾赐高丽《九经书》《史记》《两汉书》《三国志》《晋书》、诸子、历日、圣惠方、阴阳、地理书等,奉圣旨,依前降指挥。②

兹盖伏遇皇帝陛下深慈恤隐,宏量包荒。以孝奉先,故诞前朝之美;以仁柔远,故曲从异域之求。念臣尝献于逸书,怜臣凤朝于化宇。申赐皇文之千卷,俾参旧约之八条。肆是误恩,猥沾遐裔。臣敢不敬铭厚赐,详绎群言。流播三韩,共仰文明之化;分传五族,俾知赉予之私。③

所乞《大平御览》并《神医普救方》,见校定,俟后次使人到阙给赐。④

高丽向宋朝乞求赐书,宋朝答应请求,赐予高丽典籍。宋朝"赐书"与高丽"接受赐书"活动,表明书籍跨越国界,扮演国与国间跨文化交流与沟通的角色。

龙云先生其可谓间世而杰出者矣。先生自为举子时,已卓诡不凡,文艺出诸老先生右。甫壮首乡荐,擢进士第,继中博学宏词科。元符改元,进《南郊大礼赋》,君相动色,以为相如、子云复出,即除秘书省正字。稍迁著作佐郎,骎骎向用矣。高丽传诵其文,方请于朝,将待以宾师之位,而降年不永,竟卒于官。⑤

序中记载,龙云先生(刘弇)仕途亨通,骎骎日上。文名传播中外,闻名于世。元符年间,投进《南郊大礼赋》,"君相动色"。连高丽人都传诵他的作品,甚至邀请他到高丽国做官,"待以宾师之位"。但其寿命不长,做官之时就

---

① (宋)黄庆基:《勋苏轼状·元祐八年五月》,《全宋文》第78册,卷1072,第154页。
② (宋)苏轼:《论高丽买书利害札子》,《全宋文》第87册,卷1881,第143页。
③ (宋)葛胜仲:《代高丽王谢赐太平御览表》,《全宋文》第142册,卷3066,第267页。
④ (宋)宋哲宗:《高丽国进奉使尹瓘等乞赐太平御览等书答诏·元符二年正月甲子》,《全宋文》第151册,卷3258,第224页。
⑤ (宋)罗良弼:《跋龙云集后》,《全宋文》第201册,卷4433,第13页。

已去世。刘弇的文章传播到高丽，这是文学的跨文化传播现象。至于他的书，在高丽有无刊刻，有待考察。至少表明，刘弇的作品当时在高丽较受欢迎。高丽读者喜欢他的作品，不排除出版他的作品集。

书籍由境内流传到境外，除了国家间正式地"赐书"与"受赐"之外，民间书商也扮演传播者的角色，在书籍的跨文化传播中贡献自己的力量。比如元祐四年（1089）十一月，苏轼《论高丽进奉状》就提到福建书商徐戬的书籍传播活动：

> 福建狡商，专擅交通高丽，引惹牟利，如徐戬者甚众。访闻徐戬，先受高丽钱物，于杭州雕造夹注《华严经》，费用浩汗，印板既成，公然于海舶载去交纳，却受本国厚赏，官私无一人知觉者。臣谓此风岂可滋长，若驯致其弊，敌国奸细，何所不至。兼今来引致高丽僧人，必是徐戬本谋。臣已枷送左司理院根勘，即当具案闻奏，乞法外重行，以戒一路奸民猾商次。①

元祐五年（1090）八月，福建书商携带书板到高丽印书，获得其国厚赏，无人知晓。《乞禁商旅过外国状》一文记载了此事。

> 检会杭州去年十一月二十三日奏泉州百姓徐戬公案，为徐戬不合专擅为高丽国雕造经板二千九百余片，公然载往彼国，却受酬答银三千两，公私并不知觉，因此构合密熟，遂专擅受载彼国僧寿介前来，以祭奠亡僧净源为名，欲献金塔，及欲住此寻师学法。显是徐戬不畏公法，冒求厚利，以致招来本僧搔扰州郡。况高丽臣属契丹，情伪难测，其徐戬公然交通，略无畏忌，乞法外重行，以警闽浙之民，杜绝奸细。奉圣旨，徐戬特送千里外州、军编管。②

图书境外向境内传播，主要是辽、西夏、高丽、日本等向宋朝献书，或者书籍在宋朝翻译与出版。关于图书境外向境内的传播活动，现分述如下：

> 高丽献到书内有《黄帝针经》，篇帙具存。不可不宣布海内，使海内诵

---

① 《全宋文》第86册，卷1873，第340页。
② 《全宋文》第87册，卷1876，第39页。

习,乞依例摹印。①

丙辰岁,予于淮阳得卫州版行本,据云元祐六年高丽献书,内有《灵枢内经》九卷,朝廷下秘书省选官校对,岁余即成。凡王冰所引,慎由所谓本无者,往往皆在,信是古本无疑。但慎由此跋作于绍圣三年,不知何为不及,岂官本尚未流传于四方耶?②

从"高丽献到书内有《黄帝针经》""据云元祐六年高丽献书,内有《灵枢内经》九卷"可知,《黄帝针经》《灵枢内经》都是高丽所献,是从高丽传播过来。

兹抄自唐至今,固有年矣。异域虽模方板,中国未尝印行,副本争传,三写乌马。因获高丽印本,与写本参校,窃见互有得失,遂根其所出经论祖文,三复对详,一成楷定,方事刀笔。苟无证据,多从印本。③

绍兴十五年四月,伏奉指挥,许与编华严宗教文字入藏流通,莫不庆幸。唯侍讲崔公所撰吾祖《贤首国师传》缺如。遍搜虽得,而传写讹舛,攷证不行。遂获高丽善本,复得秘书少监阎公石刻,乃顿释疑误。有士人孙霦见且惊喜,而为书之。坐夏,门人旋积嚫施,命工镂版,以广其传。冀学者勉旃,上酬法乳。④

宋朝没有《大方广圆觉经大抄序》印本,从高丽获得,然后得以传播。《贤首国师传》这本书,宋朝虽有此本,但通过传抄,错误很多,几乎不可校正。于是,采用从高丽获得的善本,再加上石刻资料的比照,编成此书,刻板梓行。

---

① (宋)王钦臣:《乞摹印黄帝针经奏·元祐八年正月》,《全宋文》第72册,卷1580,第314页。
② (宋)孙德之:《灵枢经跋》,《全宋文》第334册,卷7694,第170页。
③ (宋)释元慧:《大方广圆觉经大抄序·绍兴八年正月》,《全宋文》第190册,卷4195,第289页。
④ (宋)释义和:《题贤首国师传·绍兴十九年十月》,《全宋文》第198册,卷4376,第103页。

第四章 宋代闽本图书传播控制

图书传播控制包括图书传播审查和图书传播限制两个方面。图书传播审查由"把关人"和"把关机构"组成。"把关"包括皇帝、政府官员;"把关机构"包括两制、编修所、检院、曹部、国史院人。图书传播限制包括对传播类型的限制、传播机构的限制和传播地域的限制三种形式。

第一节 图书传播审查

宋代图书传播活动都经过严格"把关",以提高质量和增加销量。传播学中有"把关人"理论,最早由美国社会心理学家、传播学家库尔特·卢因提出。卢因研究家庭购买行为,即食物如何通过一定渠道进入家庭,来阐释"把关人"概念,在这个过程中,家庭主妇实际上扮演着"把关人"的角色,该研究结论发表在 1947 年《群体生活的渠道》一文中。研究指出,"群体传播过程中存在着一些'把关人',只有符合群体规范或'把关人'价值标准的信息内容才能进入传播的渠道"[①]。后来,怀特把这一理论引入传播学研究领域,指出传播过程中存在"把关"现象。

所谓图书媒介"把关人",就是图书在生产、制作与传播过程中,对各个环节乃至决策产生影响的人。在宋代,图书传播的"把关人"主要是皇帝和政府官员,他们通过"看详""讨论"等方式,从图书内容到图书形式,进行审查和核验。

皇帝亲自充当"把关人"的角色。比如宋神宗在元丰元年(1078)十一月乙酉《或刻太学生钟世美上书印卖御批》中道:"世美所论有经制四夷等事,传播非便,令开封府禁之。"[②]对太学生钟世美的书,皇帝亲自把关,凡是涉及"经制四夷"等内容,不能传播,令开封府禁止。在这里,宋神宗使用"传播"一词。

---

① 郭庆光:《传播学教程》,中国人民大学出版社 2011 年版,第 131 页。
② 《全宋文》第 115 册,卷 2483,第 173 页。

第四章　宋代闽本图书传播控制

皇帝通过下诏给予图书审查和"把关"明确规定。比如宋真宗在大中祥符二年（1009）正月庚午《诫约属辞浮艳令欲雕印文集转运使选文士看详诏》一文中道：

> 国家道莅天下，化成域中。敦百行于人伦，阐六经于教本，冀斯文之复古，期末俗之还淳。而近代以来，属辞之弊，侈靡滋甚，浮艳相高，忘祖述之大猷，兢雕刻之小技。爰从物议，俾正源流。咨尔服儒之文，示乃为学之道。夫博闻强识，岂可读非圣之书；修辞立诚，安得乖作者之制？必思教化为主，典训是师，无尚空言，当遵体要。仍闻别集众制，镂板已多，傥评攻乎异端，则亦误于后学。式资诲诱，宜有甄明。今后属文之士，有辞涉浮华，玷于名教者，必加朝典，庶复素风。其古今文集可以垂范，欲雕印者，委本路转运使选部内文士看详，可者即印本以闻。①

自古以来，统治者都以"道"来治理国家，教化人民，"道"的载体就是《六经》为代表的儒家经典书籍。到了宋代，图书传播出现"侈靡滋甚，浮艳相高，忘祖述之大猷，兢雕刻之小技"的现象。针对此种情况，真宗下诏，"古今文集可以垂范，欲雕印者，委本路转运使选部内文士看详，可者即印本以闻"。宋真宗针对别集出版众多，文辞浮艳这种现象，提出要有专人"把关"，对内容进行审查。符合要求的别集，才可以雕印传播。这里的"把关人"就是各路转运使遴选的部门内部文人。

"博闻强识，岂可读非圣之书"，意思是说，要想博闻强识，不能仅仅依靠那些非圣人之书，而是要多阅读圣人书籍，意识到阅读经典的重要性。真宗要求"教化为主，典训是师，无尚空言，当遵体要"，主张通过选择圣人之书，让读者阅读，来达到教化和治理国家的目的。可见，皇帝已经非常明确地看清书籍的教化功能。

政府官员是图书传播活动主要"把关人"。如朱震在建炎四年（1130）四月《看详王悱孝经解义奏》中写道："奉诏看详布衣王悱《孝经解义》，推广孝弟，言有可采。"②"看详"就是"把关"，是奉诏"把关"。陈与义在绍兴六年（1136）九月二十七日《看详进书奏》中道："看详进士何畴进《孙子解》全备，见其用

---

① 《全宋文》第 11 册，卷 235，第 415 页。
② 《全宋文》第 142 册，卷 3061，第 178 页。

心，粗可观览。又成忠郎徐衡进《诸葛武侯书》，观其文理，恐是后人附托，非亮之书，或可存之，以备广览。"① 审查两本书，分别提出自己的意见。

臣伏见辖下广安军乡贡进士王乘，少壮好学，白首不倦。尝撰《春秋统解》三卷，《序引》二十四篇，推明笔法，得其大旨。比之陈岳《折衷》，王沿《集传》，孙复《发微》，不在其下。曾于元祐二年九月中缮写投进讫。伏乞圣慈特赐检会，诏侍从馆阁臣僚考详其书。或万一有经术，即乞藏于秘府，以备一家之说，以广四部之盛。②

"诏侍从馆阁臣僚考详其书"，就是政府官员把关。不管是皇帝，还是政府官员"把关"，"把关"首先是个人行为，是基于个人主观判断的选择和取舍活动，这种取舍带有个人主观倾向，比如宰相王安石主事后，不喜欢《春秋》之学，不列学官：

故东川布衣崔子方，当熙宁间，宰相王安石用事，不喜《春秋》之学，正经三传，不列学官。是时颖阴处士常秩号知《春秋》，尽讳其学，追逐时好，况不知者乎。逮于元丰，习以成俗，莫敢议其非者。而子方独抱遗经，闭门研究，著《春秋解经》《本例》《例要》三书，相为表里，自成一家之言，以遗子孙。人虽云亡，其书尚存。欲望朝廷下平江府，于崔若家缮写投进。③

翰林学士、知制诰、兼侍读、兼资善堂翊善朱震先奉指挥，准中使降出崔子方《春秋经解》一十六册，令震校正者。震窃勘熙宁、元丰间，王安石独任私意，污蔑圣经，《春秋》大典，不得列于学官，一时学者以治《春秋》为讳。而子方独狍遗经，闭门讲习，专意著述，究见本旨，而自成一家。非特立独行之士，不能如此。今子方虽没，其书尚存，欲望敷奏，特盛旌褒，以劝来者。④

---

① 《全宋文》第 182 册，卷 3985，第 58 页。
② （宋）吕陶：《乞考详王乘春秋统解奏·元祐四年》，《全宋文》第 73 册，卷 1599，第 258～259 页。
③ （宋）朱震：《乞缮写崔子方春秋经解等书劄子》，《全宋文》第 142 册，卷 3061，第 184 页。
④ （宋）朱震：《乞旌褒崔子方之后劄子》，《全宋文》第 142 册，卷 3061，第 185 页。

朱震非常推崇崔子方治《春秋》之学，他本人还校正过《春秋经解》。朱震称崔子方研究《春秋》学，很有特色，自成一家。王安石主政，不喜欢《春秋》学，不列学官。《春秋》类书籍的出版与传播相应受到审查和限制。

"把关"行为是组织行为，是有组织的活动。宋代没有专门的媒介组织，而把与从事信息、知识和文化传播有关的机构称笼统地称为"把关机构"。"把关人"大都隶属于学士院、两制、经筵、太常寺等机构。"把关机构"决定特定类型的图书进入社会传播。

下文以"把关机构"为例，来说明这些机构的"把关"行为。

一、两制

两制对图书的审查与把关情况，可从范祖禹《乞看详陈祥道礼书劄子》和《荐陈祥道仪礼解劄子》两篇公文中窥得一斑：

> 臣伏见太常博士陈祥道，专意礼学二十余年，近世儒者未见其比。著《礼书》一百五十卷，详究先儒义说，比之聂崇义图，尤为精审该洽。昨臣僚上言，乞朝廷给纸札，差书吏画工付祥道录进。今闻已奏御，降付三省。臣愚欲乞送学士院及两制或经筵看详，如可施行，即乞付太常寺，与聂崇义图相参行用，必有补朝廷制作。①

> 臣伏见馆阁校勘，太常博士陈祥道注解《仪礼》三十二卷，精详博洽，非诸儒所及。臣窃以《仪礼》为书，其文难读，其义难知，学者罕能潜心，故为之传注者甚少。祥道深于礼学，凡二十年，乃成此书，先王法度，如指诸掌。昨进《礼书》一百五十卷，已蒙皇上藏之秘阁。伏望圣慈特降指挥，取祥道新注《仪礼》奏御，下两制看详，并前所进《礼图》，并付太常，以备礼官讨论，必有补于制作。②

《礼书》是士人公认难读的书籍，太常博士陈祥道却不惧困难，迎难而上，

---

① （宋）范祖禹：《乞看详陈祥道礼书劄子》，《全宋文》第98册，卷2134，第120页。
② （宋）范祖禹：《荐陈祥道仪礼解劄子》，《全宋文》第98册，卷2139，第171～172页。

潜心研究《礼》学二十余年，积累了丰富的资料，当世儒者无人能比。他著有《礼书》一百五十卷，注解《仪礼》三十二卷。范祖禹一而再，再而三地推荐陈祥道礼学方面的书籍，对其人及其作品评价很高。范祖禹往上推荐的目的，是希望此书能与聂崇义的《三礼图》一样颁行。这样，关于《礼》学的图画版书籍和文字版书籍就都齐备，两者可比翼双飞。

材料中提到的"礼官"就是图书传播之前的"把关人"，"看详""讨论"实际上就是进行图书审查活动，如"学士院""两制""经筵""太常寺"等书籍传播机构本身也是图书审查机关。审核通过，即可雕印传播。继陈祥道《礼》学书籍推荐先例后，官员们又向朝廷建议，抄写《乐书》：

> 尚书礼部近准建中靖国元年正月九日敕："中书省：礼部侍郎兼侍读实录修撰赵挺之劄子奏：'臣闻六经之道，礼乐为急。方当盛时，所宜稽考情文，以饰治具。然非博洽该通之士，莫能尽也。臣窃见秘书省正字陈旸著成《乐书》二百卷，贯穿载籍，颇为详备。陈旸制策登科。其兄祥道亦著《礼书》，讲阅古今制度曲尽。元祐中尝因臣僚荐举，蒙朝廷给笔札、画工录其书，以付太常寺。今旸所著《乐书》卷帙既多，无力缮写以进。臣欲乞依祥道例特赐笔吏、画工三五人，写录图画进献。如蒙圣览以为可采，乞付太常寺，与祥道所著《礼书》同其施行。取进止。'正月八日，三省同奉圣旨依奏。"本部寻下太常寺抄录到元祐四年十二月二十三日敕："中书省：臣僚上言：'曾论奏乞朝廷量给纸札及差楷书、画工等，付太常博士陈祥道录进《礼书》，未蒙降敕指挥。方今朝廷讲修治具，以《礼书》为先，臣切知所撰《礼书》累岁方成，用功精深，颇究先王之蕴。然而卷帙浩大，又图写礼器之属不一，祥道家贫无缘上进。伏望圣慈特降指挥，量给纸札并差楷书三五人、画工一二人，付祥道处，俾图录进，以备圣览，必有所补。取进止。'十二月二十二日，三省同奉圣旨依奏。"内楷书许差三人、画工一人，须至公文牒请照会施行。①

"如蒙圣览以为可采"，是指对书中内容"把关"，如果过关，付太常寺，与陈祥道《礼书》共同施行。嘉祐六年（1061）十二月辛丑，宋仁宗《令两制看详

---

① （宋）许几：《差楷书画工写录乐书牒·建中靖国元年正月二十一日》，《全宋文》第 124 册，卷 2674，第 76~77 页。

天下所献遗书诏》道：

> 两制看详天下所献遗书，择其可取者付编校官覆校，写充定本，编校官常以一员专管勾定本。①

"两制"也是"把关"机构。民间人士所呈献遗书，选择其中可以保存与传播的本子，诏编校官一人重校，最终形成定本。

二、编修所

编修所"把关"活动，陈瓘政和元年（1111）六月《进四明尊尧集表》和何志同政和元年（1111）四月《郡国人物志不须入九域志奏》两文中的记载，可加以说明：

> 臣某言：臣六月初五日准通州牒，准编修政典局牒奉圣旨，取臣所著《尊尧集》。臣依禀圣旨，不敢迟滞。缘臣著撰此集，未经奏御，今具状申编修政典局，乞为缴进，合于御前开拆者。②

> 送到新汉川教授陈坤臣所进《郡国人物志》一部，合一百五十卷。送编修九域志所看详。据编修官陆修等状，看详所进《郡国人物志》包括诸史，上下千载间，文婉而事详，因成一书，可藏诸馆阁。缘汉晋郡国之境与今不同，人物往往不合，窃虑不须编入《九域志》。③

上文中，"编修政典局""编修九域志所"是图书审查机关，"编修官"是图书编撰与传播"把关人"。"窃虑不须编入《九域志》"，何至国上奏提建议不把《郡国人物志》编入《九域志》，理由是"缘汉晋郡国之境与今不同，人物往往不合"。虽是建议，实际却是"把关人"与"把关机构"取舍的标准。

---

① 《全宋文》第45册，卷983，第439页。
② 《全宋文》第129册，卷2784，第93页。
③ 《全宋文》第133册，卷2879，第293～294页。

三、检院

检院全称登闻检院,是宋代监察机构,掌管文武官员及普通百姓章奏表疏。登闻检院的信息传播功能,刘克庄《登闻检院续题名记》有明确说明:

> 前纪起绍兴庚申,迄绍定壬辰,凡九十三年,自王君习至孟君点凡八十八人。石尽而继之者未暇续也,陈君璿始与陈君缵议砻石为后记。惟古今之官不同,而登闻检院者,本先王设鼓立木遗意,不已重乎!嘉定以来,当路讳言,箝结成风;天子患之。布衣某人诣匦上书,有司以休沐不即受,被谴左迁矣,然物情顾望,犹未丕变。于是英断赫然,更化改元,举相去凶,下诏求言。在廷之士,毕输忠谠,下至草茅,人人知上意,对事辐辏,语或激讦,上亦不以为忤,亲洒宸翰,申命近臣差择而施行焉。呜乎,圣矣哉!先朝人人得言事,监门论新法,县佐议储贰,诸生谏花石,若是者不可殚纪。上方修祖宗故事,思救时弊,博通下情。君当是时,居是官,日阅天下章奏,岂无郑侠、娄寅亮、邓肃之流,其亟以告诸朝,表而出之,使后之人指君名氏而言曰:是能助端平天子开言路者。①

宋代的检院实际上也是信息的上传与下达机构,在信息的传递和沟通中起关键作用。书籍和奏章是信息沟通和交流的重要媒介,有些时候也要通过检院的审查和"把关":

> 臣闻钟山非矫,幽人蹑属于深林;衡岳虽遥,志士献书于北阙。盖行藏之有数,非狂狷所能知。中谢。伏念臣出自蔀屋之微,尝奉大廷之对。昔为冗吏,今作闲人。乃因三余,著成《百问》。上稽伊尹汤液之论,下述长沙经络之文。诠次无差,搜罗殆尽。从微至著,盖不可加。亘古及今,实未曾有。载在简册,图之丹青。思欲胶口而不传,大惧利己而无益。恐先朝露,虚弃寸阴。学古入官,既无裨于国论。博施济众,庶或广于仁风。伏惟皇帝陛下经纬之文,出自天纵,纪纲之治,成于日跻。疆宇开拓于版图,弦歌洋溢乎天下。栖神内景,属意生民。收拾人材,凡片善寸长,皆

---

① 《全宋文》第330册,卷7599,第235~236页。

有所用；勤恤民隐，虽沉疴垂老，各安其居。玉烛亘天以流离，朱草填廷而委积。湛恩滂沛，温韶下宁。致兹丘园一介之愚，亦效涓埃万分之助。蕨明大道，敷奏弥文。扬雄所怀以既章，蔡泽没齿而无憾。重惟道途修阻，巾笈护持。未免客嘲，焉令鬼泣。顾因果之有在，兹俯仰而不惭。傥合宸衷，自耆与议。特羁縻于丹灶，徙景仰乎公车。谨遣男遗直赍臣所撰书一函八册，共二十卷，躬诣检院，投进以闻。委有观采，伏乞宣付国子监印造颁行。如臣学植浅陋，违戾于经，即乞委官参详，然后布之天下，以福群生。①

"躬诣检院，投进以闻"，是向检院投递书籍，"即乞委官参详"，是对书籍内容和质量进行"把关"。书籍检验无误，即可"宣付国子监印造颁行"。书籍传播天下，被学士大夫阅读和接受，这是读书人的福祉。

此外，审查机关还有曹部、国史院等：

> 切见《乾道新书》既以颁行，自今凡有申请冲改，必先送所属曹部详议。如果合冲改，然后取旨删修。若旧法已备，止请申严者，乞更不施行。②

《乾道新书》要重新修改和编辑，先提交申请，送所管辖曹部看详、讨论。符合要求，就下旨增删、修改。不合要求，则不施行。这里，"申请冲改""送所属曹部详议"就是"把关"。

> 本院昨于王安石家取到安石手记，载熙宁初君臣遇合，相与论议天下之事。然称当时臣僚，多只一字以记其姓名，深恐异时难为晓解。请降付国史院重看详，编纂成书，庶进御易于观览。③

---

① （宋）朱肱：《进活人书表·政和元年正月》，《全宋文》第129册，卷2790，第229～230页。

② （宋）周自强：《论申请冲改乾道新书奏·乾道七年正月》，《全宋文》第219册，卷4870，第345页。

③ （宋）周穜：《乞将王安石手记付国史院编纂成书奏·元符元年四月》，《全宋文》第109册，卷2353，第14页。

王安石的书籍传播受到控制，出版他的书籍，要付国史院，对内容进行审查。

综上所述，宋代图书"把关"活动是多环节、有组织的及复杂的过程，虽然其中也有官员个人的活动，但在官府控制机制作用下，个人所起作用有限，"把关"过程及其结果，在总体上体现官府组织的方针和政策。图书生产与传播是根据一定立场、方针和政策所进行的有目的的选择和加工活动。

第二节　图书传播限制

图书传播限制中，对传播类型的限制，是限制阴阳卜筮类和元祐党人类书籍的传播；对传播机构的限制，是限制商业性书坊图书出版传播活动与某些藏书机构书籍外借；对传播地域的限制，是限制沿边地区书籍贸易活动。

一、对传播类型的限制

官府限制特定类型的书籍出版与传播，是为了进一步加强封建统治。特定类型书籍包括阴阳卜筮类书籍和元祐党人类著述两种类型。

（一）阴阳卜筮类

宋朝皇帝很重视对书籍流通与传播现象的控制，曾下诏限制特定内容、某些人物以及书坊图书的传播，形成完善和系统的宋代图书传播检查和控制制度。比如，宋太宗下诏，对天文、相术、六壬、遁甲、三命以及阴阳书进行传播控制：

> 两京及诸道州府阴阳卜筮人等，向令诸州传送至阙，询其所习，皆不通其业，无所取其所由。盖持祸福之言，于闾里间诳耀愚民，以资取信耳。自今后除二宅及《易》筮外，其天文、相术、六壬、遁甲、三命及他阴阳书，民间并不得私习。先有蓄者，限诏到一月悉以送官，限外不送及违诏私习者，悉斩。有能告者，赏钱十万。州县吏匿不以闻者，亦重真其罪。①

---

① （宋）宋太宗：《禁天文相术六壬遁甲三命及阴阳诏书·太平兴国二年十月甲戌》，《全宋文》第4册，卷63，第40页。

宋太宗此诏规定，天文、相术、六壬、遁甲之特定内容书籍，民间士人不得私自学习，刻书机构不得私自传播。之前有私自收藏者，在一个月期限内，必须送交官府，逾期不交者，有杀身之祸。检举揭发者，赏钱十万。地方官员隐藏不报，要治以重罪。可见，宋朝对此类书籍的出版与传播规定相当严格，传播制度相当细致和完备。通过明确的赏罚制度，来限制出版自由和传播自由。宋真宗景德元年（1004）也下诏禁绝象纬之书。

> 象纬之书，典法所禁，戒其私习，抑有旧章。近闻士庶之间，显行星算之术，既资奔竞，□□□□，特示明文，用惩薄俗。宜令所在告示管内，除先准敕有□阴阳十筮书外，应玄象气物、天文星算、相术图谶、七曜太乙雷公式、六壬遁甲并先停废诸算历，私家并不得停留及衷私传习，有者限一月陈首纳官，逐处官吏焚毁讫奏。敢违犯隐藏者，许诸色人论告，其本犯人处死，论告人给赏钱十万。逐处星算技术人，并送赴阙，当议安排；瞽者不在此限。①

宋真宗鼓励官民揭发检举私习相术、星算之术的人：揭发之人，赏钱十万；被揭发之人，惩罚非常严厉，重者处死。宋真宗景德三年（1006）又下诏禁止出版天文、兵书：

> 天文、兵法，私习有刑，著在律文，用防奸伪。顾兹群小，尚或有违，将塞异端，宜惩薄俗。两京、诸路管内，除准敕合留阴阳卜筮书外，应玄象器物、天文星算、相术图书、七曜历、太乙雷公式、六壬遁甲、兵书、先诸家历算等，不得存留及衷私传习，有者限一月陈首纳官，释其罪，令官吏当面焚毁讫奏。限满不首，隐藏违犯，并当处死；内有私为言狂惑，言及灾异，情理重者，当行处斩，论告者赏钱百千。逐处有星算术数人，并部送赴阙，令司天监试验安排，瞽者不在此限。②

---

① （宋）宋真宗：《禁习天文星算相术图谶诏·景德元年正月辛》，《全宋文》第11册，卷221，第98～99页。
② （宋）宋真宗：《禁天文兵书诏·景德三年四月己亥》，《全宋文》第11册，卷227，第230页。

对于出版和传播，除了准敕出版的阴阳卜筮书籍之外，其他书籍都不允许私自收藏、传播、阅读和学习。在一个月内主动自首者，不追究罪行；超过一个月不自首者，处死；情节严重者，当行处斩；检举揭发者，赏钱百千。禁止天文、相术等书籍出版和传播，原因在于"用防奸伪"。

宋真宗于景德元年（1004）正月、景德三年（1006）四月、景德三年（1006）九月三次下诏，限制书籍传播活动。可见宋真宗对书籍传播事业相当重视。真宗详细规定可以传播的书籍和不能传播的书籍，规定非常细致、具体。

（二）元祐党人类

宋哲宗绍圣年间，元祐学术遭到排斥，三苏、苏门四学士的文学、二程理学和司马光、范祖禹的史学都受到冲击。"作为北宋后期新旧党争的产物，元祐学术不是某一学派的自称，而是具有敌意的他称，是绍述新党排斥政敌所使用的专门术语；在内容上，它通过蜀、洛、朔三党'相羽翼以攻新说'，糅合了蜀学、洛学、朔学三大学派中某些想通的经学思想，并辐射到文学、史学、制度等多个文化层面"①。

北宋党争对文化传播的打击很深：文学方面，朝廷禁止相关诗赋创作与传习，明确规定"士庶传习诗赋者，杖一百"②。诗赋传播主体受到打击和迫害，严重妨碍文学传播与发展。科举考试重经义、废诗赋。洛学方面，禁止传播二程文字及图书，"追毁程颐出身以来文字，其所著书，令监司察觉"③。以至于程颐迁居到洛阳龙门之南，不允许各地学生来求教，"尊所闻，行所知可矣，不必及吾门"④。

> 窃观元祐党籍及元符上书人，其硕大光明者既以尽录，亦有姓名不熟于人，而多故之后无籍以考。乃绍兴之元下诏访求，有黄策者以蔡京所书党碑及国子监所印党籍、上书人姓名录白来上，付在有司。而遭罹火灾，又已不存。问有其子孙应令自陈者，乃以胥史私抄之本定其是非，一字之

---

① 沈松勤：《论"元祐学术"与"元祐叙事"·中华文史论丛·第88辑》，上海古籍出版社2007年版，第202～214页。
② （宋）叶梦得：《石林燕语·卷九》，中华书局1984年版，第141页。
③ （元）脱脱等撰：《宋史·卷十九·徽宗纪一》，中华书局1985年版，第367页。
④ （宋）程颢、程颐，王孝鱼点校：《二程集》，中华书局2006年版，第343页。

间，予夺随之。乞诏令吏部寻访其本，缴申左右司审验讫，送本部照使。①

宋徽宗崇宁年间，蔡京专权，不仅迫害元祐党人，连元祐党人的诗赋也禁止传习。宋徽宗对相关书籍传播的控制更是严格，多次下令限制出版一些人的书籍："三苏、黄、张、晁、秦及马涓文集，范祖禹《唐鉴》、范镇《东斋记事》，刘攽《诗话》、僧文莹《湘山野录》等印板，悉行焚毁"②；"元祐系籍人等石本，已令除毁讫。所有省部元镂印板并颁降出外名籍册，并令所在除毁，付刑部疾速施行"③；"今后举人传习元祐学术，以违制论，印造及出卖者，与同罪，著为令。见印卖文集，在京令开封府，四川路、福建路令诸州军毁板"④；"程颐追毁出身以来文字，除名，其入山所著书，令本路监司常切觉察"⑤。元祐党人的文集出版传播活动受到严格限制。

二、对传播机构的限制

官府对传播机构的限制，包括限制商业性书坊书籍出版传播和严格控制藏书机构书籍外借两种情况。

（一）书　坊

宋朝统治者通过诏令明令禁止书坊书籍传播。比如宋光宗在绍熙元年（1190）三月八日下《禁雕卖策试文字诏》，限制图书流通与传播：

> 建宁府将书坊日前违禁雕卖策试文字日下尽行毁版，仍立赏格，许人陈告。有敢似前冒犯，断在必行；官吏失察，一例坐罪。其余州郡无得妄

---

① （宋）陈与义：《乞寻访元祐党籍及元符上书人姓名定本奏·绍兴四年二月十六日》，《全宋文》第182册，卷3985，第55页。
② （宋）宋徽宗：《焚毁三苏文集等印板诏·崇宁二年四月乙亥》，《全宋文》第163册，卷3553，第323页。
③ （宋）宋徽宗：《除毁元祐系籍人印板及名籍册诏·崇宁五年正月癸丑》，《全宋文》第164册，卷3560，第29页。
④ （宋）宋徽宗：《禁元祐学术诏·宣和五年七月十三日》，《全宋文》第166册，卷3615，第148页。
⑤ （宋）宋徽宗：《追毁程颐出身以来文字诏·崇宁二年四月戊寅》，《全宋文》第163册，卷3553，第323页。

用公帑,刊行私书,疑误后学,犯者必罚无赦。①

该诏专门针对建宁府书坊刊刻、售卖科举考试用书的现象,下令禁止。规定其他州郡不得乱用公款,刻印私书,以免影响后学。

> 四川制司行下所属州军,并仰临安府、婺州、建宁府照见年条法指挥严行禁止。其书坊见刊板及已印者,并日下追取,当官焚毁,具已焚毁名件申枢密院。今后雕印文书,须经本州委官看定,然后刊行。仍委各州通判专切觉察。如或违戾,取旨责罚。②

该材料主要针对四川、浙江、福建等全国主要印刷与出版中心做出的规定,其中也包括建宁府书坊。对建宁府书坊印书,实行严格的图书检查制度。宋宁宗出台的出版传播政策:

> 令诸路帅宪司行下逐州军,应有书坊去处,将事干国体及边机军政利害文籍,各州委官看详。如委是,不许私下雕印,有违见行条法指挥,并仰拘收,缴申国子监,所有板本日下并行毁劈,不得稍有隐漏及凭藉骚扰。仍仰江边州军常切措置关防,或因事发露,即将兴贩经由地分及印造州军不觉察官吏根究,重作施行。委自帅宪司严立赏牓,许人告捉,月具有无违戾闻奏。③

皇帝下诏书,直接禁止书坊从事图书出版与发行业务,这是代表国家的图书出版控制政策。臣子奏书,也禁止书坊书籍传播:

> 窃见向来臣僚奏请,凡书坊雕印时文,必须经监学官看详。比年所刊,醇疵相半,未足尽为楷则。策复拘于近制,不许刊行。④

---

① 《全宋文》第283册,卷6417,第72页。
② (宋)宋光宗:《严禁雕印奏章封事程文诏·绍熙四年六月十九日》,《全宋文》第283册,卷6421,第140~141页。
③ (宋)宋宁宗:《禁雕印事干国体及边机军政利害文籍诏·嘉泰二年七月九日》,《全宋文》第302册,卷6897,第197页。
④ (宋)黄由:《乞选刊程文奏·庆元五年正月》,《全宋文》第284册,卷6461,第399页。

>近年以来，诸路书坊将曲学邪说、不中程之文擅自印行，以瞽聋学者，其为害大矣。望委逐路运司差官讨论，将见在板本不系六经子史之中，而又是非颇缪于圣人者，日下除毁。①

>诸州民间书坊收拾诡僻之辞，托名前辈，辄自刊行，虽屡降指挥禁遏，尚犹未革。欲申严条制，自今民间书坊刊行文籍，先经所属看详，又委教官讨论，择其可者许之镂版。②

>建州郡或军乡镇民间，或以非僻之书妄行开印，乞委州县检察止绝。③

>建州近日刊行《司马温公记闻》，其间颇关前朝政事。窃缘曾祖光平日论著即无上件文字，妄借名字，售其私说。④

书坊出版书籍实行严格"把关人"制度，图书的刊印先要经过所管辖部门"看详"，然后经教官"讨论"，最终择取可以传播的内容雕印。

（二）藏书机构

宋朝藏书机构规定书籍不让外借，实际上也是限制图书传播。嘉泰四年（1204）十月，曾以龙《乞馆阁藏书不许借出奏》道：

>恭惟国家自中兴以来，崇儒尚文，载新馆阁，诏访缺遗，凑泊来上，郁郁之风，超越前古。绍兴初，尝因儒臣奏请，严借书之禁，绍兴间又尝申训之，今具存也。然循习既久，士大夫视为文具，宛转而求借者甚众，久假不归，恶知非有或遭遗漏，书不复存。此其事若缓而不切，然所关于

---

① （宋）赵公传：《乞除毁书坊不经之书板奏·绍兴十七年六月》，《全宋文》第193册，卷4254，第104页。
② （宋）孙仲鳌：《乞民间书访镂板先经看详讨论奏·绍兴十五年十二月十七日》，《全宋文》第198册，卷4378，第151～152页。
③ （宋）曹绂：《乞止绝妄印非僻之书奏·绍兴二十五年七月》，《全宋文》第209册，卷4648，第377页。
④ （宋）司马伋：《建州借名刊行司马温公记闻奏·绍兴十五年七月二日》，《全宋文》第225册，卷4995，第139页。

国家文物者甚大，不可不为之虑也。盖今馆阁之所藏，较之《崇文总目》，虽亦粗备，而昔之所有，今之所无者，亦什二三，纵未暇下求遗书之诏，独可不严藏书之禁乎？臣愚欲望圣慈申严旧制，除本省官关就省中校勘外，并不许借出。如辄借出，以违制论。仍令本省长贰，每月轮委以次官不时点视，如点阁之法，庶几册府崇严，典籍森备，其于圣世右文之治，诚非小补。①

曾以龙看到，馆阁书籍被人借出的很多，归还的却很少，他提出馆阁书籍不准借出的建议。之所以提出控制馆阁图书传播的请求，是因为此事"关于国家文物者甚大，不可不为之虑也"。绍定元年（1228），叶禾上《秘书省严借书之制奏》曰：

曩者监臣有请严借书之禁，以防篇帙之散失，详印记之文，以为图书之辨证，模式样于册，以虞器之换易，条束具存，足为永便……近之士夫，至有借出馆书，携而去国者，是久假不归，恶知其非有也。有人所未见之书，私印其本，刊售于外者，是以秘府之文，为市井货鬻之利也。臣奉职之初，肃恭点阅，及往诸库检视，类皆因循弛慢，荡无缄镝，而启闭出入，一付吏手，展转不革，弊将滋甚，岂不重为文物之蠹乎！②

书籍被借出，流传到境外，被境外藏家所收藏。还有的书籍，"私印其本，刊售于外者"。叶禾感到可惜，认为这是"文物之蠹"。建议朝廷严格借书制度，避免流传到其他国家和地区。

三、对传播地域的限制

宋朝官府限制传播地域，突出表现为控制沿边地区图书贸易活动，禁止图书向境外传播。宋朝最高统治者对涉及国家重要信息的文字、书籍十分谨慎。宋真宗、宋仁宗、宋神宗专门下诏，严格控制沿边书籍贸易活动，限制书籍流向境外。

---

① 《全宋文》第303册，卷6915，第51页。
② （宋）叶禾：《秘书省严借书之制奏·绍定元年》，《全宋文》第292册，卷6649，第233页。

> 民以书籍赴沿边榷场博易者，自非九经书疏，悉禁之。违者案罪，其书没官。①

> 访闻在京无图之辈及书肆之家，多将诸色人所进边机文字镂板鬻卖，流布于外，委开封府密切根捉，许人陈告，勘鞫闻奏。②

> 诸榷场除《九经》疏外，若卖余书与北客，及诸人卖与化外人书者，并徒三年，引致者减一等，皆配邻州本城，情重者配千里。许人告捕给赏。著为令。③

> 辽人方在馆，而此书滋多，脱流播外国者非便，亟为捕之。④

宋朝沿边地区设有榷场，从事边贸活动，书籍贸易也在其列。沿边地区书籍买卖只限"九经书疏"，其他不符合要求的书籍，则禁止发行。违犯者，其人论罪处理，其书也要被官府没收。大观二年（1108）三月十三日，宋徽宗针对文集中夹带重要、机密信息的情况，发布诏令，严令禁止，对类似文集传播到境外的情况加以限制和规范：

> 访闻虏中多收蓄本朝见行印卖文集书册之类，其间不无夹带论议边防兵机夷狄之事，深属未便。其雕印书铺，昨降指挥，令所属看验，无违碍，然后印行。可检举行下，仍修立不经看验校定文书擅行印卖告捕条禁颁降。其沿边州军仍严行禁止，应贩卖藏匿出界者，并依铜钱法出界罪赏施行。⑤

---

① （宋）宋真宗：《非九经书疏禁沿边榷场博易诏·景德三年九月壬子》，《全宋文》第11册，卷228，第256页。
② （宋）宋仁宗：《禁将边机文字镂板鬻卖诏》，《全宋文》第44册，卷962，第437页。
③ （宋）宋神宗：《禁卖书与化外人诏·元丰元年四月庚申》，《全宋文》第115册，卷2479，第107页。
④ （宋）宋神宗：《谕王安礼捕匿名书者诏·元丰五年四月》，《全宋文》第116册，卷2505，第206页。
⑤ （宋）宋徽宗：《严禁擅行印卖文集诏·大观二年三月十三日》，《全宋文》第164册，卷3568，第142～143页。

涉及军事机密类的书籍在外境广泛流传，不利于朝廷治理。朝廷大臣看到此种情况，不无担忧，纷纷上书表达自己意见——希望朝廷禁止此类书籍的传播。欧阳修和苏辙就是如此：

> 臣伏见朝廷累有指挥禁止雕印文字，非不严切，而近日雕版尤多，盖为不曾条约书铺贩卖之人。臣窃见京城近有雕印文集二十卷，名为"宋文"者，多是当今论议时政之言。其首篇是富弼往年让官表，其间陈北虏事宜甚多，详其语言，不可流布。而雕印之人不知事体，窃恐流布渐广，传入虏中，大于朝廷不便。①

> 本朝民间开版印行文字，臣等窃料北界无所不有。臣等初至燕京，副留守邢希古相接送，令引接殿侍元辛，传语臣辙云："令兄内翰谓臣兄轼《眉山集》已到此多时，内翰何不印行文集，亦使流传至此？"及至中京，度支使郑颛押宴，为臣辙言先臣洵所为文字中事迹，颇能尽其委曲。及至帐前，馆伴王师儒谓臣辙："闻常服伏苓，欲乞其方。"盖臣辙尝作《服伏苓赋》，必此赋亦已到北界故也。臣等因此料本朝印本文字多已流传在彼，其间臣僚章疏及士子策论，言朝廷得失，军国利害，盖为不少。兼小民愚陋，惟利是视，印行戏亵之语，无所不至。若使尽得流传北界，上则泄露机密，下则取笑夷狄，皆极不便。②

欧阳修觉得，书籍中的重要信息不应该传播到"虏中"，否则，"大于朝廷不便"。在这篇文章中，欧阳修表达自己深深的忧虑。苏辙札子说到，"三苏"文字及书籍早已传到"北界"，在"北界"知名度很高，广受"北界"读者欢迎。苏辙并不因此高兴，反而对书籍传播到北界有所担心和顾虑。认为这些书籍"若使尽得流传北界，上则泄露机密，下则取笑夷狄，皆极不便"。

苏轼更是强烈反对书籍向境外传播。他认为，特定书籍传播到高丽，有百害而无一利，希望朝廷限制书籍跨境传播。他连上三篇《论高丽买书利害札子》。

> 近者因见馆伴、中书舍人陈轩等申乞尽数并勒相国寺行铺入馆铺设，

---

① （宋）欧阳修：《论雕印文字札子》，《全宋文》第32册，卷686，第226页。
② （宋）苏辙：《北使还论北边事札子五道之一·论北朝所见于朝廷不便事·元祐五年正月》，《全宋文》第94册，卷2059，第358～359页。

第四章 宋代闽本图书传播控制

以待人使买卖，不惟徒市动众，奉小国之陪臣，有损国体，兼亦抑勒在京行铺，以资吏人广行乞取，弊害不小。所以具申都省，乞不施行。其乖方作弊官吏，并不蒙都省略行取问。今来只因陈轩等不待礼部申请，直牒国子监收买诸般文字，内有《册府元龟》、历代史及敕式。国子监知其不便，申禀都省送下看详……臣闻河北榷场，禁出文书，其法甚严，徒以契丹故也。今高丽与契丹何异？若高丽可与，即榷场之法亦可废。兼窃闻昔年高丽使乞赐《太平御览》，先帝诏令馆伴以东平王故事为词，却之。近日复乞，诏又以先帝遗旨不与。今历代史、《册府元龟》，与《御览》何异。臣虽知前次曾许买《册府元龟》及《北史》，窃以谓前次本不当与，若便以为例，即上乖先帝遗旨，下与今来不赐《御览》圣旨异同，深为不便。①

检会《元祐编敕》，诸以熟铁及文字禁物与外国使人交易，罪轻者徒二年。看详此条，但系文字，不问有无妨害，便徒二年，则法意亦可见矣。以谓文字流入诸国，有害无利。故立此重法，以防意外之患。前来许买《册府元龟》及《北史》，已是失错。古人有言："一之谓甚，其可再乎？"今乃废见行《编敕》之法，而用一时失错之例，后日复来，例愈成熟，虽买千百部，有司不敢复执，则中国书籍山积于高丽，而云布于契丹矣。臣不知此事于中国得为稳便乎？②

臣所忧者，文书积于高丽，而流于北虏，使敌人周知山川险要、边防利害，为患至大。虽曾赐予，乃是前日之失，自今止之，犹贤于接续许买，荡然无禁也。

（贴黄）今来朝旨，止为高丽已曾赐予此书，复许接续收买。譬《编敕》禁以熟铁与人使交易，岂是外国都未有熟铁耶？谓其已有，反不复禁，此大不可也。③

苏轼不仅建议对书籍海外传播活动进行限制，还要求对从事海外书籍贸易的书商也加以控制和管理：

---

① 《全宋文》第 87 册，卷 1881，第 138 页。
② 《全宋文》第 87 册，卷 1881，第 142 页。
③ 《全宋文》第 87 册，卷 1881，第 143 页。

> 臣任杭州日，奏乞明州、杭州今后并不得发舶往高丽，蒙已立条行下。今来高丽使却搭附闽商徐积船舶入贡。及行根究，即称是条前发舶。臣窃谓立条已经数年，海外无不闻知，据陈轩所奏语录，即是高丽知此条。而徐积犹执前条公凭，影庇私商，往来海外，虽有条贯，实与无同。欲乞特降指挥，出榜福建、两浙，缘海州县，与限半年内令缴纳条前所发公凭，如限满不纳，敢有执用，并许人告捕，依法施行。①

有些书籍之所以在境外普遍传播与售卖，主要是因为有利可图。书商为了利益，不惜铤而走险。"此等文字贩入虏中，其利十倍。人情嗜利，虽重为赏罚，亦不能禁"②，利益驱动是书籍传播到界外的根本原因。

宋代朝廷实行严格图书审查与控制制度，从表面上看，图书出版活动毫无自由。其实并非如此。有些时候，越是审查与禁止，图书传播越普遍。

> 恭惟国家祖功宗德超寇百王，具贤实能远蹦前代。史馆成书有《三朝国史》《两朝国史》《五朝国史》，莫不命大臣以总提，选鸿儒以撰辑，秘诸金匮，传写有禁。近来忽见有本朝《通鉴长编》《东都事略》《九朝通略》《丁未录》，与夫语录、家传，品目类多，镂板盛行于世。其间盖有不曾彻圣听者，学者亦信之。然初未尝经有司之订正。乞尽行取索私史，下之史馆，公共考核，或有裨于公议，即乞存留，仍不许刊行，自余悉皆禁绝。如有违戾，重寘典宪。③

一方面，对《国史》之类书籍，实行严格限制，禁止传抄。另一方面，在社会上、私人间，又有此类书籍的传播和流通。这充分说明，传播自由和传播控制本身就是一对不可调和的矛盾。朝廷对书籍传播活动进行审核和把关，通过控制书籍流传来控制公众舆论，反映朝廷重视舆论导向。这种以儒家经典书籍出版与传播为主流的舆论导向，深深契合当时宋朝社会主流价值观。

---

① （宋）苏轼：《论高丽买书利害札子》，《全宋文》第87册，卷1881，第139页。
② （宋）苏辙：《北使还论北边事札子五道之一·论北朝所见于朝廷不便事·元祐五年正月》，《全宋文》第94册，卷2059，第359页。
③ （宋）赵彦卫：《乞取索私史下史馆考核奏·嘉泰二年二月》，《全宋文》第254册，卷5715，第285页。

第五章　宋代闽本图书序跋传播

序跋是图书的有机组成部分，具有文献、文体与文学价值。若从传播理论来看，序跋还具有重要的传播价值，其传播价值往往能够超越其他方面的价值。序跋在图书中，虽然是以"副文本"的形式存在，但在某些时候，可以起到"广告"作用，产生"广告"效应，甚至是越俎代庖、反客为主，成为"主文本"。

第一节　图书序跋的传播价值

宋代图书都有序跋，图书序跋创作与刊布呈现空前繁荣的局面。宋代序跋创作有三个特点：一是创作人数多，几乎每个文人都有数量不等的序跋问世。这些序跋作者，有知名作家，也有不知名作家，还有普通人。二是创作篇数多，据统计，宋代流传下来的序跋有三千多篇，其数量远远超过宋朝之前的任何朝代，刘克庄、周必大、陆游等文人创作的序跋达到几百篇。三是形式不拘一格，有的纵横恣肆、跌宕起伏，达到几千字，有的则只有寥寥数语，简洁明快，字数屈指可数。

宋代图书的序跋大多是自序或作者同时代友人所撰，其中保存很多作者及与作者交往人员的材料、图书出版传播的信息，这是建构宋代闽本图书传播史的重要文献。序跋不仅有文献价值、文体价值、文学批评价值，更有传播价值：

首先，作家求写序跋这一活动，本身就是人际传播。文集序跋是沟通作家、作品、读者的桥梁和纽带，是书籍传播的幕后推手。序跋是传播媒介，能提供作家、作品的丰富信息，这种信息需要读者解读、阐释。

其次，序跋对作者生平事迹、逸闻趣事的介绍以及对作品、作家的评论，本身就是读者所感兴趣的，读者容易接受，对读者而言，也更能产生传播效果。

再次，普通作家请知名作家题写序跋，本身就是一种"名人效应"。这种"名人效应"是无形资产，能够快速提高作家的知名度和美誉度，增强作品的传播力和影响力。"夙夜用惧，奈何遗孤人地凡冗，念非推借于名公巨人，则无以增重其价而铿鋿震耀斯人之耳目"①。题写序跋这种形式，从传播的角度来看，就是广告，宋人采用序跋广告形式进行传播，是闽本图书传播的策略。

第二节　序跋作为一种副文本传播

图书序跋是一种副文本，副文本概念由法国文艺理论家热拉尔·热奈特最先提出。1979 年出版的《广义文本之导论》一书中，热奈特讨论"跨文本性"时提出"副文本性"这　术语。1982 年，热奈特又对"副文本"的内涵和功能做出精确的说明：

> 副文本如标题、副标题、互联型标题；前言、跋、告读者、前边的话等；插图；请予刊登类插页、磁带、护封以及其他附属标志，包括作者亲笔留下的还有他人留下的标志，它们为文本提供了一种变化的氛围，有时甚至提供了一种官方或半官方的评论，最单纯的、对外围知识最不感兴趣的读者难以像他想象的或宣称的那样总是轻而易举地占有上述材料……它大概是作品实用方面，即作品影响读者方面的优越区域之一——尤其是，自从菲力浦·勒热纳关于自传的研究以来，人们乐于称作体裁协约的区域……在这方面，草稿、各种梗概和提纲等"前文本"形式，也可以发挥副文本的功能……我们由此可以看出，副文本性尤其是种种没有答案的问题的矿井。②

副文本也叫"辅文本"，就是围绕、穿插在正文本周边的各种信息。一般研究认为，副文本处于边缘的地位，它只对正文起辅助、补充说明。从传播学的角度看，它对中心的贡献、制约，乃至控制作用不可小觑，它们参与文本的传播、理解和接受，影响传播的效果。"序跋中的评判话语成为一种'前理解''期待视野'，影响着读者对作品的接受。序跋的累积过程，是读者审美经

---

① （宋）华初成：《云溪居士集跋·绍兴十三年九月一日》，《全宋文》第 192 册，卷 4226，第 55 页。

② （法）热拉尔·热奈特著，史忠义译：《热奈特论文集》，百花文艺出版社 2001 年版，第 71～72 页。

验不断丰富或变异的过程。"① 副文本还可以越俎代庖，反客为主，起到和主文本一样的传播功能。甚至超越主文本的传播功能，起到主文本不能起到的作用。因此，图书副文本的传播价值不容忽视，对其传播功能的讨论越来越受到重视。

序跋是副文本，是图书不可缺少的组成部分，它往往和图书具体内容一起进入读者的视界。相比较而言，读者一般先阅读序跋，再接受正文。所以，序跋在图书传播与接受方面的地位与功能十分强大。也正因为如此，宋人也十分重视序跋。

作家、作品、传播、接受是文学活动的完整、连续的过程。文集、图书都要经过传播与接受活动。宋代雕版印刷普及，馆阁刻书、私人刻书、书坊刻书、佛寺道观刻书、书院刻书共存，文集、图书、文学的传播速度和广度，前代只能望其项背。宋人几乎每家都有文集面世，每部文集必有序跋。可以说，一部文集的历代序跋，就是该文集的编辑史、出版史，也是该文集的传播史与接受史。因此，文集序跋是考察图书传播活动最直接、最有说服力的材料。

当然，也有的宋人不重视序跋的传播功能。比如，姚勉《秋崖毛应父诗序》就宣称："诗不以序传也。三百五篇皆有序，朱夫子犹使人舍序而求诗，序不足据也，姑舍是。后世诗亦尔。杜子美、李太白、白乐天，唐诗人之冠冕者，各以其诗传，不以元微之、李阳冰序传也。诗不以诗传，以人传也。人可传，诗必可传矣……应父诗思清而句逸，生于剑川，钟泉阿之英，其人品自异。他日所进未已，能如六君子之可传，诗不患不传也，又安用序？"② 姚勉认为，序本身的传播价值不足据，诗写得好与不好，能不能传播，能传播多久和多远，这与作者的才气、人品有关。

对于作序，宋人也有自己的认识和选择。比如，刘克庄就认为，作序的人要和作者本人的学识水平不相上下，在作者自己的研究领域里面也要比较精通。"古作者皆自传其文，不托人以传也。托人以传者，必其人之文与我相上下，如刘之序柳，苏之序欧，然后无愧。若赵得之序韩，殆似以筳撞钟、蠡测海矣"③，说的就是这个观点。

刘克庄还指出，诗人喜欢向四类人请序，他们是名节人、学问人、文章人、功名人。这些人是诗人巴结的主要对象。但是，这些人并不以写诗、品诗

---

① 刘秋彬：《宋人所撰诗文集序研究》，河北师范大学博士论文2014年，第15页。
② 《全宋文》第351册，卷8134，第449页。
③ （宋）刘克庄：《杨彦侯集序》，《全宋文》第329册，卷7570，第156页。

为主，对于诗歌的深浅，他们也不一定真正懂得。即使评论，也抓不到要害，只能隔靴搔痒。对诗歌进行评价需要诗人，"诗必与诗人评之。今世言某人责名揭日月，直声塞穹壤，是名节人也；某人性理际天渊，源派传濂洛，是学问人也；某人窥姚、姒，逮庄骚，摘屈宋；熏班马，是文章人也；某人万里外建侯，某人立谈取卿相，是功名人也。此数项人者，其门挥汗如雨，士群趋焉，诗人亦携诗往焉。然主人不习为诗，于诗家高下深浅，未尝涉其藩墙津涯，虽强评，要未抓着痒处"①。在这里，刘克庄指出诗人写诗、懂诗、评诗的观点。

舒岳祥则指出，四种人不可作序——"富贵者""贫贱者""奇锐者""衰老者"。"盖富贵者，真识憒然，夫以科举寸晷之长猎取显仕，一生学问不出是矣，安能剂量诗人之铢两也？贫贱者，正气索然，酷边炊畔，毁誉失实，安能为人轩轾乎？不特评之者之妄，而求之者亦甚微薄矣。少锐者，真识未定，新涉笔墨行闲，安知古人之要眇！雏鸟习飞，自谓已冥鸿举矣，肆口谈论，固先生长者之所羞也。衰老者，正气已耗，方畏人之议已，而求所以自媚于后生者，故立论多恕，而拟人非伦。故非有真识不能以知人，非有正气易至于失已"②。舒岳祥总结了四种不可作序之人的特点，并分析其中之原因。

有人对作序这种普遍现象持理性态度，并对宋人请序、作序现象进行反思。比如卫宗武，其《刘药庄诗集序》说："古之人締章绘句以擅名于当世，后之作者为之序，非故交则门人。又否则诵其诗、味其辞，敬慕油然于中而发扬赞美蔚然于外，不能自已者也。今则不然，凡遣兴于风云月露，寄情于草木华实，有片言只字之长，则必属诸人侈大张皇，以求闻于时。而其人望实足以轩轾人物，则亦不敢不徇其情。苟矫世咈情，则咸谓雅量不弘，不足为时人表厉。"③作者把宋人作序的现象与前人进行对比，认为古人写文章讲究字斟句酌，以经典的标准来要求自己，以求流传后世。请人作序，作序者要么是故交，要么是"以求闻于时"，作序者对作品进行吟诵、品味，"敬慕油然于中而发扬赞美蔚然于外，不能自已者也"。今人则不同，今人文章即使只言片语，也是大张旗鼓。可见，作者对今人作序及请人作序这种虚张、奢靡之风持反对态度。

同样，姚勉《再题俊上人诗集》中，也对此种现象有深刻的认识，对此种风气进行了抨击："此江湖缪妄诗客索游者之所为也。方其能吟数语，粗知有韵之厌平，多未识李、杜、苏、黄门径，即诧然自足，号为'诗客'。持其巨编长

---

① （宋）刘克庄：《题刘澜诗集》，《全宋文》第330册，卷7587，第25页。
② （宋）舒岳祥：《俞宜民诗序》，《全宋文》第353册，卷8161，第3页。
③ 《全宋文》第352册，卷8148，第235页。

轴，求有官衔人序之跋之。间有颜面柔软，不能拂人情者，往往强徇其意。得之者辄号于人曰：'某已得某名公序且跋矣。'由是欲列于名公者，续续而次之，至有序跋多于诗者。夫序与跋固信皆名公也，如吾诗之未足以名，何徒资识者醒睡一笑耳！是之谓不成人之美，成人之恶"①。姚勉认为，这些所谓"诗客"，只是懂点皮毛，根本就不真正理解诗歌，也未进入诗歌的门径，请有官衔的人来作序跋，为获得高知名度，求序的人往往拉大旗作虎皮，金玉其外、败絮其中。作序的人，即使是名人，序跋也写得很好，这种行为也不是"成人之美"，反而"成人之恶"。

除了序跋之外，文集后面所附的行状、墓志、神道碑铭、传记、祭文、挽辞等纪念性的文字也是副文本。②有利于读者进一步地了解作者，加深对文本的理解。

第三节　图书序跋的传播策略

从传播的角度看，宋代图书序跋内容里面体现丰富的传播方法和策略。归纳起来，主要体现在四个方面：第一，序跋中直接交代编集的"传播"目的；第二，自序中采用谦虚的表达方式；第三，他序中采用赞美的表达方式；第四，序跋中交代序者与作者的交往经过。

一、序跋中交代编集的目的

一般来说，编辑书籍最直接的目的就是让书籍传播。张敦颐在绍兴二十七年（1157）十月《唐史论断后序》中说："朅来掌教延平，会朝廷宽镂书之禁，应本朝名士文集有益于学者，皆许流传。乃出此书，与学录郑待聘参考旧史，重加审订，锓木于泮宫，以与学者共焉。"③张敦颐认为，有益于学者的文集，都可以刊刻传播，把知识和思想分享给学者。

宋代文集的序跋，在交代编辑与刊刻过程及对人、对书的评价之后，往往都会附带加上"以广其传""人传其学""与学者共焉""传之永久"等语，蕴含着让书籍传播的含义。比如真志道在《学庸集编序》：

---

① 《全宋文》第351册，卷8134，第452页。
② 王岚：《宋人文集编刻流传丛考》，江苏古籍出版社2003年版，第5页。
③ 《全宋文》第187册，卷4120，第267～268页。

《大学中庸集编》，先公手所定也。公每晨起，坐堂上，炷香开卷，必点校一章，从而演说其义，子侄皆立侍焉。既终篇，呼志道而前，告之曰："大学中庸之书，至于朱子而理尽明，至予所编而说始备。虽从《或问》《辑录》中出，然铨择刊润之功亦多，闲或附以己见。学者傥能潜心焉，则有余师矣。然又须先熟乎诸书，然后知予用功深，采取精。此亦自博而约之义也。"志道拜受此书，铭记于怀，于今三纪，不敢失坠，挈之郭居，闲以语同志，而郡博士谢君闻之，来请甚勤，且曰："刊之泮宫，俾家有其书，人传其学，岂不公溥？"志道有感其言，遂出授之，且著其说于下方，使得此书者必深思而力践之，斯为善读，庶亦不负谢君私淑之意。谢君，莆之名士，于斯道有闻，故于学政知所先务云。如《论语孟子集注》，虽已点校，而集编则未成。①

真志道，浦城（今福建浦城）人，真德秀之子。曾在南剑州（今福建南平）做税务官，官至户部侍郎。《大学中庸集编》为真德秀所编，真德秀每日晨起，点香毕，则点校一章。点校完成后，叫子侄过来，皆站立周围，给子侄演说书中内容。此书经过日积月累而编成。真志道交代编纂此书是为了"俾家有其书，人传其学"。类似交代书籍刊刻为了传播目的序跋文章还有：

凡所著作流布于人间者，孰不珍藏而喜读之！曩者洪君出守仪真，固尝镂板以惠学者，比以兵火蹂践，散失殆过其半。晓不忍斯文之坠，因学粮之余，搜访旧本，命工补阙，庶可传之永久。在晓虽不能继三箧之美誉，而亦可以足四部之藏也欤。②

又以为未也，则又访灌园先生吕次儒之文，编摩校勘，刊定镂板，以传永久。次儒好学能文，出于天性。苦节自守，不肯妄求。前辈乡先生皆爱其文而服其行。呜呼，公之刊此文也，岂直为好事哉？将以劝千里士君子笃于学，而志于文，周旋于道，而不改其操者。公于政术既如彼，于教

---

① （宋）真志道：《学庸集编序》，《全宋文》第356册，卷8252，第283～284页。
② （宋）宋晓：《重刻丹阳集题后·隆兴元年五月》，《全宋文》第197册，卷4345，第4页。

化又如此，可谓贤矣。①

先生讳令，字逢原。少有英誉，大丞相王文公深器重之。旬月不见，即以诗思之，曰"力排异端谁助我，憶见夫子真奇材"，概可知矣。先生富学该博，十七史书莫不通究。其间圣君、贤相、忠臣、义士、文人、武夫、孝子、烈妇，功业事实以类纂集，参为对偶，联以音韻，分为十六卷，目曰"十七史蒙求"，以资记诵讨论。惜乎蚤世，其书湮没不传。余昨自吴中寻访得所遗文十卷，见已刊行。今复得此书，难以自秘，当与学者共之，用传不朽。②

上文中所说"著作流布于人间""固尝镂板以惠学者""庶可传之永久""刊定镂板，以传永久""当与学者共之，用传不朽"，都直接表明，书籍编纂是为了传播。乾道六年（1170）十月，沙县（今福建沙县）人张夔在《栟榈居士集跋》中明确指出，邓肃文集出版的直接目的就是"锓板远传，与学者共"及"以托不朽之传"：

士之特立独行、有所用于世以知名海内者，顾所学所养如何耳。皇宋中叶以舍法取人，居庠序者急利禄计，竞以老、庄、王氏之说扇为虚浮，一时士气，往往靡然不振。不特英风义概难乎其人，盖自举业之余，他文未必有可人意者。正言先生当政、宣间方妙龄，天才豪迈，卓然自拔于流俗中，广博经传，驰骋古今，落笔数千言，固已气吞场屋，碌碌视余子矣。至于行有余力，发为风骚离著之文，谈笑顷刻间辄出惊人语，传之者莫不一唱而三叹。继而魁贡于贤关，感慨时变，引义慷慨，首进罢花石箴谏之诗，忠愤冤疏，公卿为之动色。果自布衣召擢置言路，愤世嫉邪，排击僭伪叛逆之党，凡时事人所难言者，公悉力陈。今以遗稿观之，其刚直婴鳞之气，虽与日月争光可也，自非所学所养渊源澄深，不以富贵利达动其心者，奚至是哉！惜其不幸早世，未就勋业，然仙去将四十年，盛德彰而名闻流，以彼易此，得失较然，岂非所谓死而不亡者耶！栟榈旧有集，散逸

---

① （宋）崔绍：《灌园集序·绍兴十三年四月》，《全宋文》第197册，卷4346，第36页。
② （宋）王献可：《王先生十七史蒙求序》，《全宋文》第97册，卷2109，第59页。

颇多。今宅相饶君好古，悉取家藏缮本锓板远传，与学者共，其志尚尤足嘉者。难弟志中又素敦羽翼之爱，不鄙固陋，嘱以题跋。夔也么么晚进，曷足以尽先达之美？盖尝观苏东坡之序欧阳公文，有曰"论事似陆贽，诗赋似李白"。仆不佞，辄于先生亦云，必有能辨之者。重惟无似之迹，盖自童蒙已知仰慕公之名节久矣，矧今得全书，钦诵以警所未闻，而屠琐姓名乃忝附骥，以托不朽之传，非为幸之大耶？谨振襟再拜以书。①

邓肃，字志宏，号栟榈。年轻时曾从陈渊游。三十一岁入太学，当时宋徽宗大兴"花石纲"，征集天下奇花异石，太学诸多学生敢怒不敢言，邓肃充满正义，挺身而出，在太学创作出《花石纲诗》十一章，槌鼓以进，批评那些借献花石纲为名，谋取私利的蝇营狗苟之徒，对统治者征集花石纲这种劳民伤财的行为进行劝谏。当朝权臣见诗大怒，将邓肃逐出太学，贬回故里。宋钦宗当政，在大臣李纲的举荐下，赐进士出身，补承务郎，授鸿胪寺主簿。邓肃为官清廉，两袖清风，可惜英年早逝。除《栟榈集》外，还有《挥尘后录》传世。

二、序跋中采用谦虚的话语

自己给自己作序，一般采取谦虚的态度。这种谦虚之辞或者是对对方的尊重和敬仰；或者是欲擒故纵，通过展示谦虚得到对方的认同和接纳；或者是捍卫地位和身份的保护性策略。

谦虚是中华民族的传统美德，使用谦虚的表达方法，既抬高自己，又便于对方理解和接受。宋人序跋中，谦虚的话语表达是重要语用策略。刘敞《杂律赋自序》就采用谦虚话语表达方式，只不过较为含蓄，需要读者细细揣摩，才能体味：

> 予始不愿为进士，其后遂勉为进士，岂自谓能之哉？虽然，郡国进士过数万，举于尚书者乃数千，升于天子者数百耳。选之如此之精也，得之难也，此不宜有非其才而使余也居天下第一。虚言者以为命，实事者以为幸，二者皆知言。余自视缺然，吾犹欲著所不宜，以诚二者之言，故取尝

---

① （宋）张夔：《栟榈居士集跋·乾道六年十月》，《全宋文》第224册，卷4972，第183～184页。

所为律赋编之，以尽吾短，而题其首。是其中也，犹无有道乎？①

进士编著的书籍，本身就是很多读者自觉关注的对象。刘敞的序采用反问的语气自问："予始不愿为进士，其后遂勉为进士，岂自谓能之哉？"说自己能够在数万人中脱颖而出，并不因为能力出众。进士身份，加上低调、谦虚的态度，反而获得读者青睐，受到读者欢迎。

董汲《脚气治法总要序》和《小儿斑疹备急论序》说自己编写医学书籍，只是希望传播给"好事者"，希望作品在喜欢此类书籍的人中传播，不敢说对后世、后代有利，这也是种谦虚的态度：

非敢自谓有补于将来，亦欲传诸好事者，庶几临病有所证据焉。②

今采撷经效秘方，详明证候，通为一卷，目之曰"斑疹备急方"。非敢有补于后世，意欲传诸好事者，庶几鞠育之义存焉。③

吴缜的《新唐书纠谬序》中，对错误不加掩盖，直接指出，获得读者好感：

推本厥咎，盖修书之初，其失有八：一曰责任不专，二曰课程不立，三曰初无义例，四曰终无审覆，五曰多采小说，而不精择，六曰务因旧文，而不推考，七曰刊修者不知刊修之要，而各徇私好，八曰校勘者不举校勘之职，而惟务苟容。④

书籍并不是吹得天花乱坠就受欢迎，恰恰相反，不讳言作品的缺陷，读者反而觉得作者真诚、童叟无欺。吴缜的序言指出，该书在写作之初存在八种过失，这也深深体现出作者自我反思、自我批判的精神。

---

① （宋）刘敞：《杂律赋自序》，《全宋文》第59册，卷1285，第208页。
② （宋）董汲：《脚气治法总要序》，《全宋文》第80册，卷1740，第43页。
③ （宋）董汲：《小儿斑疹备急论序》，《全宋文》第80册，卷1740，第45页。
④ （宋）吴缜：《新唐书纠谬序·元祐四年八月》，《全宋文》第100册，卷2183，第121页。

三、序跋中采用赞美的话语

序跋中采用赞美之辞来传播书籍的策略，一般用于为他人作序的场合。具体来说，这种赞美之辞突出表现在四个方面：

首先，交代市面上难以获得好的版本，即"善本"，以此来突出版本精良，方便阅读。比如：

> 之奇尝苦《楞枷经》难读，又难得善本。会南都太子太保致政张公施此经，而眉山苏子瞻为书而刻之板，以为金山常住。①

> 《骑省徐公文集》三十卷，天禧间尚书都官员外郎胡君克顺编录刊行且奉表上进。章圣皇帝降诏奖谕，参知政事陈公彭年为之序引，丞相晏元献公复为后序。骑省在江南又重名，仕天朝为近侍，以文翰忠直在当时诸公先。既殁，丞相赵郡李文正公实志其墓，所以称述推尊之者甚至。距今且二百年，其英名伟节得以不泯而为后学法者，繄《文集》是赖。年世忧远，兵火中厄，鲜有存者。偶得善本，使公库镂板以传。②

其次，交代书籍编撰穷尽各种所见资料，以此表明此书资料丰富、内容翔实。比如：

> 郡庠旧有《高峰先生文肃廖公文集》，乃公之长子以孝宗皇帝即位之八年来守兹土，因郡博士之请锓梓，以永其传。岁久，字多漫灭，弗甚摹印，学者惜之。后百余年，邦杰继叨郡寄，始至谒学，询之书库，则卷帙散失，已无全书。遂出家世所藏旧本校正，命工重刊，补缺板八十七纸，修漫板百有余纸，以足成此书全帙云。③

> 汲自少小病此，约十余年，遂博采《孝问》《九虚》《灵枢》《甲乙》

---

① （宋）蒋之奇：《楞枷经序》，《全宋文》第 78 册，卷 1706，第 229 页。
② （宋）徐琛：《明州重刊徐骑省文集后序·绍兴十九年十一月》，《全宋文》第 206 册，卷 4575，第 254～255 页。
③ （宋）廖邦杰：《高峰集跋·咸淳七年三月》，《全宋文》第 356 册，卷 8253，第 295～296 页。

《太素》《巢元》《千金》《外台》《圣惠》《小品》《删繁》《金匮》《玉函》诸家《本草》及苏恭方论、前古脉书,凡古有是说者,无不究极。而藏府之论,针艾之法,脉证之辨,食饮之宜,四时之要,导引之术,以至淋煠蒸熨,备及要方,或经试验者,悉录而急之,名曰"脚气治法总要",分为一十九门,通为一卷。①

乃约诸里居与仕于此者,相与纂集,讨寻断简,援据公牒,采诸长老所传,得诸闾里所记,上穷千载建创之始,中阅累朝因革之由,而益之以今日之所闻见,厥类惟九,靡不论载,岂惟使四方知是邦于是为盛,抑向古者有考焉。书成为四十卷,名曰"三山志"。淳熙九年五月八日丁丑,清源梁克家序。②

同安学故有官书一匮,无籍记文书。官吏传以相承,不复訾省。至熹始发观,则皆故敝残脱,无复次第……而使之与埃尘虫鼠共敝于故籍败箧之间,以至于泯泯无余而后已,其亦不仁也哉。因为之料简其可读者,得凡之种,一百九十一卷。又下书幕民间,得故所藏去者复二种,三十六卷。更为装褫为若干卷,著之籍记而善藏之,如故加严焉。复具刻著卷目次第,阙其所失诸揭之,使此县认于林君之德尚有考也。而熹所聚书,因亦附见其后云。③

再次,交代书籍流传不广,市场上难得一见,以此来突出该书"以稀为贵"。比如:

初,吴越忠懿王序之,秘于教藏。至元丰中,皇弟魏端献王镂板,分施各蓝,四方学者罕遇其本。元祐元年夏,游东都法云道场,始见钱塘新本,尤为精详。乃吴人徐思恭清法涌禅师同永乐法师真二三耆宿,遍取诸录,用三乘典籍,圣贤教语,校读成就,以广流布,其益甚博。法诵知予

---

① (宋)董汲:《脚气治法总要序》,《全宋文》第80册,卷1740,第43页。
② (宋)梁克家:《淳熙三山志序》,《全宋文》第226册,卷5013,第12页。
③ (宋)朱熹:《泉州同安县学故书目序》,《全宋文》第250册,卷5618,第288~289页。

喜阅是录,因请为序云。①

最后,介绍书籍受欢迎的程度以及阅读该书的好处。比如,杨杰记载《唐史属辞》的传播情况:

> 嘉祐中,其书新出,而天下之士传录诵读,惟恐其后。时无为程鹏彦升,骂爱是书,乃采一代事迹,四言成文,两两相比,题曰"唐史属辞",总成四卷。其于善恶邪正,虽皆因其传文,而于轻重谐偶若权衡然,可谓且主也,观者用力少而收功多。将来镂板,以广其传,匄予以为叙。②

杨杰在序文中记载,《唐史属辞》一书刚出版,就在士子之间得到广泛流传和传播,大家争向传阅和抄录,生怕落于人后。"观者用力少而收功多"表明,通过阅读此书,能够花费少而收获大。

四、序跋中交代交往的经过

采用讲故事的方法来写序跋,作序跋者讲述与文集作者、编者的交往过程,并对作者及其作品作出评价,这也是宋代福建图书传播的技巧和策略。

王十朋在泉州做官时,专门到莆田祭拜蔡襄故居和遗迹,因怀念蔡襄而长久不肯离去,惋惜蔡襄"有济川之才而不至于大用",讲述了蔡襄一些不为人知的故事,并对其事迹进行评价,认为"至今泉人称太守之贤者必以公为首":

> 乾道四年冬,得郡温陵,遂出莆田,望公故居,裴回顾叹而不忍去。入境,访公遗迹,则首见所谓万安桥者,与大书深刻之记争雄,且深惜其有济川之才而不至于大用。登爱松堂、九日山,则又见公之诗与其真迹犹在,凛然有生意,如见其正颜色坐黄堂时也。盖公至和、嘉祐间尝两守是邦,至今泉人称太守之贤者必以公为首。求其遗文,则郡与学皆无之,可谓缺典矣。于是移书兴化守钟离君松、傅君自得,访于故家而得其善本。

---

① (宋)杨杰:《宗鉴录序·元祐六年》,《全宋文》第75册,卷1642,第227页。
② (宋)杨杰:《唐史属辞序·元祐元年闰二月》,《全宋文》第75册,卷1641,第211页。

教授蒋君雍与公同邑而深慕其为人，手校正之，锓板于郡庠，得古律诗三百七十、奏议六十四、杂文五百八十四，而以《四贤一不肖诗》置诸卷首，与奏议之切直旧所不载者悉编之，比他集为最全，且属予序之。①

序文中，王十朋对蔡襄才华表达出深深的钦佩之情，想要捧读蔡襄的遗文，于郡邑和学校都不得，于是写信给莆田郡守钟离松和傅自得，他们"访于故家而得其善本"。序中，王十朋叙述了寻书、得书、读书的一连串过程，一波三折，辗转往复，进而突出蔡襄文集来之不易，让读书人更加珍惜。通过此种叙述手法，来传播和推销书籍，以获得读书人的认同。

教授蒋雍与蔡襄同乡，深深爱慕其为人，为其文集做校正工作，最终整理古律三百七十篇，奏议六十四篇，杂文五百八十四篇，在莆田郡庠刊刻。此书还将蔡襄传播最广、影响最大的《四贤一不肖诗》置于卷首，便于读者第一时间注意，以引起读者继续往下阅读的兴趣。在这里，这首诗实际上起广告传播的作用，体现编者明显的图书编排与传播思想。

陈俊卿为黄公度文集作序也是如此。书序中，陈俊卿交代了与文集编纂者黄沃之间的书信来往过程：乾道五年（1169）收到黄沃请求作序的书信，但忙于政务，无暇顾及；第二年（1170），任长乐郡守，仍然事多无暇；直到第三年，即乾道七年（1171），黄沃又派弟黄洧亲自来长乐督问，这一年仲秋既望，才有闲暇阅读黄公度作品。

乾道五年冬，顺昌令黄君沃书抵中都，来告曰：先君考功力学半世，虽得一第，而仕不克显。平生所为文仅十一通，愿得序引，以冠其首。余方备机政，未暇也。越明年，出守长乐郡，复多事，少暇隙。又明年，顺昌使其弟洧来责前诺。仲秋既望，积雨乍晴，天气澄爽，退食郡斋，因取考功文编观之，典重温雅，如其为人。其诗格律森严，兴寄深远，虽未尽追古作，要自成一家。问与予里居，唱和数篇，余读而深悲之。公以文章魁多士，有盛名于时，胸中洒落，议论宏壮，识者期之甚远，而官止外郎，年四十八以殒。所以传世垂后者，止此而已，是可伤也。昔白乐天与元居敬善，及序其遗文，有曰"黄壤岂知我，白头犹念君。唯将老年泪，一洒

---

① （宋）王十朋：《蔡端明文集序》，《全宋文》第208册，卷4628，第391～392页。

故人文"。执笔怆然,盖有感于斯言。①

黄公度《知稼翁集》由其子黄沃编纂。黄沃当时为顺昌(今福建顺昌)令,属于南剑州(今福建南平)。黄沃请求陈俊卿作序的过程曲折反复,在序中着重作了交代。陈公认为,黄公度文章"典重温雅,如其为人",诗歌则"格律森严,兴寄深远",可以自成一家。这么有才华的人,还没来得及大展宏图,就已英年早逝,终年四十八岁。同样,陈俊卿还在《周易窥余序》中讲述了该书获取的故事:

> 六经载道,而《易》其原最深远者也。始惟有章,以尽三才万物之理;后乃有辞,以尽其画之所象。最后吾夫子为之十翼,《易》其无余蕴矣。后世诸儒,各以臆见为之训诂,无虑数百家,然弗合弗并,互有失得,非博雅君子,学通系象之表,识达变通之徵,未能探讨而折衷也。故资正殿学士东阳郑公少以文行为乡先生,于书无所不通,而尤邃于《易》。其论议慷慨,操履端亮,入登禁囊,出抚边陲,壮猷远略,皆自其学发之。晚岁请居封川,乃为《易》解,名之曰"窥余",则兼而取之岁在戊午,礼部试进士,公参掌文衡,予偶得中,因登门拜公,一见知其为天下伟人,特未见其书。及乙未之春,予再守长乐,公之子良嗣持宪节于此邦,因得是书观之,研味累日,不能废手。虽参取诸家之长,而断自己意,文与义贯,理与象互,读之使人焕然冰释,其于《易》道诚非小补。予浅陋荒唐,安足以知之?公讳刚中,字亨仲,尝为礼部侍郎,以极密都承旨宣抚四川。其遗爱在蜀,其事业炳炳在人耳目,其出处载之国史。今其子又有学问,能世其家,收拾遗稿为十五卷,将锓版传诸学者,请序以冠其首。予逡巡退避,其请益勤,因为之言。②

郑刚中《周易窥余》这本书,陈俊卿早有耳闻,想一睹为快,但一直不遂人愿。后郑刚中考取进士,掌管文字工作,陈公登门拜访,想见此书,也未得。再后,陈俊卿守长乐,郑刚中儿子郑良嗣在此邦做官,才有机会读到此书,"研

---

① (宋)陈俊卿:《莆阳知稼翁文集序·乾道六年》,《全宋文》第209册,卷4647,第347页。
② (宋)陈俊卿:《周易窥余序·淳熙二年十一月》,《全宋文》第209册,卷4647,第348页。

味累日，不能废手"。陈俊卿为求此书，历尽艰辛，体现古代士大夫为寻书和读书而孜孜不倦追求的精神。这是陈俊卿与《周易窥余》之间的故事。

此外，作者作序时还会故意讲述书籍产生和流传的神奇故事，为书籍传播增加神秘因素，从而使读者产生一睹为快的视觉追求和一"读"为快的阅读心理。比如，林之奇在《家藏海中螺蚌所共护持金刚般若波罗密经序》中讲述佛经的发现过程就颇具神奇色彩：

> 泉州同安并海之渔人，有举纲于海濑者，得一巨物焉，视之，良石也。徐而察之，则螺蚌相缪缠甚固。剖而视之，重重十数皆众螺蚌也，末乃见佛经一卷实在其内。外强中干，青质朱轴，金银书相间错，见此经是也。邑丞秦谿王君亮功行部，见而异焉，得而匮藏之。余在泉时，闻王君有此经，问之而信。王君举以施余，因寘诸余家所奉旃檀金刚像之龛中，而朝夕瞻礼之久矣。表兄李长季叹其希有，且曰："子盍为之序记，表而出之，俾见闻者生尊重肃敬心，不亦善乎？"余曰："唯。"①

《金刚般若波罗密经》是同安（今福建厦门）一渔人捕鱼时在螺蚌中所发现。据林之奇所述，捕鱼者先是"得一巨物焉，视之，良石也"，后又仔细观察，"则螺蚌相缪缠甚固"，等剖开再看，"乃见佛经一卷实在其内"。单从描述来看，过程本身就魔幻神奇。赋予佛经神秘因素，会使得读者阅读时，显得恭敬与虔诚。

---

① （宋）林之奇：《家藏海中螺蚌所共护持金刚般若波罗密经序》，《全宋文》第207册，卷4606，第378～379页。

余论　宋代闽本图书传播与杭本、蜀本传播之比较

宋代闽本图书的传播，当时人以及后人都对其评价不高，其中，被引用最多的就是陆游在《老学庵笔记》中所记关于"麻沙本"的笑话：

> 三舍法行时，有教官出《易》义题云："乾为金，坤又为金，何也？"诸生乃怀监本至帘前请云："题有疑，请问。"教官作色曰："经义岂当上请。"诸生曰："若公试，固不敢。今乃私试，恐无害。"教官乃为讲解大概，诸生徐出监本，复请曰："先生恐是看了麻沙本，若监本则坤为釜也。"。①

陆游对"麻沙本"的记载，深深影响了后来士大夫、学者对麻沙本、建本乃至闽本的认知，以致只要提起宋代福建版书籍，就会被认为是图书中粗制滥造的代表。庄夏曾表达过对建本的不满之情，"夏丁卯之冬，涉笔著廷，公犹以天官兼史院。月中一再至，因获侍闲燕于道山堂。语及《东观余论》，夏恨建本讹阙不可读"②。闽本图书传播史上，确实出现过一些质量不高的书籍，比如：

> 家居少事，习气不除，虽未尝须臾去笔砚，亦不过登高望远，援笔赋诗，寄清赏于一觞一咏之间耳。由是裒集成编，仅得四十二卷，先君自号曰《鸿庆居士集》。今闽中有镂版者，多讹舛。介宗不肖之孤，假守富川，吏退之余，复加订正，刊于郡斋，敬当百拜乞叙于一代鸿儒，为不朽之传云。③

> 《荀子》二十卷三十二篇，唐杨倞注。初，汉刘向校雠中孙卿书，凡三百二十一篇，除复重，定著三十二篇，为《孙卿新书》十二卷。至倞，分易卷第，更名《荀子》。皇朝熙宁初，儒官校上，诏国子监刊印颁行之。

---

① （宋）陆游撰，李剑雄、刘德权点校：《老学庵笔记》，中华书局1979年版，第94页。
② （宋）庄夏：《东观余论跋·嘉定三年七月》，《全宋文》287册，卷6521，第192页。
③ （宋）孙介宗：《鸿庆居士集后序·庆元五年九月》，《全宋文》第242册，卷5422，第336页。

> 中兴，搜补遗逸，监书寖具，独《荀子》犹阙。学者不见旧书，传习闽本，文字舛异。仲友于三馆睹旧文，大惧湮没，访得善本，假守余隙，乃以公帑锓木，悉视熙宁之故。①

> 前言往行，君子贵于多识；稗官小说，良史列之九流。曾公所编《类说》，盖此意也。余旧藏麻沙书市绍兴庚申年所刊本，字小而刻画不精，且多舛误，意必有续刊大字善本。分符此来，徧令搜访，咸无焉，并板亦不存矣。因取所藏旧本，稍加是正，锓板于郡斋，庶可寿此书。博士或有志于圣门"友多闻"之训，当谓不为无补。②

上述"今闽中有镂版者，多讹舛""传习闽本，文字舛异""旧藏麻沙书市绍兴庚申年所刊本，字小而刻画不精，且多舛误"等语，都可见出某些闽本刊刻确实质量低下。

之所以出现此种情况，因为闽本图书出版以坊刻为主，书商为了让书籍尽快销售出去，获得利润，编校上往往急于求成，把关不严，"字画之不精，脱讹之不更"③，于是出现质量不过关的书籍，引起读者反感，导致读者对闽本评价不高。

再者，闽本图书在长期传播，出现纸张脱漏等书籍外观的损坏，"建宁所刻，盖又脱遗"④，这些传播中造成的破损，也让学士大夫与闽本形象密切联系起来，导致读者对闽本传播的评价不高。

其实，读者不仅仅是对闽本评价不高，如果眼光不局限于福建，而是放眼全国，比较一下当时另一出版中心——四川，所出版的蜀本，学者士大夫也常有非议。

> 故参知政事襄阳王公讳之望，字瞻叔，生于羊、杜成功之地，慕其为人，博学能文，知略辐凑……其季子铅通敏好学，念公遗文刻于蜀者讹舛特甚，手加编校，定为《汉滨集》六十卷，谓某之先大父与公先正为同年

---

① （宋）唐仲友：《唐杨倞注荀子后序·淳熙八年十一月》，《全宋文》第260册，卷5860，第288~289页。
② （宋）叶时：《重刊类说序·宝庆二年八月》，《全宋文》第290册，卷6596，第185页。
③ （宋）杨万里：《跋陈与权印五经善本》，《全宋文》第238册，卷5324，第270页。
④ （宋）尤袤：《吕氏家塾读诗记序·淳熙九年九月》，《全宋文》第225册，卷5000，第228页。

进士，以序见属。①

愿闻之上蔡任沨《文源》曰："炱家旧有《东观汉记》四十三卷，丙子渡江亡去，后得蜀本，错误殆不可读。用秘阁本雠校删著为八篇，泊见唐诸儒所引参之，以袁宏《后汉纪》、范晔《后汉书》，粗为全具，其疑以待博洽君子。"②

世卿旧闻《集韵》收字最为赅博，搜访积年，竟未能得，皆云此版久已磨灭，不复有也。世卿前年蒙恩将屯安康，偶得蜀本，字多舛误，间亦脱漏，尝从暇日委官校正，凡点画错谬者五百三十一字，其间湮晦漫不可省者二百一十五字，正文注解脱漏者三十三字。继得中原平时旧本重校，修改者一百五十五字。旧本虽善，而书字点画亦有谬误，复以《说文》《尔雅》等书是正，改定凡五百一十五字，因令锓版以广其传。自淳熙乙巳九月至丁未五月，仅能毕工，亦庶几不作无益害有益之义也。武功大夫、高州刺史、充金州驻劄御前诸军都统制田世卿谨跋。③

《孔丛子》记先圣之遗训，与《世家》有足稽者。近世鲜所流传。今夏官二卿林公填江右时取其书刊之，以惠学者。既而召去，余适继至，得书，以此为托，且日校雠之未精也。因取而阅之，讹□至多，道访得蜀书，意其据而脱缪乃滋甚，幸有可以互见者。又旁证远取，凡刊误几六百字，今可读矣。然前辈谓校书如几尘，随去随有，故欧阳公读韩久，得石刻，益知雠正之难。因书其末，以谂后之君子。④

从"刻于蜀者讹舛特甚""后得蜀本，错误殆不可读""偶得蜀本，字多舛误，间亦脱漏""道访得蜀书，意其据而脱缪乃滋甚"等语句来看，蜀本质量也不过如此。

---

① （宋）周必大：《王参政文集序》，《全宋文》第230册，卷5118，第154～155页。
② （宋）罗愿：《东观汉记序》，《全宋文》第259册，卷5834，第280页。
③ （宋）田世卿：《集韵跋·淳熙十四年》，《全宋文》第242册，卷5427，第455～456页。
④ （宋）王蔺：《孔丛子跋·淳熙十五年七月》，《全宋文》第273册，卷6183，第361页。

有时候，读者还会比较闽本和蜀本，指出各自的问题："既而进士葛彭年以所藏闽本相示，文凡五十六首，诗赋二百八十七首，较之所见稍加多矣，而篇帙殽乱，句读舛谬不可辨。未几，又得蜀本于归善令张匪躬之家，文凡一百四十二首，诗赋三百有十首，较之闽本益加多矣，而增损甚少，可以取正"①。先参照闽本，闽本"篇帙殽乱，句读舛谬不可辨"，又参照蜀本，蜀本"增损甚少，可以取正"。对比闽本和蜀本两个版本，两者异同就一目了然：

> 揆家有闽本，尝苦篇中字讹难读，顾无善本可雠。比去年春，来守天台郡，得故参知政事谢公家藏旧蜀本，行闲朱墨细字，多所窜定，则其子景思手校也。乃与郡丞楼大防取两家本读之，大氐闽本尤谬误："五皓"实"五白"，盖"博名"而误作"传"；"元叹"本顾雍字，而误作"凯"；"丧服经"自一书，而误作"经"；马牝曰"騙"，牡曰"䭾"，而误作"騨骆"。至以"吴趋"为"吴越"，"桓山"为"恒山"，"僮约"为"童幼"，则闽、蜀本实同。②

> 太师文定栾城公集刊行于时者，如建安本，颇多缺谬；其在麻沙者尤甚，蜀本舛亦不免，是以览者病之。今以家藏旧本前后并第三集合为八十四卷，皆曾视自编类者。谨与同官及小儿辈校雠数过。锓版于筠之公帑云。③

从沈揆"揆家有闽本，尝苦篇中字讹难读，顾无善本可雠""乃与郡丞楼大防取两家本读之，大氐闽本尤谬误""至以'吴趋'为'吴越'，'桓山'为'恒山'，'僮约'为'童幼'，则闽、蜀本实同"和苏诩"其在麻沙者尤甚，蜀本舛亦不免"等语来看，蜀本和闽本质量都不好，两相比较，闽本谬误更严重点。

宋代全国另一出版中心——浙江，所出版的图书，也不是毫无瑕疵。"而近岁江浙印本号为曾经校雠，其实与天圣市刻相似，间用班固书窜改悦语，而又非固书本文"④，表明号称版本精良的浙本，同样也存在问题，即乱改内容，刊刻随意，

---

① （宋）郑康佐：《眉山唐先生文集跋》，《全宋文》第207册，卷4595，第217页。
② （宋）沈揆：《校刊颜氏家训跋》，《全宋文》第242册，卷5408，第115页。
③ （宋）苏诩：《栾城集跋·淳熙六年》，《全宋文》第219册，卷4869，第326～327页。
④ （宋）李焘：《汉纪跋》，《全宋文》第210册，卷4664，第233～234页。

和"市刻"无异。理学家朱熹就曾指出杭本未经校对,错误颇多的情况:

> 《楚辞叶韵》《九章》所谓"将寓未详"者,当时黄君盖用古杭本及晁氏本读之,故于此不得其说而阙焉。近见閤皂道士甘梦叔说"寓"字之误,因亟考之,则黄长睿、洪庆善本果皆作"当"。黄注云:"宋本作寓。"洪注云:"当,值也。"以文义音韵言之,二家之本为是。杭本未校,舛误最多,宜不足怪。独晁氏自谓深于骚者,顾亦因袭其谬而不能有所是正,若此类者,尚多有之。然则其所用力,不过更易序引,增广篇帙以饰其外,而于是书之实初未尝有所发明也。近世之言删述者例如此,不但晁氏而已。予于此编实尝助其吟讽,今乃自愧其眩于名实而考之不详也,因复书其后以晓观者云。①

作为大儒,朱熹对书籍质量要求很高,在校勘方面"火眼金睛",指出杭本的许多错讹。当然,不仅仅三大出版中心出版书籍存在错误,即使是最高文化传播机构——国子监——所刊刻的书籍,也不十全十美,也会出现纰漏,读者也提出过异议:

> 国子监所印两汉书,文字舛讹,恐误后学。臣谨参括众本,旁据他书,列而辨之,望行刊正,诏送翰林学士张观等详定闻奏,又命国子监直讲王洙与靖偕赴崇文院雠对。②

> 国子监印造监本书籍,差舛颇多,兼版缺之处,笔吏书填,不成文理。颁行州县,锡赐外夷,讹谬何以垂示?仰大司成专一管勾,分委国子监、太学、辟雍官属、正录、博士、书库官分定工程,责以岁月,删改校正,疾速剜补。内大段损缺者,重别雕造,仍于每集板末注入今来校勘官职位、姓名。候一切了毕,印造一监令尚书礼部覆行抽摘点检,具有无差舛保明闻奏。今后新行书籍,仰强渊明不得奏乞差官置局。今贴改《毛诗》一册降出。③

---

① (宋)朱熹:《再跋楚辞叶韵》,《全宋文》第 251 册,卷 5628,第 50 页。
② (宋)余靖:《上校正后汉书奏·景祐元年九月》,《全宋文》第 26 册,卷 560,第 280 页。
③ (宋)宋徽宗:《删改校正监本书籍御批·大观二年八月二十七日》,《全宋文》第 164 册,卷 3570,第 167~168 页。

南渡草创，则仅取版籍于江南诸州，与京师承平监本大有径庭，与潭、抚、闽、蜀诸本互为异同，而监本之误为甚。①

"国子监所印两《汉书》，文字舛讹，恐误后学"，是说监本错误太多，不利学者学习。余靖上奏皇帝，请求重新刊定此书。重新刊定时，还注意参照多个版本，相互比对，仔细辨认，力求达到最精。"国子监印造监本书籍，差舛颇多，兼版缺之处，笔吏书填，不成文理"，不仅说明监本错讹颇多，还说明板本缺漏，虽然经过笔吏补充，还是不成文理。"监本之误为甚"，直言国子监印本错误尤多。

闽本图书也有质量精美的本子。比如：

山谷黄公之文，先正巨公称许者众矣，江浙闽蜀间亦多善本。今古戎黄侯又欲刻诸郡之墨妙亭，以致怀贤尚德之意，而属了翁识之。顾浅陋何敢措词？昔者幸尝有考于先民之言行，切叹夫世之以诗知公者末也。②

韩、柳文章齐驱，当代学士大夫之所宗师。其为文高古，用字聱牙，读者病之，而柳尤甚。纬典教群舒，郡侯陆先生之为二集训释。偶见江山祝季宾《经进韩文音》善本，不复增损，因放以音子厚之文。观建宁本近少讹舛，乃依其卷次，先之以诸韵《玉篇》定其音，次之以《尔雅》《说文》训其义，而又参之以经传子史，究其用字之源流。庶几观其书者，难字过目，无复含糊嗫嚅之态。若夫推四声子母相生之法，正五方言语不合之讹，愧非素习，虽穷年砣砣，仅能终篇；然曾何补于问学，为之，犹贤乎已。其间校雠稽考，有学正蔡畴元锡、望江吴桌子宽与焉。义未详则阙之，讵敢以为全尽？窃有望于博雅君子之删润也。乾道丁亥腊月，云间潘纬书。③

《皇朝文鉴》一书，诸处未见有刊行善本，惟建宁书坊有之。而文字多脱误，开卷不快意。新安号出纸墨，乃无佳书，因为参校订正，锓板于郡

---

① （宋）魏了翁：《毛义甫居正六经正误序》，《全宋文》第310册，卷7080，第43页。
② （宋）魏了翁：《黄太史文集序》，《全宋文》第310册，卷7079，第32页。
③ （宋）潘纬：《柳文音义序·乾道三年》，《全宋文》第224册，卷4970，第157～158页。

斋。嘉泰甲子重阳日，郡守梁谿沈有开。①

顷余刻此书于番禺，委同官卢方春辈置局刊误，属以召去，去时书犹未成。后得其本，殆不可读，有漏数行者，有阙一二句者，有颠倒文义者，如鲁鱼亥豕之类则不可胜数，意诸人为官事分夺，未之过目耶？抑南中无善本参校耶？每一开卷，常败人意。其后乃有越本，亦多误。莆泮池书差备，今郡文学王君谓朱先生《易本义》精于理者也，谓真先生此书邃于文者也，既刻《本义》，遂及《正宗》。或虑费无所出，君命学职丁南一、郑岩会学禀，量出入，得赢钱六十七万，而二十四卷者亦毕工。吾里藏书多善本，游泮多英才，傍考互校，它日莆本当优于广、越矣。世固有亲登二先生之门，执经北面，师在则崇饰虚敬，托此身于青云，师死则捐弃素学，束其书于高阁者。君妙年，前不及朱，后不及真，而尊敬二先生之心拳拳如此，岂不甚贤矣哉！君名庚，字景辰，温陵人。②

上述材料所载，"江浙闽蜀间亦多善本"，说明黄庭坚文集，闽地有善本。"观建宁本近少讹舛"，证明建宁本当中也不乏校勘细致、印刷精美的。沈有开认为，《皇朝文鉴》一书，诸处未见有刊行善本，惟建宁书坊有之"。刘克庄认为，建宁书坊所刻版本，属于善本。该书后又在新安郡斋刊刻。可见，《皇朝文鉴》至少有建宁本和新安本两个版本。"吾里藏书多善本，游泮多英才，傍考互校，它日莆本当优于广、越矣"，充分表扬了莆本的质量。

综上，宋人对三大出版中心所刻书籍的评价，既有好的方面，也有不好的方面，褒贬参半。对于闽本图书，一般人都认为版本不佳、质量低下，导致闽本图书在传播过程中被"污名化"，这种"污名化"现象在读者和学者心目当中形成"刻板成见"。长期以来，一直深深影响着受众对闽本的认知和感受。但从宋人对闽本的认识看，其中也不乏高度赞美。对闽本图书的评价，应该客观、公正和平衡，这样才能更加符合闽本图书传播原貌，还闽本图书实际情况。

---

① （宋）沈有开：《刊皇朝文鉴序·嘉泰四年九月》，《全宋文》第258册，卷5800，第132页。

② （宋）刘克庄：《跋郡学刊文章正宗》，《全宋文》第329册，卷7582，第369页。

参考文献

一、古籍

[1]曾枣庄、刘琳等编:《全宋文》,上海辞书出版社,安徽教育出版社,2006。

[2]朱易安、傅璇琮等编:《全宋笔记》,大象出版社,2003。

[3]孙钦善、傅璇琮等编:《全宋诗》,北京大学出版社,1991。

[4](宋)梁克家:《淳熙三山志》,中华书局,1990。

[5](宋)黄岩孙撰,仙游县文史学会点校:《仙溪志》,福建人民出版社,1989。

[6](宋)胡太初修,(宋)赵与沐纂,长汀县地方志编纂委员会整理:《临汀志》,福建人民出版社,1990。

[7](宋)赵汝适:《诸蕃志》,中华书局,1996。

[8](宋)李纲撰:《梁溪先生文集》,《宋集珍本丛刊》本,线装书局,2004。

[9](宋)黄公度撰:《莆阳知稼翁文集》,《宋集珍本丛刊》本,线装书局,2004。

[10](宋)王禹偁撰:《小畜集》,《宋集珍本丛刊》本,线装书局,2004。

[11](宋)蔡襄:《蔡襄集》,上海古籍出版社,1996。

[12](宋)刘克庄:《后村先生大全集》,四川大学出版社,2008。

[13](宋)黄昇编集:《宋刊中兴词选》,福建人民出版社,2008。

[14](宋)朱熹著:《宋刊周易本义》,福建人民出版社,2008。

[15](宋)周邦彦撰,(宋)陈元龙集注:《宋刊片玉集》,福建人民出版社,2008。

[16](宋)陈善著,陈叔侗评注:《扪虱新话评注》,福建人民出版社,2014。

[17](宋)杨亿:《武夷新集》,福建人民出版社,2007。

· 233 ·

[18]（宋）杨亿等撰，王仲荦注：《西昆酬唱集注》，上海书店出版社，2001。

[19]（宋）李幼杰撰：《莆阳比事》，《宋元地理史料汇编》本，四川大学出版社，2007。

[20]（宋）李焘：《续资治通鉴长编》，中华书局，1985。

[21]（宋）赵汝愚：《宋朝诸臣奏议》，上海古籍出版社，1999。

[22]（宋）朱熹：《四书章句集注》，中华书局，1983。

[23]（宋）洪迈：《容斋随笔》，中华书局，2015。

[24]（宋）陆游撰，李剑雄、刘德权点校：《老学庵笔记》，中华书局，1979。

[25]（宋）叶梦得：《石林燕语》，上海古籍出版社，2012。

[26]（宋）沈括：《梦溪笔谈》，岳麓书社，1998。

[27]（宋）孟元老撰，伊永文笺注：《东京梦华录》，中华书局，2007。

[28]（宋）郑樵：《通志》，中华书局，1987。

[29]（宋）陈振孙：《直斋书录解题》，上海古籍出版社，2015。

[30]（宋）晁公武撰，孙猛校证：《郡斋读书志校证》，上海古籍出版社，1990。

[31]（宋）祝穆：《宋本方舆胜览》，上海古籍出版社，2012。

[32]（宋）胡仔撰，廖德明校点：《苕溪渔隐丛话》，人民文学出版社，1962。

[33]（宋）苏轼：《宋刻东坡集》，广陵书社，2015。

[34]（元）马端临：《文献通考》，中华书局，1986。

[35]（元）脱脱等撰：《宋史》，中华书局，1985。

[36]（明）何乔远：《闽书》，福建人民出版社，1994。

[37]（明）黄仲昭：《八闽通志》，福建人民出版社，2006。

[38]（明）王应山纂修，陈叔侗、卢和校注：《闽大记》，中国社会科学出版社，2006。

[39]（明）陈桂芳修撰，（清）乔有豫修撰，清流县志编纂委员会整理：《嘉靖清流县志 道光清流县志》，福建人民出版社，1992。

[40]（明）周瑛、黄仲昭著，蔡金耀点校：《重刊兴化府志》，福建人民出版社，2007。

[41]（明）何炯编：《清源文献》，书目文献出版社，1998。

[42]（明）闵文振纂修，林校生点校：《宁德县志（嘉靖版点校本）》，福建

人民出版社，2015。

[43]（清）王夫之著，刘韶军译注：《宋论》，中华书局，2013。

[44]（清）章学诚著，叶瑛校注：《文史通义校注》，中华书局，2004。

[45]（清）赵翼著，王树民校证：《廿二史札记校证》，中华书局，1984。

[46]（清）钱大昕：《廿二史考异》，商务印书馆，1958。

[47]（清）徐松辑：《宋会要辑稿》，中华书局，1957。

[48]（清）叶德辉撰：《书林清话》，上海古籍出版社，2012。

[49]（清）黄宗羲著，金祖望补修，陈金生、梁运华点校：《宋元学案》，中华书局，1986。

[50]（清）陈遵统等编：《福建编年史》，福建人民出版社，2009。

[51]（清）周学曾等纂修，晋江县地方志编纂委员会整理：《晋江县志》，福建人民出版社，1990。

[52]（清）李世熊修撰，宁化县志编纂委员会整理：《宁化县志》，福建人民出版社，1989。

[53]（清）董天工修纂，方留章等点校：《武夷山志》，方志出版社，1997。

[54]（清）陈寿祺等撰：《福建通志》，华文书局股份有限公司，1968。

[55]（清）郑方坤编辑，刘洁、刘大治点校：《全闽诗话》，福建人民出版社，2011。

[56]（清）施鸿保：《闽杂记》，福建人民出版社，1985。

[57]（清）周亮工：《闽小纪》，福建人民出版社，1985。

[58]（清）里人何求纂，陈泽平校注：《闽都别记》，福建人民出版社，2016。

[59]（清）郑杰、陈衍编：《全闽诗录》，福建人民出版社，2011。

[60]（清）叶申芗辑，（民国）林葆恒辑：《闽词钞 闽词征》，福建人民出版社，2014。

[61]（清）苏之琨等著，林朝霞点校：《明诗话 榕城诗话 闽游诗话》，福建人民出版社，2012。

二、今人著作

[62]张星烺编注，朱杰勤校订：《中西交通史料汇编》，中华书局，2003。

[63] 赵效宣：《宋代驿站制度》，联经出版事业公司，1983。

[64] 曹家齐：《宋代交通管理制度研究》，河南大学出版社，2002。

[65] 张家驹：《两宋经济重心的南移》，湖北人民出版社，1957。

[66] 陈高华、吴泰：《宋元时期的海外贸易》，天津人民出版社，1981。

[67] 侯外庐等主编：《宋明理学史》，人民出版社，1984。

[68] 陈来：《朱熹哲学研究》，中国社会科学出版社，1988。

[69] 陈垣：《道家金石略》，文物出版社，1988。

[70] 苗春德编：《宋代教育》，河南大学出版社，1992。

[71] 傅璇琮主编：《宋登科记考》，江苏教育出版社，2009。

[72] 陈植锷：《北宋文化史述论》，中国社会科学出版社，1992。

[73] 白新良：《中国古代书院发展史》，天津大学出版社，1995。

[74] 冯友兰：《中国哲学简史》，北京大学出版社，1996。

[75] 阴法鲁、许树安、刘玉才主编：《中国古代文化史》，北京大学出版社，1996。

[76] 田昌五、漆侠主编：《中国封建社会经济史》，齐鲁书社，1996。

[77] 程民生：《宋代地域文化》，河南大学出版社，1997。

[78] 张希清等：《宋朝典制》，吉林文史出版社，1997。

[79] 李约瑟：《中国科学技术史》，科学出版社，1975。

[80] 张咏华：《媒介分析：传播技术神话的解读》，复旦大学出版社，2002。

[81] 傅增湘：《藏园群书经眼录》，中华书局，2009。

[82] 范凤书：《中国私家藏书史》，大象出版社，2001。

[83] 傅璇琮、谢灼华主编：《中国藏书通史》，宁波出版社，2001。

[84] 任继愈主编：《中国藏书楼》，辽宁人民出版社，2000。

[85] 张树栋编：《张秀民印刷史论文集》，印刷工业出版社，1988。

[86] 张秀民：《中国印刷史》，上海人民出版社，1989。

[87] 李致忠、周少川、张木早编：《典籍志》，上海人民出版社，1998。

[88] 钱存训：《中国书籍、纸墨及印刷史论文集》，香港中文大学出版社，1992。

[89] 叶树声、余敏辉：《明清江南私人刻书史略》，安徽大学出版社，2000。

[90] 宿白：《唐宋时期的雕版印刷》，文物出版社，1999。

[91] 缪咏禾：《明代出版史稿》，江苏人民出版社，2000。

[92] 李致忠：《肩朴集》，北京图书馆出版社，1998。

［93］潘吉星：《中国造纸史》，上海人民出版社，2009。
［94］瞿冕良：《版刻质疑》，齐鲁书社，1987。
［95］王河：《宋代图书史论》，百花洲文艺出版社，1999。
［96］周宝荣：《宋代出版史研究》，中州古籍出版社，2003。
［97］周宝荣：《走向大众：宋代的出版转型》，中国书籍出版社，2012。
［98］杨玲著，王维生编：《宋代出版文化》，文物出版社，2012。
［99］邓广铭、张希清：《宋人文集篇目分类索引》，中华书局，2013。
［100］王瑞明：《宋人文集概述》，华中师范大学出版社，1989。
［101］王岚：《宋人文集编刻流传丛考》，江苏古籍出版社，2003。
［102］王肇文编：《古籍宋元刊工姓名索引》，上海古籍出版社，1990。
［103］瞿冕良编：《中国古籍版刻辞典》，齐鲁书社，1999。
［104］周肇祥：《琉璃厂杂记》，燕山出版社，1995。
［105］江少虞：《宋朝事实类苑》，上海古籍出版社，1981。
［106］潘美月：《宋代藏书家考》，学海出版社，1980。
［107］田建平：《元代出版考》，河北人民出版社，2003。
［108］白寿彝：《中国交通史》，上海书店，1984。
［109］曹聚仁：《中国学术思想史随笔》，三联书店，2003。
［110］曹之：《中国古籍编撰史》，武汉大学出版社，1999。
［111］陈来：《古代思想文化的世界》，三联书店，2002。
［112］陈启云：《中国古代思想文化的历史论析》，北京大学出版社，2001。
［113］葛兆光：《中国思想史》，复旦大学出版社，1998。
［114］关绍箕：《中国传播思想史》，正中书局，2000。
［115］关绍箕：《中国传播理论》，正中书局，1994。
［116］郭齐家：《中国古代学校》，商务印书馆，1998。
［117］侯外庐：《中国古代思想学说史》，辽宁教育出版社，1998。
［118］李敬一：《中国传播史论》，武汉大学出版社，2003。
［119］李瑞良：《中国古代图书流通史》，上海人民出版社，2000。
［120］李泽厚：《中国古代思想史论》，天津社会科学院出版社，2003。
［121］柳诒徵：《中国文化史》，东方出版中心，1988。
［122］罗根泽：《中国文学批评史》，上海书店出版社，2003。
［123］钱存训：《书于竹帛：中国古代的文字记录》，上海书店出版社，2002。

[124] 钱存训著，郑如斯编订：《中国纸和印刷文化史》，广西师范大学出版社，2004。

[125] 钱穆：《中国文化史导论》，商务印书馆，1994。

[126] 钱穆：《国学概论》，商务印书馆，1997。

[127] 王洪钧主编：《新闻理论的中国历史观》，远流出版事业股份有限公司，1998。

[128] 陈谦：《中国古代政治传播思想研究：以监察、谏议与教化为中心》，中国社会科学出版社，2009。

[129] 王余光：《中国文献史》，武汉大学出版社，1993。

[130] 王振铎、赵运通：《编辑学原理论》，中国书籍出版社，1997。

[131] 吴予敏：《无形的网络——从传播学的角度看中国的传统文化》，国际文化出版公司，1988。

[132] 肖东发主编：《中国编辑出版史》，辽宁教育出版社，1996。

[133] 肖东发：《中国图书出版印刷史论》，北京大学出版社，2001。

[134] 余英时：《士与中国文化》，上海人民出版社，1987。

[135] 张舜徽：《张舜徽集：中国文献学》，华中师范大学出版社，2004。

[136] 郑学檬：《传在史中：中国传统社会传播史料选辑》，文化艺术出版社，2001。

[137] 周月亮：《中国古代文化传播史》，北京广播学院出版社，2000。

[138] 朱传誉：《先秦唐宋明清传播事业论集》，台湾商务印书馆，1988。

[139] 孙旭培主编：《华夏传播论：中国传统文化中的传播》，人民出版社，1997。

[140] 钱锡生：《唐宋词传播方式研究》，复旦大学出版社，2009。

[141] 巩本栋：《宋集传播考论》，中华书局，2009。

[142] 朱迎平：《宋代刻书产业与文学》，上海古籍出版社，2008。

[143] 苏勇强：《北宋书籍刊刻与古文运动》，浙江大学出版社，2010。

[144] 张丽娟：《宋代经书注疏刊刻研究》，北京大学出版社，2013。

[145] 张高评：《印刷传媒与宋诗特色——兼论图书传播与诗分唐宋》，里仁书局，2008。

[146] 钱建状：《宋代文学的历史文化考察》，福建教育出版社，2012。

[147] 于翠玲：《印刷文化的传播轨迹》，中国传媒大学出版社，2015。

［148］韩琦、（意）米盖拉编：《中国和欧洲：印刷术与书籍史》，商务印书馆，2008。

［149］范军：《中国出版文化史研究书录》，河南大学出版社，2011。

［150］周生春：《"印刷与市场"国际会议论文集》，浙江大学出版社，2012。

［151］福建工程学院编：《福建文献汇编》，商务印书馆，2011。

［152］徐晓望：《福建思想文化史纲》，福建教育出版社，1996。

［153］徐晓望：《宋代福建史新编》，线装书局，2013。

［154］朱维幹纂辑，李瑞良增辑：《四库全书闽人著作提要》，福建人民出版社，2001。

［155］刘海峰、庄明水：《福建教育史》，福建教育出版社，1996。

［156］卢美松主编：《福建历代状元》，福建人民出版社，2006。

［157］方宝璋主编：《闽商史研究》，中国工商出版社，2013。

［158］徐晓望：《闽商研究》，中国文史出版社，2014。

［159］苏文菁主编：《闽商发展史》，厦门大学出版社，2013。

［160］周济：《八闽科苑古来香——福建科学技术史研究文集》，厦门大学出版社，1998。

［161］庄景辉：《泉州港考古与海外交通史研究》，岳麓书社，2006。

［162］胡沧泽：《海洋中国与福建》，黑龙江人民出版社，2010。

［163］郑学檬：《中国古代经济重心南移和唐宋江南经济研究》，岳麓书社，2003。

［164］谢水顺、李珽：《福建古代刻书》，福建人民出版社，1997。

［165］李瑞良：《福建出版史话》，鹭江出版社，1997。

［166］方彦寿：《建阳刻书史》，中国社会出版社，2003。

［167］方彦寿：《福建古书之最》，中国社会出版社，2004。

［168］方彦寿：《朱熹学派与闽台书院刻书的传承和发展》，福建教育出版社，2015。

［169］林应麟：《福建书业史——建本发展轨迹考》，鹭江出版社，2004。

［170］陈铎：《建本与建安版画》，福建美术出版社，2006。

［171］陈笃彬、苏黎明：《泉州古代著述》，齐鲁书社，2008。

［172］刘荣平：《全闽词》，广陵书社，2016。

三、译著

[173]（美）爱德华·霍尔著，刘建荣译：《无声的语言》，上海人民出版社，1991。

[174]（美）大卫·阿什德著，邵志择译：《传播生态学：控制的文化范式》，华夏出版社，2003。

[175]（美）詹姆斯·凯瑞著，丁未译：《作为文化的传播》，华夏出版社，2005。

[176]（美）彼德斯著，何道宽译：《交流的无奈——传播思想史》，华夏出版社，2003。

[177]（美）罗杰·菲德勒著，明安香译：《媒介形态变化：认识新媒介》，华夏出版社，2000。

[178]（美）尼尔·波兹曼著，章艳译：《娱乐至死》，广西师范大学出版社，2004。

[179]（美）尼尔·波兹曼著，吴燕莛译：《童年的消逝》，广西师范大学出版社，2004。

[180]（美）保罗·莱文森著，熊澄宇等译：《软边缘：信息革命的历史与未来》，清华大学出版社，2000。

[181]（美）保罗·莱文森著，何道宽译：《数字麦克卢汉——信息化新纪元指南》，社会科学文献出版社，2001。

[182]（美）保罗·莱文森著，何道宽译：《思想无羁》，南京大学出版社，2003。

[183]（美）伊丽莎白·爱森斯坦著，何道宽译：《作为变革动因的印刷机：早期近代欧洲的传播与文化变革》，北京大学出版社，2010。

[184]（美）E·M·罗杰斯著，殷晓蓉译：《传播学史》，上海译文出版社，2002。

[185]（美）斯蒂文·小约翰著，陈德民、叶晓辉译：《传播理论》，中国社会科学出版社，1999。

[186]（美）韦尔伯·施拉姆著，金燕宁等译：《大众传播媒介与社会发展》，华夏出版社，1990。

[187]（美）韦尔伯·施拉姆、威廉·波特著，陈亮、周立方、李启译：《传播学概论》，新华出版社，1984。

[188]（美）沃纳·赛佛林、小詹姆斯·坦卡德著，郭镇之译：《传播理论：起源、方法与应用》，华夏出版社，2000。

[189]（美）周绍明著，何朝晖译：《书籍的社会史：中华帝国晚期的书籍与士人文化》，北京大学出版社，2009。

[190]（美）包筠雅著，刘永华、饶佳荣等译：《文化贸易：清代至民国时期四堡的书籍交易》，北京大学出版社，2015。

[191]（美）罗伯特·达恩顿著，刘军译：《旧制度时期的地下文学》，中国人民大学出版社，2012。

[192]（加）埃里克·麦克卢汉、（加）弗兰克·秦格龙编，何道宽译：《麦克卢汉精粹》，南京大学出版社，2000。

[193]（加）哈罗德·伊尼斯著，何道宽译：《传播的偏向》，中国人民大学出版社，2003。

[194]（加）哈罗德·伊尼斯著，何道宽译：《帝国与传播》，中国人民大学出版社，2003。

[195]（加）哈罗德·伊尼斯著，何道宽译：《变化中的时间观念》，中国传媒大学出版社，2013。

[196]（加）马歇尔·麦克卢汉著，何道宽译：《理解媒介：论人的延伸》，商务印书馆，2000。

[197]（加）马歇尔·麦克卢汉著，何道宽译：《机器新娘：工业人的民俗》，中国人民大学出版社，2004。

[198]（加）马歇尔·麦克卢汉著，杨晨光译：《谷登堡星汉璀璨：印刷文明的诞生》，北京理工大学出版社，2014。

[199]（加）菲利普·马尔尚著，何道宽译：《麦克卢汉传：媒介及信使》，中国人民大学出版社，2003。

[200]（英）戴维·巴特勒著，赵伯英、孟春译：《媒介社会学》，社会科学文献出版社，1989。

[201]（英）L.D.雷诺兹、N.G.威尔逊著，苏杰译：《抄工与学者：希腊、拉丁文献传播史》，北京大学出版社，2015年。

[202]（英）C.H.罗伯茨、T.C.斯基特著，高峰枫译：《册子本起源考》，北京大学出版社，2015。

[203]（英）戴维·芬克尔斯坦、阿里斯泰尔·麦克利里著，何朝晖译：

《书史导论》，商务印书馆，2012。

[204]（德）恩斯特·卡西尔著，甘阳译：《人论》，上海译文出版社，1985。

[205]（法）米歇尔·福柯著，谢强、马月译：《知识考古学》，三联书店，1998。

[206]（法）罗杰·夏蒂埃著，吴泓缈、张璐译：《书籍的秩序：14至18世纪的书写文化与社会》，商务印书馆，2013。

[207]（法）弗雷德里克·巴比耶著，刘阳等译：《书籍的历史》，广西师范大学出版社，2005。

[208]（法）费夫贺、马尔坦著，李鸿志译：《印刷书的诞生》，广西师范大学出版社，2006。

[209]（日）井上进著，李俄宪译：《中国出版文化史》，华中师范大学出版社，2015。

[210]（日）大木康著，周保雄译：《明末江南的出版文化》，上海古籍出版社，2014。

四、期刊论文

[211]连镇标：《福建官刻考略》，《福建师范大学学报》1990年第2期。

[212]木力青：《谱写"图书之府"新篇章——福建出版纵横谈》，《中国出版》1991年第6期。

[213]袁逸：《清代的书籍交易及书价考》，《四川图书馆学报》1992年第1期。

[214]方品光：《福建刻书对日本雕板印刷的影响》，《福建师范大学学报》1992年第3期。

[215]蔡厚示：《论宋代闽北文学在中国文学史上的地位》，《福建论坛》1993年第3期。

[216]周宝荣：《宋代的打击非法出版活动》，《中国出版》1994年第6期。

[217]徐枫：《试论宋代文学的编辑与出版》，《新闻与传播研究》1995年第1期。

[218]赵莲英、丁红梅：《永安发现唐代佛教雕饰》，《福建文博》1995年第2期。

[219]李彬：《现代传播探源》，《现代传播》1995年第2期。

[220] 周宝荣:《宋代的书稿审查》,《社会科学》1995 年第 5 期。

[221] 黄金贵:《古代传播词辨释》,《河北大学学报》1996 年第 2 期。

[222] 黄旦:《还是先回到历史去——对提高新闻理论研究水平的建议》,《现代传播》1996 年第 3 期。

[223] 卜卫:《传播学思辨研究论》,《国际新闻界》1996 年第 5 期。

[224] 徐晓望:《论五代两宋福建城市的发展》,《福建文史》1996 年第 11 期。

[225] 李启:《传播学与中国》,《国际新闻界》1997 年第 3 期。

[226] 陈卫星:《麦克卢汉的传播思想》,《新闻与传播研究》1997 年第 4 期。

[227] 祝尚书:《试论宋代图书出版的审查制度》,《传统文化与现代化》1997 年第 6 期。

[228] 王纬:《哈罗德·英尼斯传播理论与美加的文化战》,《现代传播》1999 年第 2 期。

[229] 徐枫:《宋代对出版传播的控制体系与手段》,《中国出版》1999 年第 2 期。

[230] 徐枫:《论宋代版权意识的形成和特征》,《南京大学学报》1999 年第 3 期。

[231] 徐枫、朱绍秦:《宋代对出版传播的管理和控制》,《新闻与传播研究》1999 年第 3 期。

[232] 祝尚书:《论宋代的图书盗版与版权保护》,《文献》2000 年第 1 期。

[233] 任中奇:《古书价格漫谈》,《藏书家》2000 年第 2 期。

[234] 郎国华:《宋代的新闻控制现象浅析》,《华南师范大学学报》2000 年第 2 期。

[235] 杨红、晓庄:《宋代新闻机构的设置与功能》,《新闻出版交流》2000 年第 3 期。

[236] 黄星民:《从礼乐传播看非语言大众传播形式的演化》,《新闻与传播研究》2000 年第 3 期。

[237] 王振铎、王刘纯:《由甲骨版片探编辑出版之源》,《编辑之友》2001 年第 3 期。

[238] 林拓:《福建刻书业与区域文化格局关系的研究》,《华东师范大学学报》2001 年第 4 期。

[239] 清飚:《媒介技术的发展与宋代出版传播方式的变革》,《浙江大学学

报》2001年第5期。

[240] 徐晓望：《论宋代福建经济文化的历史地位》，《东南学术》2002年第2期。

[241] 闭伟宁、高翔：《儒家思想的传者本位回归与超越》，《武汉大学学报》2002年第3期。

[242] 周宝荣：《宋代假新闻的泛滥状况与原因及整治新探》，《河南大学学报》2002年第5期。

[243] 周宝荣：《北宋官方对民间出版的管制》，《中南民族大学学报》2002年第6期。

[244] 宋亚伟：《宋代政府对出版活动的监控》，《出版发行研究》2002年第7期。

[245] 葛兆光：《思想史：既做加法也做减法》，《读书》2003年第1期。

[246] 何平：《对中国史学的传播学思考》，《华侨大学学报》2003年第3期。

[247] 杨文新：《〈四库全书〉中的宋代闽人著作考述》，《福建教育学院学报》2003年第7期。

[248] 周裕锴：《试论宋代文学对高丽文学之影响》，《国学研究辑刊》2003年第11期。

[249] 王兆鹏：《宋代诗文别集的编辑与出版——宋代文学的书册传播研究之一》，《华中科技大学学报》2004年第1期。

[250] 黄洁琼：《试论宋代福建的科举与文化》，《福建教育学院学报》2004年第1期。

[251] 陈培坤：《试论宋代泉州地区科第的鼎盛及其原因》，《闽南文化研究》2004年第1期。

[252] 范军：《两宋时期的书业广告》，《出版科学》2004年第1期。

[253] 丁春：《宋代闽版医书的出版特点及影响》，《福建中医学院学报》2004年第3期。

[254] 冯念华：《我国宋代版权保护与现代版权法的比较》，《图书馆工作与研究》2005年第1期。

[255] 刘锡涛：《宋代福建人才地理分布》，《福建师范大学学报》2005年第2期。

[256] 杨晓霭：《唐诗在宋代的歌唱及其对宋人声诗观的影响》，《华南师范

大学学报》2005年第2期。

［257］孔学：《宋代书籍文章出版和传播禁令述论》，《河南大学学报》2005年第6期。

［258］刘文波：《宋代福建海商崛起之地理因素》，《中国历史地理论丛》2006年第1期。

［259］冯念华：《盗版对宋代版权保护现象的影响》，《图书馆工作与研究》2006年第3期。

［260］郑永晓：《黄庭坚诗歌在宋代的传播与刊刻》，《南都学坛》2006年第3期。

［261］王兆鹏：《中国古代文学传播研究的六个层面》，《江汉论坛》2006年第5期。

［262］陈宁：《宋代版权保护成因初探》，《图书与情报》2007年第2期。

［263］［日］浅见洋二、朱刚：《"焚弃"与"改定"——论宋代别集的编纂或定本的制定》，《中国韵文学刊》2007年第3期。

［264］朱志远：《漫话〈李氏山房藏书记〉》，《河南图书馆学刊》2007年第3期。

［265］辛德勇：《唐人模勒元白诗非雕版印刷说》，《历史研究》2007年第6期。

［266］冯念华：《元明清时期我国书籍的版权保护》，《大学图书馆学报》2007年第6期。

［267］王海刚：《宋代出版管理述略》，《中国出版》2007年第8期。

［268］冯念华：《窃书不算偷算什么——论我国古代书籍的版权保护》，《图书情报工作》2007年第11期。

［269］杨挺：《印刷传播语境下宋代文学的社会责任观念》，《求索》2007年第11期。

［270］陈静：《浅论宋代出版对宋诗的影响》，《出版科学》2008年第2期。

［271］林祖泉：《从方志记载看宋代福建莆田科考的兴盛》，《中国地方志》2008年第6期。

［272］李晓花：《福建古代刻书业繁荣的科技因素》，《新世纪图书馆》2009年第2期。

［273］卢清：《浅析宋代的小报现象》，《法制与社会》2009年第7期。

［274］李四明：《"邸报制度"与宋代新闻管制》，《新闻爱好者》2009年第16期。

[275] 田建平:《论宋代书籍多元化的发行方式》,《哈尔滨师范大学学报》2010年第1期。

[276] 骆锦恋:《宋代闽地理学诗人诗歌理论与创作》,《集美大学学报》2010年第1期。

[277] 谭新红、柯贞金:《宋词的别集传播》,《江西师范大学学报》2010年第2期。

[278] 谭新红、王兆鹏:《宋词的艺术媒介传播——以题画、题扇和题屏词为中心》,《华中师范大学学报》2010年第2期。

[279] 田建平:《宋代书籍出版业发展与繁荣原因探析》,《出版发行研究》2010年第2期。

[280] 田建平:《论宋代图书出版的版权保护》,《河北大学学报》2010年第2期。

[281] 刘方:《北宋委托书坊刻书的出版方式创新及其相关问题》,《湖州师范学院学报》2010年第4期。

[282] 魏文超、魏汉涛:《中西著作权演进路径比较与省思——以宋代版权分析为中心》,《河南大学学报》2010年第4期。

[283] 朱迎平:《宋人文集刻印的经济考察》,《上海商学院学报》2010年第5期。

[284] 谭新红:《宋代的驿递制度与文学传播》,《武汉大学学报》2010年第6期。

[285] 王兆鹏:《宋代所传词集再考》,《中文学术前沿》2011年第2期。

[286] 张高评:《宋代印刷传媒与诗分唐宋》,《江西师范大学学报》2011年第2期。

[287] 杨军:《宋代榜的传播学解读》,《新闻与传播研究》2011年第3期。

[288] 许媛媛:《南宋时期的出版市场与流通空间——从科举用书及医药方书的出版谈起》,《故宫学术季刊》2011年第3期。

[289] 徐艳、刘大明:《试论宋代文人出版图书的原因及意义》,《编辑之友》2011年第3期。

[290] 袁琳:《宋代图书刻印与版权保护价值观念考》,《出版发行研究》2011年第3期。

[291] 张高评:《宋代雕版印刷与传媒效应》,《陕西师范大学学报》2011年第4期。

［292］田建平：《宋代书籍设计、插图及美学特征》，《河北大学学报》2011年第4期。

［293］田建平、田彬蔚：《中国书籍史研究批评——基于西方书籍史研究之比较视角》，《济南大学学报》，2011年第5期。

［294］陈静：《书籍史研究中的传播视角——以抄本研究为例》，《济南大学学报》2011年第5期。

［295］夏宝君：《宋代书籍广告的形式与传播特色》，《编辑之友》2011年第6期。

［296］夏宝君、陈培爱：《论宋代市民文化的传播与消费变迁》，《求索》2011年第6期。

［297］魏海岩：《宋代报纸处罚机制考证》，《国际新闻界》2011年第7期。

［298］杨玲：《技术进化与宋代出版传播》，《自然辩证法通讯》2012年第2期。

［299］方宝璋、高月梅：《论宋代的出版管制》，《江西社会科学》2012年第3期。

［300］赵晓兰：《从古代萌芽到近代初熟——我国版权保护制度的历史演变》，《中国出版》2012年第11期。

［301］强琛：《简论宋代出版政策的双重倾向》，《长江大学学报》2012年第12期。

［302］林毓莎：《宋代福建文学家族与家族文学》，《福建论坛》2012年第12期。

［303］强琛：《简论宋代出版政策的双重倾向》，《长江大学学报》2012年第12期。

［304］田建平：《书价革命：宋代书籍价格新考》，《河北大学学报》2013年第5期。

［305］杨挺：《符号、技术与社会——宋代文学传播的观念更新及其意识自觉》，《湘潭大学学报》2013年第6期。

［306］刘华天：《宋代传播唐人诗文别集的出版方式考察》，《佳木斯教育学院学报》2013年7期。

［307］王娟娟：《从版权保护角度看宋代图书出版》，《兰台世界》2103年第5期。

［308］董春林：《论宋代刻本书籍版式设计》，《中国出版》2013年第20期。

［309］曾维刚：《文学传播的沉实探索》，《中华读书报》2014年1月15日。

［310］王永波：《李白诗在宋代的编集与刊刻》，《吉林师范大学学报》2014年第2期。

［311］田建平：《宋代出版文明新论》，《河北大学学报》2014年第5期。

［312］张秋玲：《宋代小报折射市民的言论自由程度略谈》，《兰台世界》2014年第18期。

［313］康丽娜、郭志菊：《宋代出版研究述评》（上）》，《中国出版》2014年第21期。

［314］康丽娜、郭志菊：《宋代出版研究述评（下）》，《中国出版》2014年第23期。

［315］梅华：《文以序传：宋人文集序跋意识自觉化及其影响》，《安徽师范大学学报》2015年第1期。

［316］潘明福：《北宋时期文人文集的"境外"传播》，《湖州师范学院学报》2015年第1期。

［317］谭新红、柯贞金：《论两宋时期文学作品的域外传播》，《福州大学学报》2015年第2期。

［318］卞东波：《宋代的东坡热：福建仙溪傅氏家族与宋代的苏轼研究》，《南京大学学报》2015年第2期。

［319］郭平兴：《不一样的书籍观：论中西方书籍史的差异》，《出版科学》2015年第4期。

［320］施建平：《宋代图书出版大繁荣的先声——吴越国高僧永明延寿的出版活动及对后世的影响》，《图书馆学刊》2015年第4期。

［321］王兆鹏：《从北宋〈白氏文集〉准印牒文看宋代文集出版的审查制度》，《江汉论坛》2015年第5期。

［322］王文：《基于知识产权管理角度中的宋代图书出版管理研究》，《兰台世界》2015年第6期。

［323］陈景增：《宋代书籍出版标记及其版权保护意义探析》，《图书馆理论与实践》2015年第7期。

［324］梁瑞：《宋朝国子监对图书出版的管理探微》，《出版广角》2015年第10期。

［325］梅华：《柳宗元文集的传播与理学士群对其接受——以宋代文集序跋

为视角》,《文艺评论》2015年第12期。

[326] 袁庚申、赵智岗:《宋代福建刻书及兴盛原因》,《中国出版》2015年第14期。

[327] 田建平:《宋太祖与〈开宝藏〉》,《中国出版史研究》2016年第1期。

[328] 方笑一:《书籍史视域中的诗学阐释——读王宇根〈万卷:黄庭坚和北宋晚期诗学中的阅读与写作〉》,《中国比较文学》2016年第2期。

[329] 李光生:《宋代书院藏书论略》,《河南科技学院学报》2016年第3期。

[330] 王展妮,彭菲:《略论宋代泉州刻书》,《兰台世界》2016年第6期。

[331] 张炜:《书籍史研究:核心议题与关键概念》,《光明日报》2016年11月19日。

[332] 田建平:《宋代出版业的发展与繁荣》,《文史知识》2017年第1期。

[333] 王慧娟、陈昕:《浅析宋代东观余论的出版及价值》,《出版广角》2017年第4期。

[334] 霍艳芳、温晓晨:《宋代官方出版事业概述》,《山东图书馆》2019年第2期。

[335] 万安伦、瞿钦奇、周杨:《论宋代书院刻书的风貌、特色、价值与启示》,《出版发行研究》2019年第11期。

[336] 于兆军:《宋代出版业的历史贡献》,《新闻爱好者》2020年第4期。

[337] 程海伦:《宋代小集传播的文学效应——以南宋中后期诗坛为中心》,《中南民族大学学报》2020年第6期。

五、学位论文

[338] 杨玲:《宋刻研究》,西北大学硕士论文2003年。

[339] 刘扬忠:《宋代词话与传播》,中国社会科学院博士论文2004年。

[340] 李艳华:《历史文化视野中的福建坊刻本》,福建师范大学硕士论文2005年。

[341] 林平:《宋代禁书研究》,四川大学博士论文,2006年。

[342] 邓子勉:《宋金元词籍文献研究》,复旦大学博士论文,2006年。

[343] 李洁:《宋代福建路书院研究》,上海师范大学硕士论文,2007年。

[344] 李晓花:《宋代福建私家藏书考论》,福建师范大学硕士论文,2007年。

[345] 刘晓多:《宋代"右文"政策与图书业的发展》,山东大学硕士论文,

2008年。

[346] 方慧：《宋代福建科举文化研究》，福建师范大学硕士论文，2008年。

[347] 缪小云：《建阳本小说研究》，华东师范大学博士论文，2008年。

[348] 李乐：《宋代书籍编辑思想研究》，武汉大学博士论文，2009年。

[349] 周宝荣：《走向大众：宋代的出版转型》，华中科技大学博士论文，2009年。

[350] 袁庚申：《宋代福建刻书与文学关系研究》，河北师范大学硕士论文，2010年。

[351] 叶宽：《宋代文学传播研究》，武汉大学博士论文，2011年。

[352] 田建平：《宋代书籍出版史研究》，河北大学博士论文，2012年。

[353] 晁成林：《宋前文人入闽研究》，福建师范大学博士论文，2012年。

[354] 周利荣：《传播媒介发展与文学文体演变研究》，陕西师范大学博士论文，2012年。

[355] 刘元堂：《宋代版刻书坊研究》，南京艺术学院博士论文，2012年。

[356] 安雅丽：《宋代编刊唐人诗文集研究》，南京大学硕士论文，2012年。

[357] 田志馥：《宋代福建庙学的历史地理学分析》，福建师范大学博士论文，2013年。

[358] 陈静纯：《宋代福建书院的时空差异与成因探析》，福建师范大学硕士论文，2013年。

[359] 郑淑榕：《李纲福建踪迹考》，福建师范大学博士论文，2013年。

[360] 刘冰欣：《宋代唐集序跋研究》，西北大学硕士论文，2013年。

[361] 梅华：《宋代文集序跋研究》，西北大学博士论文，2014年。

[362] 张艳辉：《宋代闽地唐诗学研究》，西北大学博士论文，2014年。

[363] 刘秋彬：《宋人所撰诗文集序研究》，河北师范大学博士论文，2014年。

[364] 樊昕：《唐人文集宋代生存状况研究》，扬州大学博士论文，2014年。

[365] 孙永芝：《两宋出版管理研究》，河南大学博士论文，2014年。

[366] 于兆军：《版印传媒与两宋文学的传播及嬗变》，河南大学博士论文，2014年。

[367] 张敏敏：《宋代佛教典籍出版史研究》，西南交通大学硕士论文，2014年。

[368] 刘潇：《宋代官刻书籍研究》，河北大学博士论文，2019年。

附录 宋代闽本图书传播大事年表

时间	大事
太平兴国二年（977）十月甲戌	宋太宗下诏禁止两京及诸道州府（包括福建）出版和传播天文、相术、六壬、遁甲、三命及其它阴阳书籍。
太平兴国六年（981）十二月癸酉	宋太宗下诏诸路转运司（包括福建路），访求医书。
太平兴国九年（984）正月壬戌	宋太宗下诏访求三馆所缺书籍，以《开元四部书目》为参照，将所缺书籍通过待漏院发布，向中外征求。
雍熙三年（986）九月癸未	宋太宗诏书，要求朝臣、京官，及幕职、州县官等，阅读和学习法书；地方官调到中央，要考查其所掌握的法书内容，若不合格，则加惩罚。
端拱二年（989）十月己巳	宋太宗诏令中外臣僚常读律书。
咸平四年（1001）六月丁卯	宋真宗下诏恩赐全国各路、州、县学校《九经》。
咸平四年（1001）十月二十七日	宋真宗下诏寻访三馆所缺书籍，令史馆抄出书目，张挂在待漏院，传播给全国各路转运司。
景德元年（1004）正月辛丑	宋真宗禁止民间私人传播和学习天文、星算、相术、图谶、七曜太乙雷公式、六壬遁甲等书籍。瞽者不在此限。
景德元年（1004）正月壬寅	宋哲宗禁止司天监官员传写星历及阴阳文字。
景德三年（1006）四月己亥	宋真宗下诏两京、诸路，除准予传播的阴阳卜筮书籍，其它玄象器物、天文星算、相术、七曜历、太乙雷公式、六壬遁甲、兵法等方面的书籍不得私自传播。瞽者不在此限。
景德三年（1006）九月壬子	宋真宗规定非《九经》及其注疏书籍外，其它任何书籍不得在边境榷场交易，违者论罪处理，其书官府没收。
大中祥符二年（1009）正月庚午	宋真宗禁止文人出版属辞浮艳、玷于名教之类书籍。文人若要出版文集，需经各路转运使选拔文士审核把关，只有审查通过，才可以雕印。

续表

时间	大事
大中祥符五年(1012)九月十五日	宋真宗诏令国学见印经书,分付各路出售。
天圣三年(1025)二月癸酉	宋仁宗下诏停止雕印《初学记》《六帖》《韵对》等书籍,因这些书籍属于钞集小说,对学者无益。
天圣五年(1027)二月乙亥	宋仁宗诏,不得擅自雕印臣僚文集,如果要出版,需经差官看详,若内容别无妨碍,方下令刊板,随后才能雕印。如果有违反,则焚毁印板;也不得私自带文集出界。
康定元年(1040)五月二日	宋仁宗诏,禁止书肆将边机文字出版售卖。
庆历六年(1046)十二月八日	福州知府蔡襄令郡人何希彭精选《圣惠方》药方六千九十六条,编纂成《圣惠选方》,此书后来成为标准医学教科书,影响甚大。
嘉祐二年(1057)八月	苏颂受命编纂、校正《补注神农本草》。
嘉祐四年(1059)二月	吴及看到馆阁书库书籍借出遗失之多,书籍脱漏而书吏又补写不精,上奏请求选拔官员编写书籍;要求私自借书与借出书者,以法坐之;并请求搜访所遗失之书。
嘉祐五年(1060)八月壬申	宋仁宗下诏访求遗书。
嘉祐六年(1061)九月	苏颂参与编纂、校定《本草图经》。
元祐二年(1087)九月	吕公著节取《尚书》《论语》《孝经》中重要语句共一百段,进呈。
元祐三年(1088)	长乐林通编纂《长乐县图经》,记载《闽记》中所遗漏的长乐山川之美和文物之盛。
元祐六年(1091)正月	福州东禅寺等觉院主持、传法、赐紫释;智华主持刻印《崇宁万寿大藏》,为恭祝皇帝、太皇太后万寿无疆。
政和癸巳(1113)正月	释智觉在《大方广佛华严经题识》中记载,福州开元寺雕造《华严合论》经板一副,总计一十三函,为皇帝祝福寿诞。
政和六年(1116)闰正月	王鼎上奏,请求朝廷把收藏在有司的《五礼新仪》颁行州县,令百姓学习,按新仪来做。

续表

时间	大事
政和八年（1118）六月	朱肱在《重校类证活人书序》中记载，此书在京师、成都、湖南、福建、两浙等五地刻印过，但不曾校勘，错误颇多。朱肱取来善本，重新校正，改正错讹一百余处，在杭州太隐坊以中字本镂版印行。
宣和七年（1125）七月	邵武军泰宁县僧明赜编纂并刊刻其师的《丹霞赏音集》；南剑州沙县人邓肃作序。
绍兴二年（1132）十月	福州大中寺知藏僧正看到佛籍因战争流散，募缘再次刊刻《景德传灯录》。
绍兴三年（1133）四月	刘岑上奏，请求皇帝下诏，向天下购求遗书，以丰富三馆藏书；如果得到特别的书籍，且有时代应用价值，应给予厚赏。
绍兴四年（1134）甲寅重阳日	罗良弼在《跋龙云集后》记载该书为浦城二十五卷。
绍兴五年（1135）闰二月	王居正上奏，请求将诸州县已刊书版，不受经、史、子、集、小说、异书限制，各印三帙进呈到史馆；对民间印书者，由官方补给纸墨、工人等费用。
绍兴五年（1135）六月	朱震上奏，称杨时《三经义辨》散落遗失可惜，乞求到福建南剑州搜讲此书，抄录后进呈。
绍兴七年（1137）	建阳詹公寺丞出镇临汀，刊刻《绀珠集》；长汀人王宗哲作序。
绍兴七年（1137）丁巳十一月旦日	晁谦之在建阳刊刻其兄文集《鸡肋集》。
绍兴八年（1138）三月	《广辩兴圣国师语录》旧本太大，不便携带；福州鼓山涌泉寺守赜、僧挺重刊小本。
绍兴十四年（1144）七月	叶梦得偶然在福唐（今福建福清）得到已故秘书郎黄伯思双钩所摹《急就章》，为了让名流法书流传于世，让更多人学习和摹仿，将之刻版，置之燕堂，以示好事者。
绍兴十四年（1144）七月	汪勃请求诸郡募工刊刻御书《孝经》，从郡到县，从县到乡，层级传播，家喻户晓。
绍兴十五年（1145）六月	叶廷珪上奏，请求搜访抄录闽中兴化之方、临彰之吴等士大夫藏之家书籍，由他们所藏书籍尤多，且都是善本。

续表

时间	大事
绍兴十五年（1145）七月	建州刊印《司马温公记闻》。
绍兴十七年（1147）四月	福建路转运司公使库印行《太平圣惠方》一百卷。
绍兴己巳（1149）八月	长乐郡学舍刻《闽川名士传》。
绍兴二十一年（1151）仲冬	郑康佐在《眉山唐先生文集跋》中记载，该书有进士葛彭年所藏闽本，该本收文五十六首，诗赋二百八十七首。
绍兴二十五年（1155）七月	曹绂在《乞止绝妄印非僻之书奏》中，禁止建州郡或军乡镇民间私自刊印书籍。
绍兴二十九年（1159）闰六月十九日辛未	宋高宗下诏，各州县书坊未经过国子监看详文字，不得擅自印书。
绍兴三十年（1160）	福州开元寺刻《传法正宗记》。
绍兴三十年（1160）十一月	姚宽在《战国策后序》中提到该书有浙本和建本小字本。
隆兴元年（1163）四月	同安刊刻《廉吏传》。
隆兴二年（1164）十一月	福州开元寺刊刻《契嵩传法正宗记》。
淳熙二年（1175）十一月	长乐刊刻《周易窥余》十五卷。
乾道元年（1165）	顺昌刊刻《知嫁翁集》。
乾道二年（1166）六月	临汀刊刻《孙公谈圃》。
乾道乙酉（1165）六月	詹体仁守长乐，刊刻童伯羽《四书集成》。
乾道二年（1166）十二月	《夷坚志》镂板于闽。
乾道三年（1167）	潘纬《柳文音义序》记载，该书有建宁本，且少讹舛。建宁本体例是：先以《玉篇》定其音，次以《尔雅》《说文》训其义，又参之以经传子史，探究其用字之源流。
乾道三年（1167）九月	张坚《华阳集跋》记载，《尚书解》三十卷由闽士集而成书，别本刊行。
乾道四年（1168）五月	临汀郡庠刊刻《钱塘韦先生集》。
乾道四年（1168）冬	莆田郡庠刊刻《蔡端明文集》，收古律诗三百七十首，奏议六十四篇，杂文五百八十四篇，以《四贤一不肖诗》置于卷首。
乾道六年（1170）	福唐释咸辉编纂《首楞严经义海》，总三十万言，分三十卷。
乾道六年（1170）三月	熊克《跋道德真经注》载，该书有建宁本。

续表

时间	大事
乾道六年（1170）十月	刊刻南剑州沙县人邓肃《栟榈居士集》，沙县人张夔作序。
乾道八年（1172）正月	福州东禅报恩光孝禅寺刊刻《大慧禅师语录》。
淳熙六年（1179）	苏诩在《栾城集跋》载，此书有麻沙本，错讹颇多。
淳熙六年（1179）七月	邓光《栾城集跋语》载该书有闽刻本。
淳熙七年（1180）二月	沈揆《校刊颜氏家训跋》中记载，该书闽本尤谬误。
淳熙七年（1180）七月	建安重刻《夷坚志》。
淳熙庚子（1180）十一月己丑朔旦	建阳刊刻《语孟要义》。
淳熙八年（1181）十一月	唐仲友《唐杨倞注荀子后序》载，闽本文字舛异。
淳熙九年（1182）五月八日丁丑	清源梁克家编纂《三山志》。
淳熙九年（1182）九月	尤袤《吕氏家塾读诗记序》所载，该书存在建宁刻本。
淳熙九年（1182）十月	陈应行《潜虚跋》载，该书有建阳书肆刻本、邵武刻本和泉州郡庠刻本。
淳熙九年（1182）十二月	闽中漕台刊刻《北苑贡茶录》。
淳熙十二年（1185）四月	闽中宪司刊刻《杨氏家藏方》。
绍熙元年（1190）三月八日	宋光宗下诏，禁止建宁府书坊雕卖策试文字。
绍熙改元（1190）腊月庚寅	临漳刊刻《大学》《中庸》《论语》《孟子》。
绍熙四年（1193）六月十九日	宋光宗下诏，禁止临安府、婺州、建宁府等书坊雕印奏章封事程文，书坊有刊版及已印者，当即焚毁；规定今后雕印文书，必须经过地方官府看详审核，才能刊行；派地方通判监察，如有违反，当众责罚。
庆元五年（1199）	蒲叔献《蜀刻太平御览序》中记载，《太平御览》建宁早已刊刻，而蜀地独缺，只不过建宁本多磨灭舛误，漫不可考。
庆元五年（1199）九月	孙介宗《鸿庆居士集后序》中记载，该书的闽中刻本多讹舛。
嘉泰壬戌（1202）重阳日	周必大《词科旧稿自序》中记载，闽中刊刻过此书。
嘉泰四年（1204）五月	周必大《龙云先生文集序》载，此书有麻沙二十五卷本。
嘉泰四年（1204）九月	沈有开《刊皇朝文鉴序》载，此书唯有建宁书坊为善本，只是文字多脱误，开卷不快意。

续表

时间	大事
开禧乙丑岁（1205）九月一日	南剑州郡斋刊刻《石林先生春秋传》。
嘉定己巳（1209）	长乐陈孔硕取建本《脉经》为底本，校勘重刻大字本于广西漕司。
嘉定三年（1210）七月	庄夏谈及建本《东观余论》，恨其舛讹之多不可读。
嘉定四年（1211）七月	同安郡斋刊刻《楚辞辩证》。
嘉定九年（1216）七月	苏森序文中载《群仙珠玉集》有广、闽等诸多地方刊行本。
嘉定丙子（1216）冬至日	曹彦约序文中记载，《延平答问》有麻沙印本。
嘉定十二年（1219）十月	张钦臣《幽岩尊祖录跋》中载，该书由张元幹刻于闽。
嘉定十三年（1220）十二月	邵武郡斋刊刻《梁溪先生文集》。
嘉定十六年（1223）八月	洪伋跋文中载《容斋五笔》有建宁刊本。
宝庆二年（1226）八月	叶时藏有麻沙书市绍兴庚申（1140）所刊《类说》，字小刻画不精，且多舛误；后又取所藏旧本，稍微订正，在郡斋重刊。
宝庆三年（1227）六月	南剑州郡斋刊刻《朱文公校定昌黎集》。
绍定二年（1229）九月	周谨《容斋随笔跋》载，绍定改元，偶然得到了此书的建溪刊本，详细校正后，命公锓梓。
端平二年（1235）五月	朱鉴序文记载，《诗集传》有闽刻本。
淳祐六年（1246）	赵师耕《麻沙本二程先生文集后序》载，该书由宪使杨公已在三山学宫锓板，《遗书》《外书》有瘐司旧本。
淳祐十年（1250）十月	林希逸《鄱阳刊艾轩集序》载，该集有莆田本。
淳祐十二年（1252）十月	紫阳书院刊刻《朱子语续类》。
淳祐十二年（1252）正月	建阳赵令刊刻《易遗说》于县斋。
宝祐四年（1256）五月	卢钺《王著作文集序》载，该集有福清邑庠本。
开庆元年（1259）十月	建安仓台刊《西山读书记》。
景定四年（1263）三月	建安精舍刊《朱文公别集》。
咸淳元年（1265）三月	黄去疾《龟山年谱序》载，杨时著作《文集》《经说》《论语解》《语录》已刊于延平郡斋，《中庸义》已刊于临汀，唯独闽中缺少年谱，于是编定刊刻。
咸淳元年（1265）十二月	吴坚在闽中刊《朱子语类》。

续表

时间	大事
咸淳二年（1266）十二月	欧阳守道《恭跋真宗皇帝御制正说》载，《正说》五十篇，共十卷，有闽书肆刊本，字小易漫。
咸淳三年（1267）三月	释大观《重刻古尊宿语录序》载，该书刊于闽中。
咸淳六年（1270）六月	黄铺《晦庵先生朱文公别集序》载，朱熹之文，其中《正集》《续集》，潜斋、实斋二公已在建安书院镂板，建通守余师鲁好古博雅，搜访先生遗文十卷，编为《别集》，在建刊刻。
咸淳六年（1270）九月	《后村先生大全集》刊之莆田郡庠。
咸淳六年（1270）正月	黎靖德《朱子语类跋》称，吴坚在建安刊刻《朱子别录》二册。
咸淳九年（1273）二月	黄震《跋勉斋集》载，《勉斋大全集》有三山刊本，因分类不当，亦颇散失。
淳祐十年（1274）五月	林畊《尚书全解后序》载，建安书坊余氏数年前刊刻《三山林少颖先生尚书全解》，数月遭火，版本不存。林畊向买书者遍寻此书，终寻得，以高于原价的价格买回。
淳祐十年（1274）十二月	闽宪刻《山谷外集诗注》。
时间不详	洪迈《跋李文公集》载，《李文公集》有建阳小本，且多《答开元寺僧书》一篇。
时间不详	洪迈《跋元微之集》载，《元微之集》传于今者有闽刻本六十卷。
时间不详	周必大《欧阳文忠公集后序》中记载，此书有闽刻本。
时间不详	周必大《文苑英华序》载，《太平御览》和《册府元龟》都有闽刻本。
时间不详	朱熹《中庸集解》初刻尤溪，后又有建阳刻本。
时间不详	詹体仁守闽部时，重新雠校并刊刻南剑州罗豫章先生的《尊尧录》。
时间不详	薛季宣《汉书正异叙》载，此书在闽地有刊刻。
时间不详	安溪学宫刊刻《司马温公书仪》。
时间不详	莆阳学宫刊刻《易学启蒙》。
时间不详	陈宓延平郡庠刊刻《论语通释》。
时间不详	陈宓《跋近思录》载，陈汲刻朱熹诸书于莆阳学宫。

续表

时间	大事
时间不详	安溪县丞赵彦刊刻《东莱择善》。
时间不详	三山陈汲刊刻《四子章句或问集注》于莆阳学宫。
时间不详	魏了翁《朱文公语类序》中载,此书在闽、浙、庸、蜀,之地锓刻者已遍于天下。
时间不详	魏了翁《黄太史文集序》中载,此书江浙、闽、蜀多善本。
时间不详	据魏了翁《朱氏语孟集注序》载,该书有闽、浙书肆刊本。
时间不详	据魏了翁《毛义甫六经正误序》载,该书有潭、抚、闽、蜀等刊本。
时间不详	建安书院刊刻《文公朱先生年谱》。
时间不详	刘克庄《唐绝句续选序》载,该书有莆本和建本行世。
时间不详	刘克庄《跋郡学刊文章正宗》载,该书有莆本行世。
时间不详	闽宪刊刻《黄山谷内集注》。
时间不详	林希逸《老艾遗文跋》载,该书有莆田本。
时间不详	王柏《古易跋》载,该书有紫阳书堂本。
时间不详	车若水《晦翁语录汇编序》载,邵武李方子刊《传道精语》,建安杨与立刊《晦翁语略》。
时间不详	胡次焱《跋胡玉斋启蒙通释》载,此书有闽刊本。
时间不详	岳珂《相台书塾刊正九经三传沿革例序》载,世所传九经有建阳余氏本和廖氏世彩堂本,余氏本称为善本,廖氏本为最精。
时间不详	吕午《朱子语类序》载,《朱子语类》有紫阳书院刻本。
时间不详	朱鉴《易吕氏音训跋》载,《易启蒙》《易本义》有临漳本。